# 文革史料叢刊第三輯

## 第一冊

### 李正中　輯編

只有不漠視、不迴避這段歷史，中國才有希望，中華民族才有希望！忘記歷史意味著背叛！

——摘自「文革史料叢刊·前言」

 蘭臺出版社

巴金先生說在文革愛盡火與血磨煉的人是不會沉默的

八十又五叟 李正中

著名中國古瓷與歷史學家、教育家。
李正中　簡介

祖籍山東省諸城市，民國十九年（1930）出生於吉林省長春市。

北平中國大學史學系肄業，畢業於華北大學（今中國人民大學）。

歷任：天津教師進修學院教務處長兼歷史系主任（今天津師範大學）。

　　　天津大學冶金分校教務處長兼圖書館長、教授。

　　　天津社會科學院中國文化研究中心主任、研究員。

現任：天津文史研究館館員。

　　　天津市漢語言文學培訓測試中心專家學術委員會主任。

　　　香港世界華文文學家協會首席顧問。

　　　（天津理工大學經濟與文化研究所供稿）

為加強海內外學術交流，應邀赴日本、韓國、香港、臺灣進行講學，

其作品入圍德國法蘭克福國際書展和美國ABA國際書展。

# 文革五十周年祭

百萬紅衛兵打砸搶燒殺橫掃五千年中華文史精華　　可惜

中國知識分子慘遭蹂躪委曲求全寧死不屈有氣節　　可敬

國家主席劉少奇無法可護窩窩囊囊死無葬身之地　　可歎

內鬥中毛澤東技高一籌讓親密戰友林彪墜地身亡　　可悲

2016年李正中於5.16敬祭

前言：忘記歷史意味著背叛

文學巨匠巴金說：

應該把那一切醜惡的、陰暗的、殘酷的、可怕的、血淋淋的東西集中起來，展覽出來，毫不掩飾，讓大家看得清清楚楚，牢牢記住。不能允許再發生那樣的事。不再把我們當牛，首先我們要相信自己不是牛，是人，是一個能夠用自己腦子思考的人！

那些魔法都是從文字遊戲開始的。我們好好地想一想、看一看，那些變化，那些過程，那些謊言，那些騙局，那些血淋淋的慘劇，那些傷心斷腸的悲劇，那些勾心鬥角的醜劇，那些殘酷無情的鬥爭……為了那一切的文字遊戲！……為了那可怕的十年，我們也應該對中華民族子孫後代有一個交代。

要大家牢記那十年中間自己的和別人的一言一行，並不是讓人忘記過去的恩仇。這只是提醒我們要記住自己的責任，對那個給幾代人帶來大災難的「文革」應該負的責任，無論是受害者，或者害人者，無論是上一輩或是下一代，不管有沒有為「文革」舉過手點過頭，無論是造反派、走資派，或者逍遙派，無論是鳳或者是牛馬，讓大家都到這裡來照照鏡子，看看自己為「文革」做過什麼，或者為反對「文革」做過什麼。不這樣，我們怎麼償還對子孫後代欠下的那一筆債，那筆非還不可的債啊！

（摘自巴金《隨想錄》第五冊《無題集‧紀念》）

我高舉雙手讚賞、支持前輩巴老的呼籲。這不是一個人的呼籲，而是一個民族對其歷史的反思。一個忘記自己悲慘歷史和命運的民族，就是一個沒有靈魂的民族，沒有希望的民族，沒有前途的民族。中華民族要真正重新崛起於世界之林，實現中華夢，首先必須根除這種漠視和回避自己民族災難的病根，因為那不意味著它的強大，而恰恰意味著軟弱和自欺。這就是我不計後果，一定要搜集、編輯和出版這部書的原因。我想，待巴老呼籲的「文革紀念館」真正建立起來的那一天，我們才可以無愧地向全世界宣告：中華民族真正走上了復興之路……。

當本書即將付梓時刻，使我想到蘭臺出版社出版該書的風險，使我內心感動、感激和感謝！同時也向高雅婷責任編輯對殘缺不全的文革報紙給以精心整理、校對，付出辛勤的勞累致以衷心得感謝！

感謝忘年交、學友南開大學博導張培鋒教授為拙書寫「序言」，這是一篇學者的呼喚、是正義的伸張，作為一個早以欲哭無淚的老者，為之動容，不覺潸然淚下：「一夜思量千年事，人生知己有一人」足矣！

李正中於古月齋

2014年6月1日文革48周年紀念

序言：中國歷史界的大幸，也是國家、民族之大幸

張培鋒

　　李正中先生積三十年之功，編集整理的《文革史料叢刊》即將出版，囑我為序。我生於1963年，在文革後期（1971-1976），我還在讀小學，那時，對世事懵懵懂懂，對於「文革」並不瞭解多少，因此我也並非為此書寫序的合適人選。但李先生堅持讓我寫序，我就從與先生交往以及對他的瞭解談起吧。

　　看到李先生所作「前言」中引述巴金老人的那段話，我頓時回想起當年我們一起購買巴老那套《隨想錄》時的情景。1985年我大學畢業後，分配到天津大學冶金分校文史教研室擔任教學工作，李正中先生當時是教務處長兼教研室主任，我在他的直接領導下工作。記得是工作後的第三年即1987年，天津舉辦過一次大型的圖書展銷會（當時這樣的展銷會很少），李正中先生帶領我們教研室的全體老師前往購書。在書展上，李正中先生一眼看到剛剛出版的《隨想錄》一書，他立刻買了一套，並向我們鄭重推薦：「好好讀一讀巴老這套書，這是對「文革」的控訴和懺悔。」我於是便也買了一套，並認真讀了其中大部分文章。說實話，巴老這套書確實是我對「文革」認識的一次啟蒙，這才對自己剛剛度過的那一個時代有了比較深切的瞭解，所以這件事我一直記憶猶新。我記得在那之後，李正中先生在教研室的活動中，不斷提到他特別讚賞巴金老人提出的建立「文革紀念館」的倡議，並說，如果這個紀念館真的能夠建立，他願意捐出一批文物。他說：「如果不徹底否定「文革」，中國就沒有希望！」我這才知道，從那時起，他就留意收集有關「文革」的文獻。算起來，到現在又三十年過去了，李先生對於「文革」那段歷史「鍾情」不改，現在終於將其裒輯付梓，我想，這是中國歷史界的大幸，也是國家、民族之大幸！

　　前兩年，我有幸讀到李正中先生的回憶錄，對他在「文革」中的遭遇有了更為真切的瞭解。「文革」不僅僅是中國知識分子的受難史，更是整個民族、人民的災難史。正如李先生在「前言」中所說，忘記這段歷史就意味著背叛。李先生是歷史學家，他的話絕非僅僅出於個人感受，而是站在歷史的高度，表現出一個中國知識分子的真正良心。

　　就我個人而言，雖然「文革」對我這一代人的波及遠遠不及李先生那一代人，但自從我對「文革」有了新的認識後，對那段歷史也有所反思。結合我個人現在從事的中國傳統文化教學與研究來看，我覺得「文革」最大的災難在於：它對中華優秀傳統文化做出了一次「史無前例」的摧毀（當時稱之為「破四舊，立新風」，當時究竟是如何做的，我想李先生這套書中一定有非常真實的史料證明），從根本上造成人心

7

的扭曲和敗壞，並由此敗壞了全社會的道德和風氣。「文革」中那層出不窮的事例，無不是對善良人性的摧殘，對人性中那些最邪惡部分的激發。而歷史與現在、與未來是緊緊聯繫在一起的，當代中國社會種種社會問題、人心的問題，其實都可以從「文革」那裡找到根源。比如中國大陸出現的大量的假冒偽劣、坑蒙拐騙、貪汙腐化等現象，很多人責怪說這是市場經濟造成的，但我認為，其根源並不在當下，而可以追溯到四十年前的那場「革命」。而時下一些所謂「左派」們，或別有用心，或昧了良心，仍然在用「文革」那套思維方式，不斷地掩飾和粉飾那個時代，甚至將其稱為中國歷史上最文明、最理想的時代。我現在在高校教學中接觸到的那些八十年代、九十年代後出生的年輕人，他們對於「文革」或者絲毫不瞭解，或者瞭解的是一些經過掩飾和粉飾的假歷史，因而他們對於那個時代的總體認識是模糊甚至是錯誤的。我想，這正是從巴金老人到李正中先生，不斷呼籲不要忘記「文革」那段歷史的深刻含義所在。不要忘記「文革」，既是對歷史負責，更是對未來負責啊！

記得我在上小學的時候，整天不上課，拿著毛筆——我現在感到奇怪，其實就連毛筆不也是我們老祖宗的發明創造嗎？「文革」怎麼就沒把它「革」掉呢？——寫「大字報」，批判「孔老二」，其實不過是從報紙上照抄一些段落而已，我的《論語》啟蒙竟然是在那樣一種可笑的背景下完成的。但是，僅僅過去三十多年，孔子仍然是我們全民族共尊的至聖先師，「文革」中那些「風流人物」們今朝又何在呢？所以我認為，歷史是最公正、最無情的，是不容歪曲，也無法掩飾的，試圖對歷史進行歪曲和掩飾其實是最愚蠢的事。李正中先生將這些「文革」時期的真實史料拿出來，讓那些並沒有經歷過那個時代的人們真正認識和體會一下那場「革命」的真實過程，看一看那所謂「革命」、「理想」造成了怎樣嚴重的後果，這就是最好的歷史、最真實的歷史，這也就是巴老所說的「文革紀念館」的一個重要組成部分啊！我非常讚成李正中先生在「前言」中所說的，只有不漠視、不回避這段歷史，中國才有希望，中華民族才有希望！

是為序。

中華民族最黑暗的年代「文革」48周年紀念於天津聆鍾室
〔注〕張培鋒：現任南開大學文學院教授博士班導師

古月齋叢書5　文革史料叢刊　第三輯

前言：忘記歷史意味著背叛　李正中

序言：中國歷史界的大幸，也是國家、民族之大幸　張培鋒

第一冊：大事記類

第二冊：會議材料類

第三冊：通訊類

第四冊（一）：雜誌、簡報類

第四冊（二）：雜誌、簡報類

# 天津市无产阶級文化大革命

# 大 事 記

### 1966·5·8——1967·2·15

### （草　稿）

### 东风大学东风公社延安兵团《調查研究》組

### 1967·2·28

# 最 高 指 示

你们要关心国家大事、要把无产阶级文化大革命进行到底。

# 前 言

在这场由我们伟大的领袖、伟大的导师、伟大的统帅、伟大的舵手毛主席亲自发动和领导的无产阶级文化大革命中，天津市四百万革命群众，高举毛泽东思想伟大红旗，经过半年多的艰苦奋战，终于把刘、邓、彭、罗、陆、杨一手培植起来的，盘踞在天津达十八年之久的万（晓塘）、张（淮三）反党集团揪了出来！这是毛泽东思想的伟大胜利！是无产阶级文化大革命的伟大胜利！

回顾天津市文化大革命开展以来的历程，万、张反党集团是何等嚣张，他们上有刘、邓的支持、撑腰；中有以刘子厚为首的河北省委一小撮走资本主义道路当权派的包庇，掩护；下有由他们"苦心"经营的资产阶级反动势力基础，为所欲为，干绝坏事。万、张反党集团为了掩盖他们长期以来在天津所犯下的滔天罪行，在运动中极力耍阴谋，放暗箭，千方百计地转移斗争的大方向，挑起了一次又一次轰动全国的镇压革命群众的反革命事件。

在那杀气腾腾的白色恐怖中，多少革命小将的首创精神被扼杀，多少革命的造反组织被破坏，多少革命的同志被围攻，被打成"反革命"、"右派"，甚至被逼自杀身死……，万、张反党集团的一付狰狞面目完全暴露无遗。他们妄想扑灭毛主席他老人家亲自点燃的革命烈火，使革命遭到夭折，实现其复辟资本主义的黄粱美梦，何其毒也！

"六月天兵征腐恶，万丈长缨要把鲲鹏缚"。

为了保卫毛主席，为了祖国的千秋万代永不变色，天津市的革命造反者，高举毛泽东思想伟大红旗"下定决心，不怕牺牲"奋起千钧棒，把万、张反党集团打了个人仰马翻！杀了个落花流水，把那些吃人的妖魔鬼怪一个个揪了出来，把他们所盘踞的阵地一个个夺了回来，一个闪耀着毛泽东思想光辉的红彤彤的新天津，即将在这场革命的暴风雨中诞生！

但是，"敌人是不会自行消灭的"，"不会自行退出历史舞台的"。不是吗？万、张反党集团至今阴魂不散，仍在负隅顽抗，垂死挣扎。革命的同志们，要警惕呀！"宜将剩勇追穷寇，不可沽名学霸王"。全市一切真正的革命造反派联合起来，彻底砸烂万、张反党集团，彻底捣毁刘、邓、彭、罗、陆、杨在天津的黑窝，实现天津三位一体的大联合、大夺权。

下面将我们搜集到的资料和我们调查来的一些情况，汇总成一个《天津市无产阶级文化大革命大事记》（草稿）供革命同志参考。由于我们对毛主席著作学习得还不够，调查工作还很不细致深入，所以这个大事记（草稿）必然挂一漏万，谬误不少。请全市的革命同志们加以批评指正。

东风大学　东风公社

延安兵团《调查研究》组

１９６７年２月２８日

## 五月份概述

解放军报发表了高炬、何明同志的文章。天津市和全国一样掀起了批判、声讨"三家村"黑帮的高潮。就在这场无产阶级文化大革命刚刚开始之际，以反革命修正主义分子刘子厚为首的河北省委和天津市万、张反党集团，就怕得要死，急急忙忙召开黑会，进行策划，抛出了四项黑指示，企图扼杀方兴未艾的无产阶级文化大革命。

## 五月八日

《解放军报》发表了高炬、何明同志的文章，天津市同全国一样掀起了声讨"三家村"黑帮的高潮。

## 五月十一日（至十四日）

原河北省委书记处书记张承先慌忙在河北宾馆召开有天津各高校党委书记参加的黑会。会上，张承先布置了四大框框：①不写大字报，可写小字报；②不游行；③不开大会，开小会；④县委书记以上的干部写批判文章要经过省委批准。

## 五月十三日

晚上，市文教政治部付主任赵平和教育处处长张庆义召开各区委文教部部长会议，会上传达市委四点"黑指示"（内容基本同张承先的"指示"）。

## 五月十四日

市委宣传部正式发出"四点黑指示"即："不贴大字报，只写小字报；不开大型声讨会，只开小型座谈会；加强领导；不用文艺形式声讨反革命黑帮"等等。

## 五月十日（至十六日）

五月十日——五月十六日召开了天津市四清工作总团、中级党校学习毛主席著作积极分子大会。五月十六日闭幕。在闭幕会上谷玉亭代表市委做总结报告，再次贯彻"四条黑指示"。

## 五月二十日

天津市委主要负责人去北京参加华北工作会议。万、张反党集团名义上让马瑞华负责主持市委工作，实际上处理各项事项均须向万、张请示。

## 六月份概述

六月一日我们最伟大的领袖毛主席亲自批准广播北大聂元梓等七同志的一张大字报。由毛主席亲自点燃的无产阶级文化大革命的烈火，迅速燃遍全国。天津市的广大革命群众坚决响应毛主席的伟大号召，革命的大字报，排炮般地打向党内走资本主义道路的当权派，打向一切资产阶级代表人物，打向一切牛鬼蛇神。天津十六中的革命小将发扬了敢想、敢说、敢干、敢革命的精神，大造万、张反党集团的反，点燃起"六·廿一"革命烽火，出现了一派大好的革命形势。可是阶级敌人是不甘心灭亡的，万、张反党集团反革命嗅觉十分敏感，他们意识到末日将临，一方面大耍阴谋、放暗箭、层层开会下达黑指示，为自己定调，设框，企图转移斗争大方向；另一方面，大派工作队，设官卡，四下活动，搜集情况，探听消息，并且公开出面镇压，调动不明真相的工人群众和学生群众，对革命小将进行残酷围剿，一手制造了轰动全国的"十六中事件"。

## 六月一日

上午，《人民日报》发表《横扫一切牛鬼蛇神》的社论。晚上，电台广播了聂元梓等七位同志的一张革命大字报，一场由我们伟大领袖毛主席亲自领导和发动的无产阶级文化大革命，迅速在全国展开。

## 六月二日

《人民日报》发表《触及人们灵魂的大革命》的社论。全市掀起了无产阶级文化大革命的新高潮。革命群众猛轰党内走资本主义道路的当权派和一切牛鬼蛇神，出现了一派大好形势，吓坏了万、张反党集团，他们接连召开紧急会议：

上午8：00市委组织部长马瑞华在市委召开会议。

10：00文教政治部主任王金鼎在幼师召开全市完中领导会议。

下午1：00在市委书记处开会，马瑞华主持。

晚7：00沙小泉召开完中共青团专职干部会议。

上述各会均是研究如何对付革命群众，如何压制文化大革命的对策。

不仅如此，当天夜里王金鼎、沙小泉等分赴十六中、河大附中等学校，分别召开会议介绍"撕革命大字报"的反革命经验，保各校走资本主义道路的当权派过关。

同天，河北省省委书记刘子厚在河北宾馆也慌忙召开天津各高校第一书记会议，刘大讲："除了对省市委以上的领导不写大字报，不点名以外，对下要乱箭齐发"。企图把运动引向邪路。

## 六月三日

六月三日《人民日报》发表题为《夺取资产阶级霸占的史学阵地》的社论。

六月三日——十七日在华北工作会议上，在河北省组的天津组，万张反党集团对胡昭衡同志进行了围攻，围攻材料是在五月二十日以前准备好的。

## 六月四日

《人民日报》发表题为《撕掉资产阶级'自由''平等''博爱'的遮羞布》的社论。

天津市委中学四清工作团副政委××按照万、张反党集团的意旨召开了工作队长、指导员、学校党支部书记、校长会议。××在会上强调要工作队、学校党支部积极领导。胡说什么："右派（指革命小将）要夺权，你们不出来，右派就要出来领导，就会搞到你们头上来。"大肆调兵遣将，企图扼杀方兴未艾的文化大革命。

## 六月五日

《人民日报》发表《做无产阶级革命派，还是做资产阶级保皇派》的社论。

## 六月二日——六月五日

六月二日——六月五日刘子厚在大专院校党委书记会议上大肆贩卖"四不贴""内外有别"等修正主义货色。

## 六月六日

《人民日报》发表社论《高举毛泽东思想伟大红旗把无产阶级文化大革命进行到底》（关于文化大革命的宣传教育要点）。

同日，天津市委成立了中学文革办公室和卫生文革办公室。

## 六月七日

《解放军报》发表题为《毛泽东思想是我们革命事业的望远镜和显微镜》的社论。

河北省委官办的以南开大学第一书记臧伯平为组长，河北大学第一书记李泽民为副组长的"天津高校文革领导小组"成立。从此之后，天津高校的无产阶级文化大革命就由这个小组去领导。

六月七日——八日，万、张反党集团先后向十六中、十八中、十九中等学校派出了工作组。

## 六月八日

《人民日报》发表社论《我们是旧世界的批判者》。《红旗》杂志社论《无产阶级文化大革命万岁！》和《毛泽东思想领先，干部层层带头》发表。

## 六月九日

六月九日在万、张反党集团控制下的《天津日报》，秉承万、张反党集团的意旨和中央大唱反调，发表了题为《向资产阶级"权威"开火》的社论，企图转移斗争的大方向。

同日，万、张反党集团还在体育馆召开了"天津市文化革命积极分子大会"，会上马瑞华做报告，大肆鼓吹"乱箭齐发"，"派工作组"，"要排排队"，"党支部上面（指市委——引者）没有黑线"，"文化大革命不要受外界干扰，有坏人破坏"等等。

在这一天里，万、张反党集团真可谓"辛苦"，又发社论，又开大会，社论号召向"资产阶级权威"开火，大会上暗示万、张反党集团是革命的。这一小撮反革命分子的贼心，不是昭然若揭了吗？

## 六月十日

万、张反党集团传达省委指示"领导要跟上，否则，右派就要以左的面目胡搞"。订出了几项镇压群众的"良策"："①派工作组；②在工作队领导下成立各校文化革命委员会；③在校文革下面成立大的办公室，这样组织领导问题就解决了⋯⋯。"

同日夜间，万、张反党集团再次召开黑会，指示要搞排队，要抓"牛鬼蛇神"，甚至还狂妄地叫嚣不能有漏网的。

## 六月十一日

刘子厚又在高校党委书记会上向各高校书记面授机宜，指示大搞"乱箭齐发"。提出了"凡是不顺眼的（指革命群众）都要统统反掉"的反动口号。同时，还命令各高校迅速建立官办文革。刘子厚还煞费心机地把文革成员的比例都做了规定，提出文革成员中学生代表占５０％，文革常委会成员中学生代表占３０％。

## 六月十二日

万晓塘在市级机关处长以上领导干部会议上为自己定调，说什么："天津的问题和北京的性质不一样"，"解决领导问题，必须迅速派出市委工作队到各学校去"等等。

## 六月十三日

万晓塘亲自出马，在体育馆召开的天津市文化大革命积极分子代表大会上，对各校学生代表做报告；报告中别有用心地鼓吹"要听市委的话"，"要加强领导"、"要听话"、"不要把运动搞'乱'，不要上坏分子的当"、"对牛鬼蛇神进行批判斗争"、"排排队"、"运动要有领导有计划的进行"。

同日，北京四中要求废除高考制度的信及给毛主席的信传到天津，万、张反党集团通过特务手段得讯后，声言这种信是"打着'红旗'反红旗，同右派分子一样"。

## 六月十六日

《人民日报》发表社论《放手发动群众、彻底打倒反革命黑帮》。万、张反党集团召开四清工作队队长会议，由市委副秘书长李定、团市委副书记王仁讲了话，进一步为各校文革筹委会订任务、划框框。

## 六月十七日

中央人民广播电台广播了中央关于改革高考制度及北京四中的信件。天津市的广大革命师生热烈拥护，纷纷要求上街游行，万、张反党集团吓破了胆，匆匆忙忙召集会议，研究对策，为把上街游行的学生吸引到民园体育场，召开了学生代表会，强行决定六月二十一日以团市委和学联的名义召开学生庆祝大会。

同时，万、张反党集团阴谋地向外透露胡昭衡同志是"三反"，"一家"。

## 六月十八日

《人民日报》发表社论《彻底搞好文化大革命，彻底改革教育制度》。

## 六月二十日

《人民日报》发表社论《革命的大字报是暴露一切牛鬼蛇神的照妖镜》。

## 六月二十一日

在民园体育场发生了"十六中事件"。

废除高考制度的决定发表后，革命学生纷纷上街游行庆祝。万、张反党集团怕学生上街"闹事"造他们的反、就按照他们事先策划好的，在民园体育场召开了全市高三学生庆祝改革高考制度大会。以此来压制学生上街游行的革命热情。但他们又怕革命学生在会上"造反"，场内布满了一百余公安人员，场外二百余名。在会上天津十六中的革命小将以"舍得一身剐，敢把皇帝拉下马"的英雄气概，散发了"给全市革命青年的一封信"，这是一封革命的信，揭发批判了天津市委，天津日报和市委组织部长马瑞华的严重错误。并指出天津市委不可避免的存在着一条黑线，点燃了"六·二一"革命烽火。这一下子可把万、张反党集团吓破了胆，当夜十二点就召开工作队长会议宣称"市委是正确的，是在党中央、毛主席领导下，不是黑帮……，敌人出来不奇怪"等等。从此万、张反党集团一手制造的镇压革命小将的"十六中事件"就开始了。

## 六月二十二日——二十三日

团市委奉命于下午四点到二十三日五点多钟在团市委组织不明真象的工人、学生对十六中部分同学（反市委的）进行了长达十四小时的围攻批斗。批斗会由团市委副书记王仁主持，团市委书记沙小泉幕后操纵，会上还派干部、公安人员进行严密监视。为了记录"反革命言论"，他们对大会发言进行了秘密录音。

会上王仁大喊什么"通过大会辩论十六中是反革命性质已经清楚了"。扬言要追出后台。还对各校代表说："你们可以给十六中辩论，去贴大字报。"会后他们还得意忘形地说："对十六中的反击，团市委是主战场。各校是分战场，团市委打的是攻坚战，各校打的是阻击战，整个斗争是歼灭战。"

二十三日省委书记处书记王路明又指示李定说："要明确市委是正确的，要加强力量，集中把十六中攻下，这个阵地一定有反革命操纵，要加强工作组，多派，派强的。"就这样在省、市委的策划下，为了扑灭刚刚燃起的革命烽火，向十六中派了三十二名全副武装公安人员，工作队增派到一百七十多人，前去镇压十六中革命小将。在他们的挑动下从二十三日早晨五点，市内一些不明真象的师生成群结队前往十六中声讨。万、张反党集团派人亲临现场"观虎斗"。

## 六月二十四日

《人民日报》发表了题为《党的阳光照亮了文化大革命的道路》的社论。

市委组织部长马瑞华召开了工作队长会议，对各校工作队长作了报告，下达了镇压十六中革命小将的黑指示。完全中学文革负责人××下达了讨伐十六中的三项动员令；市委指示说："对十六中的态度是考验各种人，把十六中反市委这个事件搞清楚，对每个人都是锻炼。"在万、张反党集团的授意下，团市委计划召开揭发十六中大会，提出要揭十六中的阴谋，正面讲天津市委是革命的。市妇联也下令召开学生家长会议，进行外打内拉。至此以后，在他们的策划下，挑起了天津市各中学对十六中和同意十六中观点的学生的大批判、大斗争的一股反革命逆流。很多学生被打成"右派"、"反党"、"反革命"，各校一片检查声，一片哭声。革命小将被压得抬不起头来。

同日，市委办公厅还发出了如何对待进行革命串连学生的一个密件。他们企图蒙蔽老工人，让老工人起来向串连的学生讲："天津市委是革命的"；"不能拿天津市委和前北京市委相提并论。不能无根据的怀疑天津市委。"等等。去保护万、张反党集团过关。

## 六月二十八日

南开中学学生陈惠芳，因支持十六中革命小将的一封反市委的信遭到批斗围攻，在市委所派工作队找她个别谈话后，被迫卧轨自杀身死。

同日，该校张跃胜因同样缘故，写下"我衷心祝愿毛主席万寿无疆，此致，最敬爱的领袖毛主席"的遗书后，服毒自杀，经急救未死。至此天津轰轰烈烈的无产阶级文化大革命高潮又被万、张反党集团打下去。同时，在六月下旬，万、张反党集团作贼心虚，极力向中央封锁消息，派出×××坐镇邮局，专办检查、扣押革命学生给毛主席、党中央电报、邮件事宜。

## 七月份概述

"六·二一"革命烽火虽然被万、张反党集团用残暴的手段镇压下去了，可是用毛泽东思想武装起来的革命小将并没有被他们所吓倒。他们按照毛主席指引的斗争大方向，以"舍得一身剐，敢把皇帝拉下马"的英雄气概继续战斗，把矛头对准了党内走资本主义道路的当权派。这时，有着丰富反革命经验的万、张反党集团，为了镇压群众，转移斗争大方向，"加强控制"，又死死抓住了以刘、邓为代表的资产阶级反动路线这个"救生圈"，大耍阴谋，把四清工作团变为文化革命工作队，积极向各个中学（包括一个院校）派遣工作队。同时，建立各区中学官办文革。天津市广大革命群众，为了保卫党中央，保卫毛主席，和万、张反党集团又展开了一场新的尖锐激烈的阶级大搏斗。

## 七月一日

《红旗》第九期发表社论《信任群众，依靠群众》。

张淮三赤膊上阵，在青年宫召开了市、区委和工作队负责人大会，再次给万、张反党集团定调子，说："市委是在中央和毛主席领导下，是革命的。"并强调进行四大讲："大讲党的领导；无产阶级专政；党的政策；高举毛泽东思想伟大红旗。"极尽其打着"红旗"反红旗之能事。同时还给工作队打气说："工作队是党派来的，如果有人要赶工作队，要顶住。""要坚决依靠革命群众（指反十六中的学生　编者）。不要歧视，不要结队去十六中，以孤立敌人（指十六中反市委的革命小将）。"

### 七月五日

天津黑市委办公厅给各中学文化革命工作队（组）、市委各部、委、各区委、党委、党组，各四清工作团，颁发了"关于目前天津市中学文化大革命运动的几个问题（草稿）"的正式通知，为了统一口径，此文件由文化革命工作队或区委、党委的领导人日内亲自传达，此文件内容完全是张淮三在七月一日于青年宫报告的翻版。

### 七月八日

天津市各区中学文化革命办公室成立，撤消市委文教四清工作团和各区四清分团，四清工作队改名为文化革命工作队。

### 七月十一日

《人民日报》发表《我国社会主义革命的新阶段》的社论。

### 七月十四日

万、张反党集团召开文化大革命工作队员动员大会，由马瑞华介绍北京文化大革命"经验"中张承先、胡克实镇压革命学生，挑动群众斗群众的反革命"经验"，万、张反党集团对北京"经验"倍加赞扬。大肆宣扬"引蛇出洞"，说什么："北京的经验有普遍意义，必须认真学习，运用到我们工作中去。"

### 七月十六日

张淮三再次赤膊上阵，向全市中学、半工半读学校做报告，大讲"市委是革命的，不是黑线。""要形成压倒攻势，把'右派'最大限度孤立起来"等等。

### 七月十八日

伟大的领袖、我们心中最红最红的红太阳毛主席回到首都北京。

### 七月十九日

省市委派以郝生德为首的工作队到东风大学（天津师范学院）。这个工作队来校后，贯彻了一条彻头彻尾的资产阶级反动路线，把运动拉向后转，把东大轰轰烈烈的革命运动搞得一时冷冷清清。

### 七月二十一日

《人民日报》社论《从群众中来，到群众中去》发表。

### 七月二十三日

在北京召开的华北工作会议结束，万、张反党集团背着中央，强令胡昭衡同志"不接触工作"。

### 七月二十六日

《人民日报》发表社论《跟着毛主席在大风大浪里前进》。《天津日报》却反其道而行之，同天，发表了内容为号召革命群众到江河湖海去游泳，其用心之龌龊的社论。把革命小将从阶级斗争的大风浪中引到江河湖海。

传达黄文（华北局工交政治部副主任）和马瑞华的报告，指示"运动要分两步走……第一步：七月二十六日到八月五日，主要是乱箭齐发……把敌人（按：指革命群众）揪出来；第二步是八月五日以后……搞专人专题的揭发……"，"九月十日以后开始批斗"，"党要派工作队去领导"，"工作队多数是好的"。

## 七月二十八日

天津市三级干部会议（即"宾馆会议"）开始报到。

同天，北京新市委根据党中央和毛主席的指示，下令撤消工作组。

## 七月二十九日

《人民日报》发表题为《先当群众的学生，后当群众的先生》的社论。

## 七月三十日

市委召开紧急会议，研究北京"紧急情况"和"中央文件"（关于撤消工作队的指示）之后，发出"指示"，命令各工作队尽快把各校文革筹委会组织起来。

## 七月三十一日

天津市三级干部会议在河北宾馆正式召开。《河北日报》《天津日报》按照河北省委早已安排好的"黑帮名单"顺序，点名批判南开大学党委副书记何（锡麟）娄（平）黑帮。

## 八月份概述

正当天津市广大革命群众遭到万、张反党集团的残酷镇压，天津市的无产阶级文化大革命遭到很大挫折的紧要关头，毛主席亲自领导制定的《十六条》公布了，真如久旱的雨，酷暑的风，在天津市四百多万革命人民面前点燃了指路明灯。紧接着我们伟大的领袖毛主席和他的亲密战友林副主席又在八月十八日接见了百万红卫兵革命小将，肯定了红卫兵革命的大方向，大长了无产阶级革命派的志气。天津市各校红卫兵组织先后建立。天津市又出现一个轰轰烈烈的文化大革命的高潮。但是，敌人是不会自行退出历史舞台的，万、张反党集团按照一切反动派捣乱，失败，再捣乱，再失败，直至灭亡的逻辑，又要起了更大的阴谋。为了转移斗争矛头，他们玩弄了"舍车马、保将帅"的鬼伎俩，忍痛割爱抛出了马瑞华、王金鼎。并且别有用心地把胡昭衡同志打成"三反一家"。为了镇压革命群众"加强控制"，万、张反党集团又私通王任重密谋策划组织工人赤卫队，迷惑工人群众，挑动工人斗学生，一手制造了轰动全国的围剿革命小将的"八·二六"事件。

## 八月一日

在毛主席的亲自主持下，在北京召开了中共中央八届十一中全会，这是一次具有伟大历史意义的会议，是我国社会主义革命新阶段的里程碑。

同天，《人民日报》发表社论《全国都应该成为毛泽东思想的大学校——纪念中国人民解放军建军三十九周年》。

晚上，万、张反党集团在市体育馆召开全市工作队员大会，赵武成作报告①传达中央三位领导讲话；②谈天津市的情况"六月初形势很好，七月以后运动冷下来了"和对撤工作队的意见："工作队撤出，撤出工作队以前要帮助革委会把工作安排好负责到底。"

## 八月二日

在河北宾馆召开的三干会进行文件学习，万、张反党集团迫不及待要×××在小组学习会上提出胡昭衡同志是"三反分子"。

## 八月三日

上午万、张反党集团在体育馆召开各校革命师生表代表大会。放送中央三位领导干部讲话录音，赵武成在会上讲话，并正式宣布：市委撤销工作队的决定（此时离中央指示下达已有八天之久，派出之快，退出之慢令人深思）。赵武成在讲话中根本没有检查派工作队是方向、路线错误。当天晚上，又在艺术馆召开工作队指导员会，马瑞华传达了刘子厚的"指示"。

## 八月四日

晚七点在市青年官，马瑞华召开部分学生代表会，与会人有团市委书记沙小泉、付书记王仁及周×等，企图舍掉王金鼎把斗争矛头引向各校，以保住万、张反党集团，并为工作队打保票，企图让工作队继续留在各校当"参谋"。

## 八月六日

万、张反党集团忍痛割爱，演出了两幕舍车马保将帅的丑剧，在《天津日报》上点名批判王金鼎。

同时，万晓塘亲自出马在十六中全体师生员工和中等学校师生员工代表大会上，作了关于"十六中事件"的检查，并宣布撤销马瑞华的组织部长职务。企图把万、张反党集团的罪恶全部推到王、马两人的身上。

## 八月八日

党中央通过了毛主席亲自主持制定的《关于无产阶级文化大革命的决定》即十六条，这是两条路线斗争的产物，是以毛主席为代表的无产阶级革命路线战胜刘、邓资产阶级反动路线的产物，是毛泽东思想的伟大胜利。这是无产阶级文化大革命的纲领，这个决定把无产阶级文化大革命推向了一个更深入，更广阔的新阶段。

同日，《红旗》杂志发表《无产阶级文化大革命的纲领性文件》社论。《人民日报》发表题为《全国人民的大喜事》的社论。全市广大革命群众连夜上街游行，欢呼《十六条》的公布。

## 八月十日

下午，我们心中的红太阳毛主席到中共中央接待站接见革命群众，他老人家语重心长地说："你们要关心国家大事，**要把无产阶级文化大革命进行到底**！"这是毛主席对七亿人民发出向社会主义革命新阶段大进军的战斗号召。消息传来，天津市的广大革命群众无不为之欣欣鼓舞。

天津召开了无产阶级文化大革命师生代表大会，在会上阎达开代表省委下达三点"指示"："首先要炮轰司令部，司令部主要是院党委，也可以给省市委提意见等等。打着炮轰司令部的旗号，干着保护省市委过关的勾当。

## 八月十一日

《人民日报》发表《掌握文化大革命的思想武器》的社论。《解放军报》发表题为《永远靠毛泽东思想干革命》的社论。

同日，万晓塘在三干会上，耍阴谋，假做"炮轰司令部"的动员报告。

### 八月十二日

在河北宾馆三干会上，大量散发批判胡昭衡等人的文件，紧密配合万的报告，大耍阴谋，把矛头引向胡昭衡同志，欲把胡置于死地。

### 八月十三日

中共中央发表八届十一中全会公报，这是一次具有伟大历史意义的会议。这次会议高举毛泽东思想伟大红旗，科学地阐明了毛泽东思想在马列主义发展史上的伟大意义和崇高地位。全市革命群众热烈欢呼，纷纷集会游行庆贺。

同日《人民日报》发表社论《学习十六条，熟悉十六条，运用十六条》。

《红旗》杂志十一期发表题为《在毛泽东思想的道路上胜利前进》的社论，同时发表评论员文章《向革命的青少年致敬》。

同日，在河北宾馆三干会议上万、张反党集团散发《老生常谈选编》（黑体字），同时连续召开紧急会议，向各级党委布置文化大革命的策略。发出"指示"说："迅速组织左派，猛烈搞五类分子，至于走资本主义道路的当权派和我们内部问题以后再说，要不然他们什么当权派都整，容易为'坏人'利用。"明目张胆地对抗"十六条"，妄图转移斗争大方向。

同日，河北大学毛泽东思想八·一八红卫兵贴出了"舍得一身剐，敢把刘子厚拉下马"的大标语，触动了省委书记处的老虎屁股，省委书记处书记李颉伯由京来电，斥责驻津文革办公人员阶级斗争观念不强，并责令他们马上组织围攻。

### 八月十四日

在河北宾馆的三干会上，又散发了准备在报纸上发表的批判胡昭衡的文章的草稿。之后，把胡昭衡夫妻打成"夫妻黑店"。

### 八月十五日

《人民日报》发表《大海航行靠舵手》的社论。

同日，在刘子厚、李颉伯一手策划下，抛出了省委驻津工作人员的一张题为《刘子厚、阎达开、杜新波是坚定的革命左派》的大字报，自封"左派"，转移斗争大方向。这张大字报对河北省天津市的文化大革命起到了严重的破坏作用，大大助长了万、张反党集团的反动气焰。

### 八月中上旬（××日）

河北宾馆三干会上，江枫等同志把斗争矛头对准了万、张反党集团，揭发了万晓塘、张淮三，宋景毅等人的大量严重的政治问题和贪污问题，使得万晓塘、张淮三反党集团恐慌万状，慌忙组织围攻，同时对江枫同志，对市公安局的革命群众的长达几个月的政治陷害和残酷镇压开始了。

### 八月十六日

万、张反党集团一手制造了公安局的"八、一六"事件，万、张反党集团为镇压公安局革命群众，抓住这个问题，煞有介事地于八月二十日派出了以张墨义为首的"八、一六事件调查组"，八月二十五日市委竟然作出了决定：无理命令公安局付局长郝志刚停职反省，并宣称一个国民党员、流氓大坏蛋×××为革命群众。这个决定不但打击了在三干会上敢于揭发万、张反党集团问题的公安局部分领导同志，而且为天津反动组织《政法公社》的成立制造了舆论准备。

同天，省市委刘子厚等人私通王任重，密谋组织工人赤卫队，迷惑工人群众，挑动工人斗学生，万、张反党集团闻讯马上研究，着手组织。

### 八月十七日

《人民日报》发表《在游泳中学会游泳》的社论。

### 八月十八日

毛主席和他的亲密战友林彪同志在北京第一次接见百万红卫兵革命小将。毛主席说："**这个运动的规模很大，确实把群众发动起来了，对全国人民的思想革命化有很大意义。**"同时，林副主席、周总理作了重要讲话。

同日，省委发出"关于撤出大中学校工作组的通知。

### 八月十九日

《解放军报》发表题为《我们永远忠于伟大统帅毛主席》的社论。晚上，万晓塘"指示"工交政治部副主任"省委通知要组织工人赤卫队、"保卫宾馆"、晚上十点市委决定，马上组织二百名赤卫队，由四个四清单位组成。

同时，李定召集省委附近的五个厂子的四清工作队队长、书记处开会，布置组织赤卫队，并扬言"阶级敌人（按：指革命小将）要向我们总进攻，要砸市委，我们要组织赤卫队……大厂组织一个大队，小厂组织一个小队，要住厂，随叫随到。"

劳二半八·一八红卫兵在同万、张反党集团的斗争中正式成立。

### 八月二十日

《人民日报》发表《毛主席和群众在一起》的社论，《解放军报》发表题为《破旧立新的思想大革命》的社论。

上午九点半，市委在强声无线电厂召开了十一个厂的支部书记和四清工作队队长专会，进一步布置组织赤卫队及赤卫队职责事宜。

同天，在张淮三一手操纵下，天津市发电设备厂又发生了群众斗群众的"八·二〇"事件。

这一天，臭名昭著的谭立夫发言出笼了，他恶毒地攻击毛泽东思想。这篇形"左"实右的讲话是有其背景的，是刘、邓资产阶级反动路线的代表作。它一出笼就很快流毒全国。天津也不例外，影响极坏。

同日，省市委在民园体育场召开所谓"庆祝无产阶级文化大革命大会"，这个大会是省市委标榜自己的大会，是蒙蔽群众、保护自己过关的大会。他们在讲话中闭口不谈革命小将的造反精神，不谈河北省、天津市的革命形势，会上他们剥夺了红卫兵代表和工农群众组织代表的发言权。会后，省市委中一小撮走资本主义道路的当权派，利用群众对党、对毛主席的无限热爱，来抬高自己，绕场一周，向革命群众示威，企图蒙混过关。

同日，省市委"关于撤出工作队的通知"发到各校。

同日，万、张反党集团组织参加三干会的一些人，以到各校宣讲十六条为名，行保工作队撤出之实。

### 八月二十一日

《红旗》杂志十一期重新发表聂元梓等七同志的大字报和六月二日《人民日报》评论员文章，这次发表的评论员文章作了意味深长的重要修改。六月二日评论员文章有这样一段话："对于无产阶级革命派来说，我们遵守的是中国共产党的纪律，我们无条件接受的是以毛主席为首的党中央的领导，毛泽东思想是我们各项工作的最高指示。"在八届十一中全会后，《红旗》十一期上改为："对于无产阶级革命派来说，我们遵守的是中国共产党的纪律，我们无条件接受的是以毛主席为首的党中央的正确领导。对于一切危害革命的错误领导，不应当无条件接受，而应当坚决抵制，毛泽东思想是我们各项工作的最高指示。"

### 八月二十二日

《人民日报》发表消息：红卫兵猛烈冲击资产阶级的风俗习惯。天津市的红卫兵革命小将亦纷纷走上社会，向资产阶级的风俗习惯猛烈开火，大破四旧，大立四新。

同日，奉省市委指示，各工作队撤离各校，集中学习整训。

### 八月二十三日

《人民日报》发表社论《工农兵要坚决支持革命学生》。

### 八月二十四日

《人民日报》发表题为《欢呼"新北大"在斗争中诞生》的社论。

同时，《天津日报》又反其道而行之，发表题为《欢呼红卫兵小将们无产阶级革命造反精神》的社论，只字不提斗争大方向，有意扭转运动的主要矛头。

同时，刘子厚召开了高校领导小组会议，抛出了三点黑指示，说什么："要改组校文革，学校党委正副书记、正副校长要主动退出不参加校文革，这样对个人对革命都有好处。"等等。这段话说穿了，就是打着对革命有好处的旗号去行包庇之实。企图以新的形势挑动学生斗学生，对抗十六条。

### 八月二十五日

东风大学东风公社二千余名革命师生到市委门前示威，击鼓叫阵，坚决要求刘子厚、万晓塘、阎达开接见，强烈要求省市委罢校党委第一书记张建新的官，撤张建新的职，登报点名批判。经过一天的艰苦斗争，终于取得了伟大胜利。

劳二半八·一八的革命小将因屡次要求万晓塘接见均遭拒绝，而通辑万晓塘在二十四小时内接见群众。

同日在天津工学院红卫兵（八·二五）的坚决斗争下，省委被迫答应罢掉天工第一书记冀广民的官。

### 八月二十六日

下午五点多北京和天津劳二半等校三百余名红卫兵、红战友来到市委门前。派二十名代表要求接见，横遭市委拒绝。继而发生了由万、张反党集团一手制造闻名全国的"八·二六事件"。

同日，晚上八点，万晓塘被迫来东风大学，宣布省委"关于罢张建新官的三项决定"，临来之前，万晓塘心怀鬼胎地说："去就去吧！去了大不了是被围、被打、打死也就算了！"

天津市委在宾馆召开的三千会，在一些与会同志刚刚揭开万、张反党集团的内幕时，由于害怕暴露万、张反党集团的反动本质，就草草收兵，宣告闭会。为了转移斗争矛头，万、张反革命修正主义集团又把市委的大批干部放下去，"宣讲"十六条，美其名曰是怕群众引起分歧，实际上是害怕群众揭发省市委的问题。

## 八月二十七日

凌晨一点，北京学生回京送文件，刘东（刘子厚的老婆，市委工交政治部副主任，"八·二六事件"的祸首之一）派车跟踪盯哨。此后，在市委门前展开了"八·二六事件"辩论，市委成立了指挥辩论班子。由李中垣、李守贞、王培仁、郝杰轩等组成。

## 八月二十八日

《人民日报》发表题为《革命青少年要向解放军学习》的社论。

## 八月二十九日

《人民日报》发表题为《向我们的红卫兵致敬》的社论。

## 八月三十一日

毛主席在北京第二次接见百万红卫兵小将，同时林副主席和周总理作重要讲话，周总理宣布中央决定全国革命师生分期分批地来京进行革命串连。

## 九 月 份 概 述

"八·二六"事件，仍在继续发展。革命小将以"舍得一身剐，敢把皇帝拉下马"的英雄气概，矛头对准省、市委发出了一颗又一颗的重型炮弹。这时以刘子厚为首的河北省委和万、张反党集团，为了保自己过关，就赤膊上阵别有用心地插手了群众组织，积极组织保护他们的御林军，公开组织了官办赤卫队，一手策划成立了天津高等学校红卫兵（保守派）总部。掀起了一系列极为严重的工人斗学生的事件，又一手制造了轰动全国的"九·一八"事件。这时万张反党的罪魁首万晓塘，自感日暮途穷，于九月十九日晚畏罪自杀。这样一来又给没有万晓塘的万张反党宗派集团留下了一个救生圈。此后天津市又出现了一股"以死人整活人"的反革命逆流。但是，在毛主席的革命路线的指引下，革命造反派是压不服、摧不垮的，他们越战越强，向万、张反党集团发起了更猛烈的进攻。在斗争中天津大专院校红卫兵革命造反总部诞生。

## 九 月 一 日

张淮三召开了四清工作团长会议，在会上指出：①领导要抓红卫兵；②防止左派队伍里的"内奸"（指反市委的——编者）；③特别注意领导班子里的"内奸"（反市委的——编者）。

## 九 月 二 日

凌晨一点多，张淮三在统战部召开各局书记会，布置各局组织官办赤卫队，并以四十多个单位组织了１４００多人到市委保卫"市委机关""保卫机密"，同时张淮三布置连夜赶印十万份"八·二六"事件的由来和形成的传单。各局组织赤卫队后，立即开赴市委，带队的多为市局党政一把手，他们从市妇联小门溜入市委后（另一批人到了市人委）市人委大楼全为赤卫队把守，并规定暗号：赤卫队和机关干部挽起左袖为记。

三轮二社发生"陈良谋事件"万、张反党集团妄图借此来压制全市革命群众的革命造反精神。

## 九 月 三 日

万、张反党集团指示市文革办公室向各基层转发"关于北京红旗学校等一些地方'红卫兵'和天津劳二半部分学生冲进天津市委大楼情况"要速向职工传达，并组织讨论，企图进一步挑动工人斗学生。

## 九 月 四 日

张淮三在市委召开黑会专门研究市委门前如何辩论围剿革命小将的问题，会上张淮三决定成立了以李守真、李定、李中垣、王培仁等人为主的辩论领导小组。会上他们还进行了分工、由李中垣廖斗寅负责组织工人"辩论"队伍，周茹等人负责组织学生"辩论"队伍，苏澄负责印发驳斥革命小将的反动传单。会后张淮三还指示说"印发传单要快，组织队伍要轮翻作战，人也要大量的来，那个地方有影响就到那里去。"就这样在他们一手策划下一系列围攻革命小将的事件又发生了。

下午，工交文革小组组长廖斗寅（前薄一波的秘书）召开局政治部主任会，进一步组织对革命小将的围攻。

晚上，市委门前继续进行"八·二六"事件的辩论，市委要工交口面上和四清单位抽调大批工人参加，并预先指定发言人，同时印出了"八·二六"事件的由来和形成的传单，由劳二半赤卫队取五万份至北京散发，其余由市委工交政治部连夜转发给各局政治部。

下午一点半，天大"八·一三"到河北宾馆静坐示威，要求罢苏庄的官，九月五日，刘子厚被迫接见，徐纯性奉了刘子厚的旨意按照王任重给刘子厚所定的调子，向天大"八·一三"战士大讲："林铁是三反分子，已被罢官"，几年来是同林铁作斗争的，刘子厚被提为河北省委第一书记（大意）同时提出"先辩后罢"的意见。

## 九 月 五 日

《人民日报》社论《用文斗，不用武斗》发表。

凌晨一点，万、张反党集团接到华北局和刘子厚指示，工人赤卫队撤离市委，以后市委改由学生把守。

万、张反党集团在一宫召开了市级机关文化大革命动员大会，会上路达作了动员报告。

## 九 月 六 日

上午九点，李中垣召集各个负责组织"八·二六"辩论的干部开会，组织当晚在市委门前对劳二半"八·一八"的围剿，命令各口分兵把关，下午四点以前占领会场。晚上，劳二半、"孙大圣"没来，在市委门前严阵以待的前线指挥李中垣等（张淮三在幕后电话指挥）只好临时改变主意，召开了单方面的"批判、声讨"大会。夜十一点北京红旗学校和齐齐哈尔等地学生对此提出严厉指责，万、张反党集团怕被革命小将抓住狐狸尾巴，命令马上散会，工人同志不明真象，未散。张淮三又指令市委工交口马上召集领队负责人开会，让他们说服工人，说不通就个个地往外拉走，同时李中垣又指示基建口队伍到市委花园布阵，准备应付"孙大圣"等二百多名红卫兵。革命小将并没有被万、张反党集团的反动气焰所吓倒，他们高举毛泽东思想伟大红旗，积极准备材料，串连革命力量，积极准备以更猛烈的**炮 火 猛 轰**万、张反党集团。

### 九月七日

毛主席的九·七指示下达，中共中央九月十一日的"四项决定"发出，其中"一针见血地指出了全国各地运动中出现紧张形势的症结所在"着重指出"怕学生，调动工农整学生的做法是十分错误的"，对这样的纲领性的文件，万张反党集团噤若寒蝉，扣住不予下达。

人民日报社论：《抓革命，促生产》发表。这时，万张反党集团又大耍花招对抗中央指示，打着"保卫四清成果"的旗号，千方百计地阻挠革命师生下厂下乡。

### 九月十日

万张反党集团害怕革命烈火再次烧到他们的头上，再次向下传达："林铁是三反分子，胡昭衡是反党反社会主义反毛泽东思想的野心家，白桦是资产阶级代表人物、周扬修正主义文艺路线的执行者。"以后，在九月中上旬，在河北省委的操纵下，天津市又出现了一股为刘子厚担任第一书记而报喜的歪风。

### 九月十一日

人民日报发表《工农群众和革命学生在毛泽东思想旗帜下团结起来》的社论。

### 九月十四日

天津市委接到党中央一份批评天津市委的电报，其中提到：天津市委犯的错误是严重的，是路线性的错误，天津市委应做检查。九月十五日晚万晓塘、赵武成赶到保定，找省委开了三个小时的黑会，十六日返津，万晓塘便命令把中央电报统统烧掉。这是万张反党集团明目张胆的和中央相对抗的铁证。

同日天津十八中、劳二半等校的革命小将，筹备召开揭发市委问题的大会，这时万张反党集团怕露出了自己的马脚，就密谋策划，公开宣布胡昭衡同志的问题。

### 九月十五日

毛主席第三次接见红卫兵革命小将，林副主席、周总理做了重要讲话。

红旗杂志第十二期发表题为《掌握斗争的大方向》的社论。人民日报发表《向工农兵致敬，向工农兵学习》的社论。

同日，谷云亭代表市委在一宫给市级机关干部做关于文化大革命的报告公开宣布说："胡昭衡是一个反党反社会主义的资产阶级代表人物，是一个搞阴谋活动的野心家。"企图掩盖众人耳目，转移斗争矛头，保护自己过关。

天津市的革命小将不为万、张反党集团之淫威屈服，不齿万、张反党集团抛出胡昭衡的阴谋，定于九·一八召开批判万张反党集团的大会。万晓塘对此非常害怕，于十七日晚亲自布置，由李定为其准备讲话稿，让周茹负责联系，再让中学文革和半工半读文革通知派干部组织力量到现场观察情况，负责保镖，再让十名联络员负责场内场外和市委的联系，让李中垣在×××家，周茹去派出所坐阵指挥及时向书记处汇报，经过这种精心策划之后，万晓塘还不放心，什么时间出席九·一八的大会，要在九·一八当天看情况再定。

### 九月十八日

劳二半、女六中、十六中、一中、十八中等十五个单位的红卫兵在民园召开首次揭发、批判天津市委的大会，揪去万晓塘、赵武成、李定、周茹等人听取批判，大会开始时，张淮三电话命令××厂党委书记带领工人赤卫队开赴现场，同时某区工交政治主任也奉命带领工人赤卫队和市委早已准备好的传单来到现场，公开寻衅，破坏会场，轰动全国的"九·一八"大会开幕了。

大会开始后万晓塘负隅顽抗，老调重弹，自称"一再号召炮打司令部"虚晃一枪后，马上又说："揪出了胡昭衡、白桦、王金鼎这些走资本主义道路的当权派"，企图进一步陷害胡昭衡同志，转移目标，保住万张反党集团。

## 九月十九日

下午六点五十分，万晓塘在睦南道７４号畏罪自杀，万、张反党集团掩盖事实真象，就又大耍阴谋，于是，对上欺骗中央，对下蒙蔽革命群众，慌忙召集知情人开会，强令知情人编造万晓塘因心脏病暴发而死的假情况。当夜十二点刘子厚、李颉伯匆匆赶来，安慰了万的老婆张露，并和其它市委负责人及该事发生后就在场的阎达开，召开了近两个小时的会。之后，为了不露马脚，不准法医验尸，匆忙于九月廿日凌晨六点把万尸火化，企图焚尸灭证。同时石坚奉命起草了"吹捧万晓塘"四个忠于、两个一生的恬不知耻的讣告，这样万、张反党集团又一手制造了"九·一九大欺骗案"，自此后天津市又出现了一股极为猖獗的以"死鬼整活人"的反革命逆流。

## 九月廿日

凌晨天津广播电台，天津日报以空前的速度发表消息，说"万因心脏病暴发逝世"。说"万是我党优秀党员。他的一生是战斗的一生，光辉的一生。他忠于毛主席、忠于毛泽东思想、忠于党、忠于人民"。公开号召"有送輓联、花圈者可送天津市工农兵文化宣传阵地（原第一文化宫）"。随后举行了盛况空前的追悼大会，各区党委连日组织全市群众分批前往吊唁。一时出现了抢购花圈之风，天津的花圈卖光了，市委还组织人去北京购买，若大的一个一官从一楼到三楼都填满了花圈，据不完全统计，先后到一官参加吊唁的达六十余万人，连同郊区举行追悼活动的达百万人之多。声势之大，远远超过了１９５３年悼念斯大林。当时，有些人摘掉了胸前的毛主席语录牌，换上了白花；摘了红卫兵袖章，换上了黑纱；有些工厂商店把大字红色标语"毛主席万岁"换成了白纸黑字的"万晓塘同志永垂不朽"的輓联。这是万、张反党集团一手制造的反对毛泽东思想的大示威，是镇压革命群众运动的大示威。

接着市委又开动各种宣传工具，大搞颂扬万晓塘的宣传活动。甚至市委宣传部、《支部生活》等都赤膊上阵，向全市印发了九十万份歌颂万晓塘的传单，传单上除了肉麻地吹捧万晓塘之外，还肆意地攻击敢于揭发万、张反党集团的革命小将，诽谤他们是"右派翻天"、"是炮打无产阶级司令部"。大街闹市贴满了悼念万晓塘，"血债要用血来还"等大字报大标语。一时，天津市刀光剑影，杀气腾腾，许多给市委贴过大字报的革命群众遭到围攻，甚至被戴上帽子，定了罪名。

同日，河北日报、天津日报、天津晚报发表了揭发批判三反分子张建新（东风大学党委书记）的材料，省市委答应罢张建新的官至此已近一个月了，为什么早不点名晚不点名单单在这个时候又把一个学校的党委书记抛出来登报点名？万张反党集团转移斗争矛头，舍车马保主帅之心，不是昭然若揭了吗？

## 九月廿一日

九月廿一日至九月廿五日，市委以死人整活人的反革命逆流达到了高潮。在市委的策动下，许多不明真象的红卫兵组织、工人组织、机关干部对参加"九·一八"大会的革命小将进行围攻，市委门前，门庭若市，人群汇集，对革命小将进行围攻和声讨。劳二半门前，出现了空前规模的连续五天的围政、声讨，前去劳二半进行声讨的单位达六十多个。天津大、中学校紧跟着又出现了一片不准炮轰"无产阶级司令部"（天津市委）的喊声，一些保守派组织也乘机借开追悼会为名，行声讨革命造反派之实，一时"以死鬼整活人"的反革命逆流达到了高潮，严重歪曲林付主席九月十五日讲话的反革命黑风在天津嚣张一时。

### 九月二十二日

省委刘子厚、李颉伯，市委赵武成等人在天津利华大楼八楼开黑会，专门研究给万晓塘送葬的问题。赵武成说："这几天已有八十万人戴了白花，三十万人到灵前吊唁，送花圈的人很多，一宫大礼堂都放满了，市场上也卖光了。"李颉伯别有用心的说："这真成政治运动了。"赵武成又说："原来估计不发动人也少不了，这一发动，更多了，如果再等两天全市的人都可能戴上白花，吊唁的可能达一二百万，一宫就没办法管理了，非挤死人不可。"李颉伯很得意地说："这是坏事变好事。"刘子厚怕事太大露出马脚，决定二十三日上午开两小时的追悼会后马上送火葬场。

### 九月二十三日

省市委一手泡制的官办天津高等学校红卫兵总部成立。

省市委为了组织保护自己的御林军，从九月初就直接插手了天津高校红卫兵总部的成立工作。省委书记处刘子厚、阎达开、李颉伯等人前后在大理道某处开了几次会，进行密室策划，并提出在成立时间上要争取主动，要成立在造反红卫兵总部之前，这样可以多吸收几个学校，以显示人多力量大。会上还决定了专人负责，指定三个学校为发起单位。经过省市委的精心策划，政治收买，经济利诱等手段，办起了天津高校红卫兵总部。

### 九月二十四日

天津大专院校红卫兵革命造反总部在同省市委进行激烈的斗争中宣告成立。参加单位有：天津东风大学革命造反红卫兵、南开大学卫东红卫兵、天津大学八·一三红卫兵、天津工学院红卫兵、天津医学院八·一八毛泽东主义红卫兵、天津体育学院毛泽东思想红卫兵、河北艺术师范学院八·一八红卫兵、河北财经学院毛泽东主义红卫兵。

### 九月二十六日

人民日报发表社论《毛泽东思想是革命人民的灵魂》。

同天晚上，张淮三召开了一次四清工作团长会议，在会上张淮三对"九·一八"事件作了反动总结。大讲形势，说什么"九·一八"大会不得人心，通过几天的辩论，真象已澄清了，极少数对市委有对立情绪的人感到失望。另外又谈到广大群众吊唁万晓塘，是对"坏人示威"，对"左"派的支持。市委被动局面有好转等等，这真是一付绝妙的反革命修正主义分子的自画象。

### 九月下旬

各校革命师生响应党中央和毛主席的号召，纷纷下乡支援三秋劳动。省委害怕革命学生到农村造反，发出监视、限制革命学生的黑指示。九月三十日刘子厚在省委招待处四号楼主持书记处扩大会议参加人有阎达开、李颉伯和省文革办公室负责人。会上李颉伯说："要注意党性、阶级性，克服派性。"刘子厚说："大部分红卫兵都有后台，可能从中分化出一些小的组织是左派的苗头，可能更健康些。"会后通过省文革办公室及各校观察员积极发展

"第三种势力"，大力分化瓦解无产阶级革命派队伍。

### 十月份概述

林副主席代表我们最伟大的领导毛主席，向全国发出了彻底批判资产阶级反动路线的号召，天津市的革命造反派，冲破了万张反党集团所设下的重重罗网，向着以刘邓为代表的资产阶级反动路线猛烈开火，向着坚决贯彻执行刘邓反动路线的万、张反党集团发起了总攻击。天津市的文化大革命又进入了一个新的阶段。这时万、张反党集团感到日子不好过了，就开始转入地下，进行幕后操纵指挥，制造了一系列的群众斗群众的武斗事件。打、砸、抢之风开始盛行。

### 十月一日

林彪副主席在国庆十七周年大会上讲话指出，当前运动存在着两条路线的斗争"在无产阶级文化大革命中，以毛主席为代表的革命路线同资产阶级反动路线斗争还在继续。"发出了批判资产阶级反动路线的伟大号召。

《人民日报》《红旗》杂志相继发表了《用毛泽东思想武装七亿人民——庆祝中华人民共和国成立十七周年》《在毛泽东思想的大路上前进》的社论，指出："要不要批判资产阶级反动路线是能不能贯彻执行文化革命的十六条，能不能正确进行广泛的斗批改的关键。"同时，《解放军报》发表题为《念念不忘高举毛泽东思想伟大红旗》的社论。林彪副主席的讲话和中央报刊的社论引起了强烈的反响，天津各院校掀起了文化大革命的新高潮。

### 十月初

为了镇压革命群众，万张反党集团，采用了特务手段，演出了一场冒充新华社记者打入革命组织探听情况的丑剧。

### 十月四日

路达扬言"节后（国庆节）集中一段时间大鸣大放、大揭发、大字报、大辩论、大概用七——十天。十号左右进行重点批判胡昭衡、白桦、王金鼎、王仁等。"公开和党中央、毛主席、林副主席唱反调，但是在毛泽东思想光辉的照耀下，天津市的革命造反派识破了万、张反党集团转移斗争大方向的阴谋，向着以刘、邓为代表的资产阶级反动路线猛烈开火。

### 十月五日

中共中央批转军委总政关于军队院校无产阶级文化大革命的紧急指示，要彻底批判资产阶级反动路线，彻底解放被工作组打击迫害的革命群众。这是对资产阶级反动路线的有力回击。可是万、张反党集团把中央这一重要文件，迟迟不予下达，致使许多单位很久也未传达。

### 十月十日

中共中央工作会议召开，中央指定胡昭衡同志参加会议。在会上中央负责同志批评天津市委。陈伯达同志在会上还点名批评了天津市。

《人民日报》报导林彪同志号召人民解放军把活学活用毛主席著作群众运动推向新阶段的消息。

### 十月十一日

《解放军报》发表题为《坚决响应林彪同志号召把活学活用毛主席著作群众运动推向新

阶段》的社论。

天津大专院校红卫兵革命造反总部在天津市中心广场召开了"向省市委执行的资产阶级反动路线猛烈开火"的誓师大会。

### 十月十二日

人民日报发表题为《学习毛泽东思想，必须认真地学，刻苦地学》的社论。

### 十月十七日

天津高校红卫兵（保守派）总部也迫于形势召开了一个批判省、市委资产阶级反动路线的大会，这个大会在省委的操纵下，演出了一出明打暗保的丑剧。

### 十月十八日

毛主席第五次接见一百五十万革命小将，各地来京的红卫兵和革命师生坚决表示誓死保卫以毛主席为代表的无产阶级革命路线，誓死保卫毛主席，谁反对毛主席就打倒谁！全国掀起了彻底批判以刘邓为代表的资产阶级反动路线的新高潮。

### 十月中下旬

天津市出现了彻底批判资产阶级反动路线的高潮。

万张反党集团开始转入地下，密秘地在一些群众组织中，物色他们的代理人，并接连不断地挑起了一次又一次的群众斗群众的事件，打、砸、抢之风在天津颇为盛行。

同时，公安局革命造反派（现公安局无产阶级革命造反总部）接连贴出了革命的大字报，向万张反党集团猛烈开火。

### 十月二十九日

万张反党集团主要成员张淮三、宋景毅、樊青典、路达、李中恒、张墨义等六人在河东区委召开了黑会，把公安局革命群众揭发市委的革命行动定为反革命政变性质，把敢于揭发黑市委问题的江枫同志打成"反革命"，三次通知部队派兵镇压，企图煽动部队为其反革命政变服务，但是毛主席亲手缔造的人民解放军是无产阶级专政的柱石，把万张反党集团坚决顶了回去，万张反党集团对此怀恨在心，在攻击陷害江枫同志的同时还大煽阴风，企图陷害朱彪同志（警司负责人）把矛头指向解放军。

### 十月三十日

下午天津市革命群众举行向省市委资产阶级反动路线猛烈开火大会。

### 十一月十二月份概述

这一时期，万张反党集团，全部潜入地下，企图积蓄力量，妄图卷土重来。他们一方面极力的在一些群众组织中物色代理人，组织力量向革命造反派进行反扑；一方面大搞经济主义，破坏生产，挑络人心，以备反革命复辟的需要。可是，阶级敌人总是要错误地估计形势的。在十二月初天津革命造反派高举毛泽东思想伟大红旗，把斗争矛头集中对准了万张反党集团，天津市公安局革命领导干部江枫同志和公安局的革命造反派先后贴出了炮轰天津市委，火烧万晓塘，火烧张淮三，火烧樊青典，火烧路达等揭发万张反党集团的革命大字报，揭开了天津市委阶级斗争盖子。从此把揭发万张反党集团的斗争推向了一个新的高潮。

### 十一月一日

《红旗》杂志第十四期发表社论《以毛主席为代表的无产阶级革命路线的胜利》。社论指出："以毛主席为代表的无产阶级革命路线日益深入人心，资产阶级反动路线宣告破产。"

### 十一月三日

伟大领袖毛主席第六次接见红卫兵小将。林彪同志作重要讲话。林彪同志说："毛主席的无产阶级革命路线，同资产阶级反动路线是水火不相容的，只有彻底批判资产阶级反动路线，清除这条路线的影响，才能正确地、完全地、彻底的执行毛主席的路线。"

### 十一月六日

天津市中等学校红卫兵革命造反总部，在无产阶级革命路线取得伟大胜利的凯歌声中，在彻底批判资产阶级反动路线的斗争中隆重成立。

### 十一月七日

人民日报发表了关于中共中央、人大常委会和国务院电贺苏联人民十月革命４９周年新闻时，题为"中共中央、人大常委会和国务院向苏联人民祝贺十月革命４９周年，热烈希望苏联人民继承和发扬伟大十月革命的光荣传统，捍卫十月革命的胜利果实，热烈希望我们两国人民共同努力，维护中苏人民的伟大友谊。"而万张反党集团控制的天津日报的标题是："我国党和政府致电苏联党和政府，祝贺十月革命４９周年。"看！万张反党集团和苏修的关系何等"密切"！

### 十一月十四日

张淮三到北京参加工交企业文化大革命座谈会。会议期间张再三指示天津市委尽速调查各厂的造反组织的情况等，据此他在会上提出报告，威胁要中央为四清、黑材料、干部处理划框框。这个会遭到中央负责同志的严厉批评后，各地与会者都作了检查。当中央还没有作结论时，张心怀鬼胎溜回天津。会后中央要求急速传达中央文革制定的"十二条（草案）"时，张迟迟不作传达，迫不得已才免强给经理以上的干部念了一遍。

### 十一月中旬

陈伯达同志批评天津市委存在着极为恶劣的宗派主义，并指出这样做的结果必将是适得其反，是搬起石头砸自己的脚。

市委为这个批评召开过几次会，会上张淮三公开扬言"有宗派情绪，宗派主义没有。"公开反对中央批评。

这时中央工作会议结束，中央再三强调各地一定开好三干会，把中央工作会议精神迅速传达下去。万张反党集团不得已召开了三干会，可是在会上，又大耍阴谋，挑动不明真相的群众，死死揪住胡昭衡同志不放，致使胡昭衡同志无法继续传达中央精神，不得不暂时离开会场，十一月十五日，华北局指令天津市委让胡昭衡同志重新参加会议。

在此期时，天津大专院校红卫兵革命造反总部所属学校为彻底批判省委所贯彻执行的资产阶级反动路线，纷纷奔赴河北省各中小城市，进行革命串连。官办的天津高校保守总部为保省市委过关，急忙派人跟踪追击，进行捣乱。

### 十一月十六日

"中共中央关于处理无产阶级文化大革命中档案材料的补充规定"公布。

### 十一月二十一日

市公安局长江枫同志向中央揭发万晓塘畏罪自杀的问题。

## 十一月二十五日——二十六日

毛主席和他的亲密战友林彪同志，第八次接见了全国红卫兵革命小将。自文化大革命开展以来，至此毛主席先后检阅了１１００万文化革命大军。这是中国革命和国际共产主义运动历史上前所未有的伟大革命创举。是对全国人民的巨大鼓舞、巨大支持。消息传来，天津的红色造反者齐声高呼"毛主席是我们心中最红最红的红太阳""衷心祝愿毛主席万寿无疆"。

## 十二月七日

天津市公安局以江枫同志为首的革命造反派把斗争矛头对准了天津市委，先后贴出了炮轰天津市委，火烧万晓塘，火烧张淮三，火烧樊青典，火烧路达等革命大字报，揭开了天津黑市委阶级斗争的盖子，从此之后天津市的革命造反派把斗争矛头集中指向了万张反党集团。

## 十二月九日

"中共中央关于抓革命促生产的十条规定"（草案）公布。

## 十二月十四日

天津市红色造反者举行誓师大会，向资产阶级反动路线发动总攻势。会上，天津大专院校红卫兵革命造反总部代表，北京三司的革命造反者等单位发了言。

## 十二月十五日

中共中央关于农村无产阶级文化大革命的指示（草案）公布。胡昭衡同志在河西区工人俱乐部"市委机关革命职工揭发批判市委资产阶级反动路线大会"上发言，揭发万张反党集团。

## 十二月十六月

林彪同志为《毛主席语录》再版写的前言发表，天津市的红色造反者响应林副主席的号召，认真刻苦地学习，掀起活学活用毛主席著作的新高潮。

## 十二月十九日

解放军报发表题为《句句熟读，句句照办》的社论。把学习毛主席著作推向新的高潮。

## 十二月二十日

河北省委为了掩盖自己在革命中所犯的罪恶事实，竟公开对抗中央军委指示，拒不交出黑材料。采取了顶、拖、藏、毁的办法。为了销赃灭迹。十二月二十七日省委书记处书记李颉伯从北京打来电话，通知省文革驻津办公室，让将材料统统销毁过两次，明目张胆地对抗军委指示。

## 十二月二十三日

万张反党集团二号人物张淮三，经多日的精心策划，企图在今天发动反革命政变，███████████████野战兵团聚集了十余万名不明真相的群众，包围了天津市公安局，在天津搞起了大规模的工人罢工，工厂停产。破坏社会主义经济，同时极力煽动不明真相的群众把矛头指向公安局造反派，指向中国人民解放军，企图破坏无产阶级专政，进行反革命政变，天津市的革命造反派在中央文革小组的亲自领导下，彻底粉碎了万张反党集团这次反革命政变活动。

### 十二月二十六日

《人民日报》发表《迎接工矿企业文化大革命的高潮》天津工矿企业文化大革命掀起了高潮。

### 十二月底

天津工矿企业的职工首次召开批判张淮三的大会，之后一个轰轰烈烈的批判万张反党集团主将张淮三的高潮突然变的冷冷清清。同时，在天津市内"张淮三自杀"的谣言流行。张淮三这个反党分子藏了起来。（直到一月底）

### 一月二月（中旬以前）概述

万张反党集团精心栽培的"政法公社"公开出笼了，这一支万张反党集团的"御林军"没有辜服他们主子的苦心培养。他们大要阴谋，大放毒箭，大造谣言，制造了市公安局反革命政变。此时，牛鬼蛇神纷纷出笼，大搞阶级报复，对革命群众组织打、砸、抢之风大盛。一时，天津市又处在万张反党集团的白色恐怖之中。两条路线，两条道路的斗争，趋于白热化。

在这急要的关头，根据我们伟大领袖毛主席的指示，一月二十三日中国人民解放军正式介入地方文化大革命。天津市四百万革命人民无不为之欢欣鼓舞。在解放军的坚决支持下，天津市的革命造反派，彻底摧垮了"政法公社"解放军军管了公安局。自此，万张反党集团的反革命丑恶嘴脸已经彻底大白于天下。

### 一月一日

人民日报和红旗杂志发表《把无产阶级文化大革命进行到底》的社论。

### 一月二日

万张反党集团的御用工具，反革命组织"政法公社"正式挂出了牌子，公开亮相了。

### 一月三日

解放军报发表《更高举起毛泽东思想伟大红旗把活学活用毛主席著作的群众运动推向新阶段，使我军真正成为毛泽东思想的大学校》的社论。

姚文元同志"评反革命两面派周扬"一文发表。同天，万张反党集团一手操纵的"政法公社"制造了公安医院白色恐怖事件。之后揪走江枫同志，企图杀人灭口，保万张反党集团过关。

### 一月初

胡昭衡同志在体育馆群众会后宣布天津市改为直辖市，解学恭同志任市委第一书记。

### 一月五日

人民日报发表题为《中华儿女多奇志》的社论。

### 一月九日

上海市革命造反派发表了题为《抓革命、促生产，彻底粉碎资产阶级反动路线的新反扑》的告上海全市人民书。在全国掀起了又一次彻底粉碎资产阶级反动路线的新反扑，彻底粉碎反革命经济主义逆流的新高潮。

公安局无产阶级革命造反总部在同万张反党集团的斗争中宣布成立。天津召开批判万张集团大会。

## 一月七日

文汇报、解放日报革命造反派夺了党内走资本主义道路当权派的权，发表了向毛主席致敬电。同天，天津电视台被封。

## 一月十一日

中共中央、国务院、中央军委、中央文革小组电贺上海市各革命造反团体。此后，上海的"一月革命"的风暴席卷全国。

中共中央发出关于反对经济主义的通知。

## 一月十三日

中共中央、国务院发布《关于在无产阶级文化大革命中加强公安工作的若干规定》。一月十三日凌晨七分中央拍来机密电报，宋景毅狗胆包天，泄露了党和国家的机密，天津市"××系统"的"××"组织勾结"政法公社"等组织查封了国家的要害部门××、×××和×××等处造成了国际上的恶劣影响。

## 一月十四日

解学恭等同志在天津俱乐部召开市委干部会，会上解学恭同志和市委处长以上的干部见面。

## 一月十五日

东风大学遵义兵团砸了天津市大专院校红卫兵革命造反总部。

## 一月二十日

天津"政法公社"在万张反党集团一手操纵下，蒙蔽一些群众组织，在公安局实行反革命政变。一时在天津市地富反坏右分子活动极为嚣张，打砸抢之风大盛。同时，天津日报社、天津电台进行第二次夺权。自此以后天津出现了一股假夺权的逆流。

## 一月二十三日

中共中央、国务院、中央军委、中央文革小组关于人民解放军坚决支持革命左派群众的决定公布。

## 一月二十四日

在中心广场召开"天津市无产阶级革命造反派庆祝解放军介入地方文化大革命大会"。会后，解放军和革命造反派一起游了行。

新北大文革驻津联络站发表"声明"，自此天津大专院校红卫兵革命造反总部等革命组织与天津市的夺权斗争中的形"左"实右的机会主义路线作斗争。

## 一月二十五日

中共中央发出"关于保卫四清运动成果的通知"。

## 一月二十七日

中国人民解放军天津驻军宣布军管电台。

天津"政法公社"勾结一些组织袭击公安局无产阶级革命造反总部。

## 一月二十八日

我们伟大的领袖亲自批转的中共中央军事委员会八条命令公布。

万张反党集团的御用工具"政法公社"，大耍反革命两面手法，强拉江枫同志同张露

（万晓塘的老婆"政法公社"的后台老板娘）一起游街。

## 一月二十九日

中国人民解放军天津驻军宣布军管天津日报社。

## 二月一日

二月一日至十一日万张反党集团又大耍阴谋，大放暗箭，致使天津市出现了一股反革命逆流，把矛头指向了解放军。一些单位和组织冲击了天津市警备司令部。

## 二月四日

中共中央发出关于小学无产阶级文化大革命的通知（草案）

《中国人民解放军天津驻军支持左派联络站》发表五点声明。

## 二月八日

万张反党集团一手操纵和制造的群众斗群众，打、砸、抢之风，达到无以复加的地步，在这一天内先后有公安局无产阶级革命造反总部、东风大学等七个单位被砸，国家财产遭到严重损失，革命群众的四大民主权利，遭到严重的威胁。就在这个时候，中国人民解放军天津警备区发表了第一号通告，揭穿了万张反党集团的罪恶阴谋，大长了无产阶级革命派的志气，大灭了阶级敌人的威风。

## 二月十日

新北大文革驻津联络站贴出了打倒天津政法公社的大标语，原大专造反总部也贴了同样内容的大标语，同时河大八·一八发表严正声明坚决支持公安局无产阶级造反总部，并指出政法公社是反动组织。二月十二日天大八·一三等单位贴出了砸烂"政法公社"的大标语。

## 二月十四日

中国人民解放军天津市公安局军事管制委员会，发表第一号公告，宣布对天津市公安局实行军事管制，至此天津"政法公社"的反革命面目大白于天下。万张反党集团的丧钟敲响了！

（待续）

### 《征求意见》

我们衷心地希望无产阶级革命派的战友们，对我们所编辑的这个"大事记"，从观点、内容、形式各方面提出批评、指导。

联系地点：天津东风大学革命造反红卫兵总部
东　风　公　社

接待站

1967.2.28

# 北 京 市
# 无产阶級文化大革命
# 两条路綫斗爭大事記

## 第 一 集

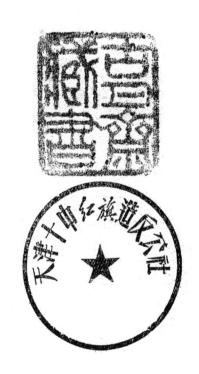

天津十中紅旗造反公社

# 北 京 市

# 无产阶級文化大革命两条路綫斗爭大事記

按：为了同志們了解这两条路綫的斗爭的情况，翻印此大事記，供同志在批判资产阶級反动路綫时参考。

天津十中紅旗造反公社

## 六五年九月至六六年五月底

无产阶級文化大革命是两个阶級两条道路斗爭的新阶段，这是意識形态領域內资产阶級复辟和无产阶級反复辟的你死我活的斗爭。是无产阶級革命路綫同企图把这場严肃的政治斗爭納入修正主义軌道的资产阶級反动路綫的斗爭，斗爭的第一个回合，无产阶級革命路綫击败了以彭真为代表的反革命修正主义路綫。在毛主席的亲自指揮下一場史无前例的无产阶級文化大革命在全国猛烈地开展起来。

## 一 九 六 五 年 九 月

毛主席在一次党中央的会議上指出，必須批判资产阶級反动思想，毛主席早就发現了吳晗的問題，主席发起了对吳晗的批判。但由于彭真多方阻挠在北京发动文化大革命异常困难。

## 一九六五年十一月十日

毛主席在上海。十一月十日姚文元同志的文章《評新編历史剧〈海瑞罢官〉》发表。由毛主席亲自領导的无产阶級文化大革命首先在上海发动起来了。

十一月二十四日上海市委鉴于北京的各报都不轉載姚文，即将姚文訂成单行本，电問北京的新华书店訂不訂，北京迟迟不复电。在一次北京市委常委会上，邓拓对彭真說："吳晗很紧张，他知道这次批判是有来头的。"彭真說："什么来头不来头，在真理面前人人平等"。

十一月廿九日北京市委見姚文封鎖不住了，于29日《北京日报》連載姚文幷由彭真写編者按。把这場斗爭說成是有关評价历史人物和写历史剧的学术爭論。按語最后一段引用毛主席的話是周总理通过同彭真斗爭加上去的。

## 一九六五年十二月

有些人把姚文元的文章視为洪水猛兽，千方百計加以封鎖，推迟一个月才到北京发表，幷加了别有用心的編者按。

37

十二月十二日各报纸报导姚文元轉載情況，在彭眞指使下，邓拓化名为向阳生写文題名为《从海瑞罷官談道德继承論》想把政治問題，引入純学术問題，此文由北京市委传閱定稿。

十二月二十四日彭眞在国际飯店召开北京市委常委会，把吳晗找来对他說："你錯了就检查，对了，就坚持。"

十二月廿一日毛主席找彭眞談話，說："戚文很好（按：戚文指本禹同志发表在《紅旗》65年13期上的"为革命而研究历史"一文）我看了两遍，缺点是沒有点名，姚文也不錯，缺点是沒打中要害。（海瑞罷官）的要害問題是罷官。庐山会議上我們罷了右倾机会主义的官。"庐山会議結束时，右倾机会主义分子彭德怀跳起来說："在延安你們罵了我四十天的娘，现在我罵你們廿天还不行。"

十二月二十二日，毛主席找彭眞、康生談話。彭眞說吳晗不是政治問題硬要毛主席接受他的观点。

十二月廿三日彭眞要求单独同毛主席談話，談話后，彭眞造謠說："毛主席同意我的观点，吳晗不是政治問題。"

十二月廿六日上海市委向彭眞汇报工作，彭眞指責上海市委說："发表这样的文章（按：指姚文元）也不打个招呼，你們的党性那里去了？"又說："邓拓与吳晗过去都是左派。"

十二月二十七日北京日报发表吳晗的"关于海瑞罷官的自我批評"坚持錯誤，彭眞还要《人民日报》轉載吳晗的"自我批評"。

十二月二十九日，人民日报发表署名方求的文章《海瑞罷官代表一种什么社会思潮？》此文是中宣部集体写的，它对清官的看法是錯誤的。

几次会上，彭眞公开說："海瑞上疏不批，只批海瑞罷官"。

# 一九六六年

一九六六年一月八日彭眞搜集材料，要整关鋒等左派同志。

一月九日彭眞歪曲传达毛主席的指示說："毛主席认为吳晗两个月后可以定案。"

一月十七日关鋒、林杰合写成："《海瑞罵皇帝》和《海瑞罷官》是反党反社会主义的两株大毒草"，但被彭眞、邓拓扣压。

一月十七日《北京日报》《北京晚报》《前綫》《北京文艺》……几个編輯部开会彭眞在会上說："吳晗問題是学术問題。"

一月廿三日北京市委說他們不再登載討論文章等最后轉載結論文章。

二月彭眞为了抵制由毛主席亲自发起的这场史无前例的文化大革命，一手泡制了臭名昭著的二月提綱，玩弄"五个法宝"，企图把这场文化大革命引向歧途。

二月二日市委扩大会議上，彭眞对左派整风，幷說要采取放的方針。康生按毛主席的指示，提出批評。

二月四日彭眞关起門写中央文化革命五人領导小組汇报提綱，写上是五人小組，实际上是彭眞一个人秘密搞的，連住在同一座楼的其他"五人小組"成員也不知道，这个提綱歪曲这次伟大的文化大革命的实质，向"学术"上引。

二月五日北京市委开会，討論这个"提綱"。

二月八日彭眞向毛主席汇报工作，毛主席問："吳晗是否反党反社会主义？"彭眞說："通过調查不是。"幷造謠誣告左派，說要整左派的风，毛主席說："这个問題三年后再說"。

二月二十七日彭眞打电話給常委，把他的"提綱"轉为正式文件，說毛主席已經同意。彭眞还私自窃用中央的名义，給他的提綱写了批示。

二月十八日将"提綱"发給各級党組織。

三月一日彭眞在总結文化大革命簡况时，吹捧他的"提綱"是"伟大的綱領性的文件。"

三月二日人民日报轉載"紅旗"第三期发表的文章《必須把史学革命进行到底》（尹达），此文被扣压了一年半。

三月十二日毛主席說："解放后我們对資产階級采取包下来的方法，有利也有弊，很多部門的大权被他們夺去了。"

三月二十八日——卅日毛主席找康生、江青、彭眞談話后，批評"五人小組"。毛主席說："中宣部是閻王殿我們要打倒閻王殿，揭发（或解放，按：此处我們有的同志听成"揭发"有的听成"解放"）小鬼"，又說："中央出了修正主义，要地方多出孙悟空大閙天宫。"还說："如果再包庇坏人，中宣部要解散，五人小組要解散！北京市委要解散！！！"幷要彭眞向上海市委道歉。

四月一日深夜彭眞打电話給上海市委，不向上海市委道歉，只是推托責任。

四月三日林彪委托江青、刘志坚与解放軍文艺工作者座談。座談后刘志坚写了"汇报"交給彭眞，后来觉得一般化，又写了一份交給彭眞，彭眞扣压了后一份。

四月五日发表关鋒、林杰的《"海瑞罵皇帝"和"海瑞罢官"是反党反社会主义的两株大毒草》此文被扣了二个半月。

四月九日——十二日邓拓主持市委书記处会議。彭眞在会上說："邓拓和吳晗在各个历史时期，都是"左派"。

四月十五日《北京日报》突然积极起来，整理《燕山夜話》和《三家村》的材料。

四月十六日毛主席召集会議，撤消"五人小組"。《北京日报》发表关于"燕山夜話"，"三家村"的材料，在按語中假批判眞包庇。广播电台广播了这条消息，新华社也发出广播。当晚新华社撤消此条消息。

四月十九日中央通知各报不能轉載《北京日报》《前綫》所整的材料。

五月十六日中央政治局扩大会議通过"撤消二月十四中央批准的五人小組汇报提綱"的决議。（按：即撤消彭眞盗用中央名义指示的文件，該文落款为"中央，二月十四日"。

五月十九日中央撤消二月十四日批示的"通知"发到各級党組織。

## 一九六六年五月十四日至十六日

主帅垮台了，車馬也保不住了，他們开始采取保存多少就保存多少的战术，黑帮分子前北京市委大学部付部长宋硕于五月十四日召开緊急会議，布署"加强領导堅守崗位"企图負隅頑抗，五月十六日中央发出緊急通知。彻底打垮了阴謀家彭真的猖狂进攻，前市委的黑窩垮了。

## 一九六六年五月二十五日

在党中央五月十六日通知的影响下，聂元梓等七同志贴出了全国第一张馬列主义的大字报，揭露了抵制无产阶級文化大革命的黑綫，揪出了陆平黑帮。陆平黑帮开动全部反革命机器进行疯狂反扑。正在这个关鍵时刻李雪峰同志匆忙赶到北大、先与黑帮分子陆平、蔣南翔商談后，向党員和团員干部作了讲話，李雪峰只字不提聂元梓等同志的大字报是张革命的大字报，却大讲什么"党紀国法""內外有別"批評大字报泄露了党的机密。在讲話中李雪峰还給黑帮分子陆平打气，要陆平"把运动領导好"这个讲話影响极坏，在群众中引起了混乱，而黑帮分子及其爪牙却大肆活动利用"党紀国法"、"內外有別"煽动不明真象的群众，反对聂元梓等革命左派、进行围攻，一时黑云乱滚，白色恐怖籠罩着燕园，革命火种有被扑灭的危险，李雪峰的讲話是他的资产阶級反动路綫的第一次大暴露。

现阶段两条路綫的斗爭集中地表现在大专院校派工作组的問題上：

毛主席亲自点燃了北大无产阶級文化大革命的熊熊烈火，并立即把火引到全国。我国文化大革命一派大好形势，出现了新高潮，这場文化大革命的急风暴雨把李雪峰吓的要死，他站在资产阶級反动立場上，不相信群众，害怕群众，立即派出工作组，掌握运动的領导，控制革命局势的发展，此后两条路綫的斗爭并在围繞工作组問題上尖銳地开展起来。

李雪峰派的工作组絕大部分秉承他的指示精神，执行着一条资产阶級反动路綫。他們害怕群众，千方百計地限制和鎮压群众的革命行动，把矛头指向广大革命师生，他們声称工作组是党中央毛主席派来的，反对工作组就是反对党中央，反对毛主席。他們制造了一系列事件，把許多革命师生打成反革命。鎮压革命群众的革命行动，他們制造了一系列清规戒律，束縛群众手脚，把运动搞得冷冷清清。納入了他們右倾机会主义的軌道。

面临如此困难处境，广大革命师生无所畏惧，高举毛泽东思想伟大紅旗，发揚了"舍得一身剮，敢把皇帝拉下馬"的无畏革命精神。向工作组展开了无情地揭露和批判。这場斗爭及时得到了党中央和毛主席的最大支持和关怀。經过第二个回合的斗爭无产阶級革命路綫又一次取得了胜利，无产阶級文化大革命領导权回到了群众手里，无产阶級文化大革命，从此进入了一个新阶段。

## 一九六六年六月一日

六六年六月一日这是一个难忘的一天，这是一个伟大的一天，这是个革命的一天。

就在这一天，我們最最敬愛的伟大領袖毛主席亲自下令广播了聶元梓等七同志的大字报，以最高的革命热情支持了这张大字报，荣誉为全国第一张馬列主义的大字报，这是以毛主席为代表的无产阶级革命路綫的一个重大胜利，它向全国人民庄严宣告，中国的无产阶级文化大革命进入到一个嶄新的阶段。

想当初李雪峰对这张大字报不支持，反而大談"党紀国法""內外有別"这难道是什么认訳問題嗎？非也，聶元梓等同志的大字报五月二十五日贴出以来，为什么毛主席六月一日才看到？怪也！六月一日下午四点毛主席通知康生同志，晚上向全国广播聶元梓等同志革命大字报，康生同志感慨地說："从此我就得到解放了。"康生同志都如获得解放，压力来自何方！可是李雪峰同志在听到大字报广播以后，却說"我被打了一悶棍，可苦了我"。話虽不多，可一語道破了李雪峰对这张大字报的态度，站在什么立場上。康生同志和李雪峰同志的感慨是截然的不同，这說明了什么問題，值得深思。

## 一九六六年六月二日

《人民日报》就聶元梓等同志的大字报发表評論員的文章指出："对无产阶级革命派来說，我們遵守的是中国共产党的紀律，我們无条件地接受以毛主席为首的党中央的領导"。此段在《紅旗》杂志十一期再版刊登时却改为"我們无条件接受的是以毛主席为首的党中央的正确領导"。并加了一句："对一切危害革命的錯誤領导，不应当无条件接受，而应当坚决抵制"。这个改动是說明問題的。

更值得注意的是几乎在六月一日晚广播大字报的同时以张承先为首的工作队就进入北大，誰决定派的工作组？怎么这样迅速这与李雪峰五月二十五日在北大的讲話联系起来看究竟說明什么問題，五月二十五日李雪峰讲話后制造了思想混乱，陆平黑帮围攻革命左派的白色恐怖长达一个星期之久，李雪峰不聞不問，可是当毛主席亲自下令广播聶元梓等同志的革命大字报后，李雪峰竟如此迅速的派出反党反社会主义的张承先来北大，这里面大有文章，这里有鬼！！

## 一九六六年六月三日

宣布了改組北京市委的消息，李雪峰被任命为北京市委第一书記，他上台以后就利用了黑帮分子前北京市委书記处书記黑帮分子赵凡、万里、陈克寒等等，这是为什么？

六月三日新市委派吳德同志到北大传达李雪峰的八項政策，重复五月二十五日李雪峰讲話的老調，什么"內外有別"，"大字报"可以贴，但不要贴到外边等等。而康生同志說，中央并沒有这个规定。

六月二日《人民日报》社論指出，阶级斗爭是客观存在的，不以人們的意志为轉移的……，当前这場斗爭，完全是資产阶级代表人物挑起的，而且他們是准备并进行多年了，我們想避免也避免不了，斗爭就是生活，你不斗他，他就斗你，你不打他，他就打你，你不消灭他，他就消灭你。毛主席在北大亲自点燃了无产阶级文化大革命的烈火，这个烈火迅速遍了全北京，北京各大专学校革命师生紛紛起来，一个波涛滚滚的革命洪浪已經是什么力量也不可阻挡，可是刚改組的北京新市委却迫不及待地宣布大中学校一律不停課，要停最多停两三天，企图阻止革命烈火的漫延。

六月三日李雪峰同志說："反对新市委就是反对党中央。"不仅有其言，而且有其行，照此邏輯北京市委給李雪峰贴大字报的人，就被打成"右派"，"政治商人"，李雪峰的言行为工作组树立了挑动群众斗群众的样板。

## 一九六六年六月上旬

北京市各大专院校师生都行动起来了，向院校党委的黑帮分子猛烈开火，相当一部分院校的党委已經烂掉，站在群众运动的对面，失去了领导地位，可是李雪峰却在此时陆續召集各高等院校党委书記，校长（相当一部分是黑帮分子）开会，竟要一些黑帮分子挺起腰杆起来領导运动，李雪峰就是这样的敌我不分，但革命的浪潮終究势不可挡，于是李雪峰就急急忙忙从各单位抽調大批人員，在很短时期內向北京各大专学校派出几万工作队員来鎮压各校文化大革命，派工作组这是路綫方向性的錯誤，这是李雪峰不相信群众，害怕群众运动的表现，这一作法是直接违背毛主席当时对派工作组問題所作的指示的。毛主席說："派工作组的問題要經过試驗，不能一下子都派。"而李雪峰却偏偏要都派，公然对抗最高指示。

## 一九六六年六月下旬

在党中央和毛主席发出的"横扫一切牛鬼蛇神"的战斗号召下，广大革命师生出于对黑帮的强烈的阶级仇恨，在各校纷紛向黑帮发动了猛烈的攻击。可是大部分工作队却执行着以李雪峰为代表的資产阶級反动路綫，他們不但不組織，不領导，不支持学生的革命行动，不斗黑帮，却千方百計地束縛、压制和鎮压革命群众，因此各大专院校相继出现抵制，反对工作组的錯誤路綫及赶工作组的革命行动。对于这些革命行动，工作组采取了鎮压手段，一手制造了"六·一六"，"六·一八"，"六·二〇"，"六·二二"，"六·二四"等事件。

## 一九六六年六月十八月

特别要提出的是李雪峰派出的第一个工作组，张承先到北大后，一不斗黑帮，二不发动群众，却一手鎮压了广大革命师生"六·一八"的革命行动，并把它諏蔑为极端严重的反革命事件"。6月20日张承先急忙泡制了鎮压"六·一八"的报告和他进北大工作二十天的經驗总结。他把这两个反革命文件送交李雪峰，李雪峰如获至宝备加贊扬，說什么张承先的反击是对的，取得了很大的成績，"把伸手的揪出来了"。象五七年一样，甚至比五七年还凶，这样的反击要多来一些，李雪峰除了让张承先在市委召开的各校工作组组长会議上介紹他鎮压革命的22条經驗外，并經北京市委、华北局以至于中央轉发至全国（此时毛主席不在北京）流毒甚广，影响极坏，就北大而言，在北大揪出"假左派"后，在其他院校也相继出现了工作组鎮压革命学生的政治迫害事件，这样的迫害事件有的竟达四十余天。这些事件有清华的"反蒯斗爭"，地质学院的"反干扰"外語学院的"抓游鱼"等等，在这些事件中成百成千名給工作队贴了大字报的革命群众被打成"反革命分子"，"右派"，"牛鬼蛇神"，工作組效仿李雪峰的理論"工作組是党中央和毛主席派的，反對工作組就是反对党中央，就是反革命"，因此，有組織有計划地煽动群众围攻給工作組提意見的人，有的甚至被逼而自杀。广大革命师生的革命行动被鎮压下去了，一时白色恐怖籠罩，运动暂时被引入歧途，右傾机会主义路綫处于統治地位，各校运动出现冷冷清清的局面。

## 六六年六月二十一日

在北大发生"六.一八"的第二天，王光美就以要关心一下清华的运动为名来到清华大学，廿一日带着刘少奇的批示，正式到清华大学任工作队員，王一到校就揚言，要开展对蒯大富的斗爭，并直接参与了对蒯的围攻，蒯被打成了"反革命"。七月三日刘少奇的另一員干将薄一波也赶到清华大学助战，他說蒯是"小牛鬼蛇神"。

## 六月二十二日

工业交通部党委书記薄一波在給地质学院的电話中指示：如果有人非赶工作組不可，那就势必是夺工作組的权，即夺党的領导权。工作組听电話如获圣旨，当即使用，把斗爭矛头指向反对工作組的群众，开展了所謂的"反干扰"的斗爭。

## 六月二十三日

在发生鎮压这一系列学生革命行动的同时，6月23日李雪峰在給全市干部报告中分析全市文化大革命的形势时，大談运动的阴暗面，說什么情况复杂，反革命黑帮、保皇派、资产阶级的权威及其拥护者，右派学生跳出来趁机制造混乱，混水摸魚，与工作組爭夺領导权，什么打着"紅旗"反紅旗，利用群众的革命积极性和对黑帮的仇恨企图反对无产阶级专政等等，颠倒黑白，指桑罵槐，把革命学生罵成"右派学生"从而公开肯定工作組对革命鎮压是正确的合法的，在这个报告中李雪峰毫不隐瞞地表明他执行的就是一条不折不扣的资产阶级反动路綫，他李雪峰就是鎮压革命学生的前站总指挥，就是那些鎮压学生的工作組的后台老板，6月30日李雪峰还通过北京日报发表社論，用同一个腔調大喊大叫什么要提高警惕，什么要善于識别眞假左派，什么要在斗爭中，要站在斗爭的最前列……。李雪峰同志六月二十七日的报告，是他资产阶级反动路綫的宣言书和总綱領，这条反动路綫，影响整个北京市的文化大革命。

## 七月一日

在鎮压了各院校的革命运动之后，各校工作組以加强領导为名制定了一系列的所謂革命秩序，制止革命串联，规定了一套死板作息制度，束縛群众的手脚，把运动搞得冷冷清清，如一潭死水，张承先統治的北大更是如此。张承先阳奉阴违仍不許串联，不发动群众，不斗陆平黑帮，依然顽固地执行资产阶级的反动路綫。

## 七月十二日

在《紅旗》社論《信任群众，依靠群众》的启发下，北大陈必陶等五位同学贴出了一张革命的大字报，再一次把矛头指向工作组，向工作组的錯誤路綫开火。张承先耍阴謀放暗箭、組織对革命的大字报的围攻，妄图再次鎭压革命，可是李雪峰这时却感到不妙，馬上派了自己的私人秘书来北大活动企图稳定局势，掩护工作组过关，一场向资产阶级反动路綫猛力冲击地暴风雨已經来临，为了避其鋒芒、李雪峰赶忙布置退却，企图蒙混过关，保存工作组以后再起。在市委策划之下于七月十六日、十七日、十八日三天张承先連續作了三次检查，第三次张承先一字不漏地照李雪峰指示的三点，做了检查，并抛出斗爭陆平的法宝，企图轉移視綫蒙混过关，可是张承先的假检討并沒有能欺騙北大的革命师生，从七月十九日开始，北大掀起一场批判工作组錯誤路綫的革命高潮，直接指出张承先执行的是一条右傾机会主义路綫，李雪峰就是张承先的幕后人。

七月中旬（七月十八日——再翻印者註）

我們伟大的領袖毛主席回到了北京，指出运动犯了方向路綫性的錯誤。

## 七月二十二日至七月二十六日

为了糾正这个路綫性錯誤，受毛主席的委托，中央文革小組陈伯达、江青、康生等同志首先到北大进行为期四天的調查，断定张承先所犯的錯誤是路綫錯誤，七月二十六日中央文革小組組长陈伯达同志向北大革命师生建議，撤銷以张承先为首的工作组，自己起来闹革命，这是北大革命师生抵制工作组的錯誤路綫的伟大胜利。

需要提起的是，在中央文革小組領导同志顶风冒雨，来北大进行調查的时候，张承先不仅不見中央文革小組的同志，不介紹情况，反而背着中央文革大搞阴謀活动，张承先竟敢如此胆大，受誰支持？奇怪的是在那几天的大会上，李雪峰也变得牢騷滿腹七月二十六日当北大学生点名让李雪峰讲话，李說："对张承先不了解，用人不当，犯了官僚主义，张承先是一个坏工作组。……"李雪峰死不承认张承先犯了方向、路綫性的錯誤。我們要問李雪峰对张承先眞的不了解嗎？难道李雪峰只是犯了官僚主义和用人不当的錯誤嗎？完全不是的，純屬欺人之談。北京日报社总編翟向东，华北局第三书記林鉄，北京市委书記处书記邓拓都是李雪峰重用的，黑帮分子赵凡、万里、陈克寒都是李雪峰留用的。叶琳、孙有漁、张承先都是李雪峰派出的工作组。也能說你李雪峰不了解嗎，

## 七月下旬

中央文革到北大进行調查，支持革命师生的消息，象春风一样传遍全北京市，北京各学校，机关纷纷来北大串联，中央首长不断地到各校观察，支持革命群众，北京市文化革命运动才出现了高潮。各院校的革命师生紛紛揭发、批判工作组执先的资产阶级反动路綫。

# 七月二十九日

北京市召开大专院校和中等学校师生文化革命积极分子大会。

周总理，深刻指出派工作組是錯誤的，工作組犯了方向路綫錯誤，号召群众自己当家作主起来鬧革命。会后我們最最敬爱的領袖毛主席和参加大会的万名师生代表会見。在文化革命中毛主席第一次接見革命师生的喜訊传来，极大的鼓午了全国广大人民和革命师生。

在会上刘少奇閉口不談派工作組是方向路綫錯誤，李雪峰的发言和市委的决定，也是一个調子，不承认派工作組是一个方向路綫錯誤，而只說派工作組是不适合于領导文化大革命的，沒有經驗等等。

李雪峰在大会上宣布了撤銷工作組的决定。

工作組来的快，是为了控制革命群众运动，工作組撤得迅速是为了包庇工作組，逃避群众的批判。由于匆匆撤出工作組，所以工作組的錯誤沒有深入批判，資产阶级反动路綫沒得到肃清以至使这条資产阶级反动路綫流毒遺传，阴魂不散，并继續以新的形式出現，致使許多人对这条路綫认識不清，在工作組撤离时，还开盛大欢送会，給工作队員戴大紅花，高呼口号，依依惜别。在工业大学执行資产阶级反动路綫的工作組杜万草（荣）撤离以后，又任市委文化革命第一办公室付主任。

# 六六年八月一日以后

在我們最伟大的領袖毛主席亲自主持下，召开了具有伟大历史意义的八届十一中全会，制定了无产阶级文化大革命綱領性文件——十六条，十六条的制定是两条路綫斗爭的产物。但是两条路綫的斗爭并沒就此結束，此后两条路綫的斗爭就集中地表現在执行捍卫十六条还是抵制反对十六条的斗爭上。

在这个时期頑固地坚持資产阶級反动路綫的人，他們首先就是在工作組問題上耍阴謀，他們匆忙撤走工作組，不让广大革命师生对資产阶级反动路綫进行彻底地揭露批判肃清其影响，致使这条路綫改头换面，以新的形式潜藏下来，流毒遺传阴魂不散，他們不解放过去受打击的革命群众，他們采取新的形式欺骗群众，继續挑动学生斗学生。他們打着"紅旗"反紅旗，欺骗和蒙蔽一部分群众，炮打无产阶级的司令部，打击无产阶级革命派，总之，他們在斗爭黑帮的掩护下，披着形"左'实右的外衣，对抗十六条，继續推行資产阶级反动路綫，这就使得两条路綫的斗爭更加复杂，更加尖銳，并且具有許多新的特点。

馬克思主义的本质，就是革命，就是批判，不破不立，广大革命师生并沒有放弃两条路綫的斗爭，他們学习十六条，运用十六条，捍卫十六条，坚持继續揭发批判資产阶级的反动路綫。他們不怕暂时的孤立，更不怕暂时的少数，为了认眞的彻底地不折不扣地貫徹执行十六条展开了坚决的斗爭，斗爭十分激烈。

正是在这斗爭的关键时刻，又是党中央和毛主席发出了战斗号召，两条路綫斗爭还沒有結束。我們要抓住阶级斗爭和两条路綫斗爭这个綱，向資产阶级反动路綫猛烈开火。为捍卫以毛主席为代表的无产阶级革命路綫作拚死地斗爭。这个战斗口号把两条路綫的斗爭大大地推进了一步，现在这两条路綫的斗爭，正在进行第三个回合的大决战，这是无产阶级文化大革命胜利发展的关键一战，而对这場大搏斗，我们不能用形而上学的观点，庸人的观点来对待这个問題，更不能采取折衷主义的态度，不把资产阶级的反动路綫批倒批臭决不罢休！

**以毛主席为代表的无产阶級革命路綫万岁！**

**我們最偉大的領袖毛主席万岁！万万岁！**

## 八月一日到八月十二日

具有伟大历史意义的八届十一中全会在毛主席亲自主持下，在北京召开，在大会上制定了《中国共产党中央委员会关于无产阶级文化大革命的决定》，从此，两条路綫的斗爭就集中表现在是执行捍卫十六条，还是抵制十六条的斗爭。毛主席在八届十一中全会结束时就明确指出：对十六条有两种情况，有的执行，有的不执行。八月十日毛主席在会見首都革命群众时意味深长地說："你們要关心国家大事，要把无产阶級文化大革命进行到底"。

## 八月六日

李雪峰同志在接見北京建筑工学院"革命团"时，把建筑工学院的革命群众組織說成是反革命组織，是表决机器，对革命群众施加压力，致使北京建筑工学院运动急轉直下，一蹶不振。李雪峰一句話，1100多人的"革命团"被解散。

## 八月十一日

吳德同志代表北京新市委草草作了检查，承认市委在領导文化大革命中犯了方向路綫性的錯誤，承认市委的某些領导人害怕群众，錯誤的派了許多工作队到各学校去。并匆匆忙忙地宣布：二三天內工作組全部撤走。

## 八月十二日

北京工业大学譚立夫写出《对联談起》的大字报，公开歪曲十六条，挑动群众斗群众。八月十二日地质学院工作組組长邹家尤花了三十二分钟作了检查，在两千人高呼"通过"声中，带着大红花，在一片欢呼声中离开地质学院，而留下的则是群众混战一場围攻反对工作組的群众。

八月下旬，北京各高等院校普遍地出现了在对待工作組問題上不同观点群众之間的分裂和对立，这是工作組錯誤流毒所致，是两条路綫斗爭的反映。

八月十三日在资产阶级反动路綫的指使下召开"八·二"反革命事件大会，这是一个形"左"实右的武斗大会，严重违背十六条，造成恶劣影响。

八月中旬各高等院校革命学生继續向资产阶级反动路綫发动冲击，普遍都写出揭发工作組錯誤路綫的大字报，清华大学贴出对王光美的大字报，又是市委决定各高等院校在短期內选出筹委会，赶快斗黑帮，美其名曰：不要因为批判工作組轉移斗爭的大方向。同志們，这是阴謀，是在压制群众向資产阶級反动路綫开火。

## 八月十八日

我們伟大領袖毛主席和他的亲密战友林彪同志在天安門接见了百万革命师生和紅卫兵小将，高度評价革命师生和紅卫兵小将的革命精神，最坚决地支持他們的革命行动，林彪同志发表了十分重要的讲話，他說："这次无产阶級文化大革命最高司令是我們的毛主席。毛主席是統帥……毛主席最相信群众，最关心群众最支持群众的革命运动，和革命群众心連心。……我們一定要坚决照这个决定办事，……我們要打倒走資本主义道路的当权派，要打倒資产阶級反动权威，要打倒一切資产阶級保皇派，要反对形形色色地压制革命的行为，要打倒一切牛鬼蛇神。"

## 八月二十一日

北京工业大学譚立夫的发言出籠了，打着貫彻阶級路綫的旗号，扯起形"左"而实右的破旗，破口大罵，公开为工作組喊寃，为反动的阶級路綫招魂，挑动群众斗群众，公开对抗十六条。此讲話决非偶然，他是两条路綫斗爭的反映，表明資产阶級反动路綫以新的形式继續頑固存在。工大一文革委員說："譚立夫的讲話給市委×××首长看过，认为还可以"根子乎？

## 八月二十四日

清华大学毛泽东主义紅卫兵貼出了給刘少奇，王光美的大字报，可是以刘涛为首的清华校文革筹委会联合十二个学校的紅卫兵大鬧清华，撕毁大字报，揚言这是炮打无产阶級革命司令部，"右派翻天"，勒令在二十四小时內解散清华毛泽东主义紅卫兵。同志們，这是为什么？这是資产阶級反动路綫在疯狂反扑。

## 一九六六年八月十三日至二十五日

在薄一波的直接指揮下，发生了围攻革命同志的严重违反十六条的事件。八月十三日黑帮分子梁膺庸（前化工部第一副部长）煽动一部分人到工交党委請願，要罢化工部党委书記部长高揚的官，薄一波当即宣布停止高揚党內外一切职务。八月十八日在薄一波的支持下于八月十八日、二十四日、二十五日連續三次召开万人大会斗爭高揚会上实行武斗，把高揚打的遍体鱗伤，斗爭后开除党籍，抄了家。薄在斗爭会前公开对梁膺庸說："我是坚决站在你这头的，幷于二十四日擅自决定由梁任代理化工部党委书記、部长。

## 八月三十一日

毛主席和他的亲密战友林彪同志在天安門城楼上接见五十万来京串連的革命师生，周总理代表党中央极大的支持外地革命师生来京串連，可是北京却出现了一股赶外地革命师生的歪风，說什么"革命的留下，不革命的滚蛋。

一九六六年九月上旬

譚立夫形"左"实右的发言，流传在北京各大专院校，甚至流传全国。在北京一些学校出现了一方压制另一方的现象。有些师生批判工作組的錯誤路綫，就有人罵："你們不斗黑帮，共产党干部犯了錯誤你們高兴，他媽的。"此种議論流遍各学校。資产阶級反动路綫以形"左"实右的面貌出現，来压制群众对反动路綫的批判。

## 一九六六年九月中旬

北京地质学院的《东方紅》再次炮轰地质部，要求工作組邹家尤回校检查，經过十四天的斗争九月廿三日陈伯达同志、关鋒、戚本禹到地院坚决支持《东方紅》的革命行动。九月二十七日陈伯达同志在接見西北工地来京革命串連师生时說："无产阶級文化大革命中兩条路綫的斗爭是复杂的。"

## 一九六六年九月廿七日

面对兩条路綫的斗爭，北京大专院校一批革命闖将，挺身而出来捍卫十六条，捍卫以毛泽东同志为代表的无产阶級革命路綫，成立了联絡委員会，在北师大組織了对資产阶級反动路綫的变种譚立夫形"左"实右的发言进行批判，和反动路綫开展了不調和的斗爭。但是由于受資产阶級反动路綫的影响，他們的行动遭到了一部分人的圍攻。

## 一九六六年十月一日

林彪同志在天安門城楼上发表极重要讲話，毛主席早就指出在整个社会主义的历史时期，存在着无产阶級和資产阶級的阶級斗爭，存在着社会主义和資本主义兩条道路的斗爭。无产阶級文化大革命就是这兩个阶級兩条道路斗爭的新阶段，在无产阶級文化大革命中，以毛主席为代表的无产阶級革命路綫同資产阶級的反动路綫的斗爭还在继續，那些坚持錯誤路綫的人只是一小撮人，他們脱离人民，反对人民，反对毛泽东思想，这就决定了他們一定要失败。十三日人民日報轉載了紅旗杂志社論中指出，"有些地方，有些单位，兩条路綫斗爭还是很尖銳很复杂的，有极少数人采取新的形式欺騙群众对抗十六条，頑固地坚持資产阶級反动路綫，极力采取群众斗群众的形式去达到他們的目的""在无产阶級文化大革命中兩条路綫斗爭是阶級斗爭在党內的反映。我們必須用唯物辯証法的观点，而不能用形而上学的观点庸人的观点来看待这个問題。"林彪同志讲話和紅旗杂志社論向一切革命者发出了捍卫以毛主席为代表的无产阶級革命路綫的号召把无产阶級文化大革命的兩条路綫的斗爭推向一个新的阶段，一派大好形势。

## 一九六六年十月五日

中央批轉的《中央軍委的紧急指示》是一个极其重要的文件是兩条路綫斗爭的产物这个文件的公布是对資产阶級反动路綫强有力的回击，紧急指示宣布凡是在运动初期被工作組或校党委定成右派反革命分子的，一律平反解放过去受打击的群众。

## 一九六六年十月六日

全国各地来京十万名师生在工人体育場召开向資产阶級反动路綫开火的誓师大会，周总理陈伯达、江靑同志亲临参加幷做了重要讲話一个反击資产阶級反动路綫的革命风暴，席卷首都各大专院校，向資产阶級反动路綫总反攻开始了。革命形势很好，而且越来越好，胜利一定属于以毛主席为代表的无产阶级的革命路綫。

## 一九六六年十月七日至十二日

师大、北大、清华等院校贴出了一大批揭露李雪峰执行反动路綫的大字报，一个向北京市以李雪峰为代表的資产阶級反动路綫猛烈开火的新高潮起来了。

## 一九六六年十月十三日

近万名革命师生在北京展覽館召开了第一次批判北京市以李雪峰为代表的反动路綫代表大会，北京大学延安战斗队，北京建設工业学院紅卫兵代表，北师大紅卫兵代表在大会上发了言，大会最后通过《告北京革命群众书》

## 一九六六年十月十四日

在北师大五万余人集会上，再次批判北京市以李雪峰为代表的資产阶級反动路綫会上李雪峰同志作了检查，幷答应愿意参加以后召开的批判資产阶級反动路綫的大会。

以后开始批判刘少奇、邓小平見第二集。

天津十中紅旗造反公社

一九六七年三月二十七日

内部资料
注意保存

# 文化革命大事记

编者按：中共中央一九六六年五月十六日的《通知》是一个伟大的马克思列宁主义的文件，这个伟大的历史文件的公开发表，是我们国家政治生活中的一个重大事件，是国际共产主义运动中的一个重大事件。为了对一切革命同志认真深入学习《通知》有所帮助，我们从大字报转抄中编成这个《文化革命大事记》，供学习参改，若有错误，请批评指正。

广州红司 中大红旗

马列主义教研室 红 旗 大队

一九六七年五月廿二日

了彭真及其集挠，在北京发动无产阶级文化大革命遭到了重重的阻碍。

九月廿五日

陆定一在文化厅、局长会议上大反斯大林。

十月

上海张春桥、姚文元同志根据九月会议精神，在江青同志的指导下，积极准备批判吴晗。

十一月十日

上海《文汇报》发表了姚文元的文章《评新编历史剧〈海瑞罢官〉》批判吴晗的反党反社会主义本质，揭开了批判吴晗之流的序幕，吹响了无产阶级文化大革命的进军号。

十一届六中全后一志书六日

继续学东地接转各报通转载姚文元同志的文章。北京报刊因中宣部彭真之令不转载。彭真马上派人去上海了解姚文元的背景。彭真问上海同志"为什么事先不打招呼？""党性到哪里去了？"请《北京日报》社长两次打电话问上海《文汇报》发表姚文章的背景。

全国工农兵奋起批判吴晗。

十一月二十四日——二十九日

上海后北京都不载姚文元的文章，决定上海分局出单行本，散发全国，散急电全国新华书店，要否订购各地均有回电，唯北京奉命不复电，电话费问不置可否，二十九日才被迫同意。

十一月二十八日

周总理亲自监督北京各报，彭真才被迫行动。在人民大会堂西大厅开会商讨转载姚文元文章。会上彭问邓拓："吴晗现在怎么样？"邓答："吴晗很紧张，""因为他知道这次批判有来头。"彭说："管他来头不来头，只问真理如何，在真理面前人人平等。"

十一月廿九日

《解放军报》转载姚文元这篇文章，加编者按指出：《海瑞罢官》是一株大毒草，必须进行批判。与此同时，上海的报纸又连续发表了展开批判《海瑞罢官》的文章和资料，这样，由《海瑞罢官》的讨论而展开的这场斗争，引起了越来越广泛的重视。

《北京日报》迟转载，所加按语实际上不支持姚文元的文章，把这场政治斗争说成是有关评价历史人物和写历史剧的学术争论。

十一月三十日

《人民日报》在"学术研究"栏内载姚文元的文章，不加按语，模棱两可，最后一段语录是总理亲自加的。

十二月二日

毛主席批判在政治与业务关系上的折衷主义，指出："折衷主义实际上就是修正主义，修正主义是不要斗争，不要革命的。"

《光明日报》载姚文章，接前北京市委书记姚溱指示："彭真说，不要同一天内转载，以免振动太大。"

十二月六日

《文汇报》报再全国消息，发表各报"按语"，按发表先后为准，把《解放军报》按语放在第一篇，因此彭真大为不满。

十二月八日

《红旗》登载戚本禹文章《为革命研究历史》。

十二月十二日

姚溱抽62年第8期"中央宣教动态"实云(即关锋、何明)的文章《从城隍说起》及《从参加论起》交给彭，以整关锋的风。

前《北京日报》对吴晗进行假批判，彭真说"《北京日报》的第一篇文章一定要好。"在彭的指使下，邓拓化名向阳生，在《北京日报》发表了《从〈海瑞罢官〉谈到道德继承论》。企图把政治斗争引向纯学术讨论。此文经前北京市委书记处集体讨论过。

十二月十四日

彭召开北京市委工作会议，当面地吴找茬说："错的就改正，对的就坚持，坚持真理修正错误。"

十二月二十一日

毛主席在杭讲找陈伯达、艾思奇、关锋说、戚本禹的文章《为革命研究历史》)很好，我看了三遍，缺点是没有点名。姚文元的文章也很好，对戏剧界、历史界、哲学界振动很大。缺点是没有击中要害。《海瑞罢官》的要害是罢官，嘉庆罢了海瑞的官，彭德怀是海瑞，庐山会议是讨论工作的，予计开半月会。十五天没到彭德怀就跳了出来说、你们在延安骂了我四十天的娘，我骂你们廿天娘还不行?'他就是要骂娘的。……"

毛主席还说、"《清宫秘史》有人说是爱国主义的，我看是卖国主义的，彻底的卖国主义。"毛主席十几年来念念不忘对电影《清宫秘史》的批判

十二月二十二日

毛主席找彭真、杨成武重复二十一日的讲话，指出要害问题是罢官。彭真抵架说："据调查吴晗与彭德怀没有组织连系和直接联系。"

十二月二十三日

彭真单独要求见毛主席，事后造谣说、"主席说对吴晗批判可以在两月后下政治结论。两个月后再谈政治问题。"彭造了这个谣在许多场合散布过。

十二月二十六日——二十七日

彭真亲自跑到上海，向上海的革命派施加更大的压力。

上海市委向彭汇报工作(文化革命情况，当时彭是总负责)，彭对《文汇报》的按语先后问题加以批评，说"应把《北京日报》按语放在第一个'。又说,"邓拓与吴晗过去都是左派。"彭改责上海只批评《海瑞罢官》,而不讨论《海瑞上疏》。说什么"上海应该设法把那学术'权威'揪出来"并一再说,"你们如果钓到了大鱼，我请你们吃烤鸭。"企图迫使上海的革命派放下《海瑞罢官》,只搞上海的问题

十二月二十七日

《北京日报》发表吴晗的《关于〈海瑞罢官〉的自我批评》,吴自己暴露了自己的要害问题，仍坚持错误。《北京日报》未加按语，表示赞同，是彭真在上海催着要《北京日报》这样发表的。彭真还让《人民日报》转载吴晗的自我批评。

十二月二十九日

中宣部組織人寫的文章發表，署名方求。該文章對清官的看法是很錯誤的。

一九六六年一月九日

彭真批轉毛主席十二月廿一日講話紀要，隱瞞了要害問題。

一月十三日

恩來在《人民日報》發表《海瑞受吳晗的挑戰》提出罷官問題，也提到了廬山會議。

一月十七日

戚本禹《〈海瑞罷官〉〈海瑞罵皇帝〉的反動本質》，關鋒、林杰的《〈海瑞罵皇帝〉〈海瑞罷官〉是兩株反黨反社會主義的大毒草》被中宣部付部長許立群和彭真扣壓。（直到四月份才被發表）。

許立群召開北京三報（指《光明日報》、《人民日報》、《北京日報》）三刊（指《紅旗》、《前線》、《新建設》）會議，布置批判問題說：「今后三報三刊（批判文章、稿件、版面）都要審閱，《紅旗》暫可不搞。」并說：「要有領導地挑起一場大混戰。」

一月十七日——二十八日

戚本禹打電話問許立群：「對吳晗要害問題的批判文章可不可以發表？」許回答：「現在批判要害的文章很多，不止你一篇。現在都不能發表。」戚把文章送給彭真看，彭叫祕書打電話告訴戚說：「彭真近來很忙，要不多，沒時間看。」

一月三十一日

彭真要搜集整右派的材料，許立群立即送上。

二月二日

江青同志受林彪同志的委托，召集了志堅等部隊文藝工作者進行座談。

二月二日

彭真在「文化革命五人小組」（彭真、陸定一、吳冷西、康生、周揚）擴大會議上發了七個攻擊右派的材料，并說：「已經查明，吳晗與彭德懷沒有聯系。」要對右派進行整風，并說：「鄧拓也是右派，是擁護三面紅旗的。」要劉仁、姚溱兩人證明他的話不錯。康生同志起來說：「不要打去右派，要保護關鋒同志，要依靠左派，培養左派理論隊伍，打去右派。」并批評許立群：「不收集吳晗的材料，都專門收集右派的材料。」會后，彭叫許立群、姚溱起草匯報提綱。

二月四日

許立群、姚溱在釣魚台起草，關起門誰也不讓知道，誰也不讓進來，就連住在同一樓里的康生、吳冷西（人民日報社長）都瞞著不讓知。

二月五日

彭真把提綱提交政治局常委討論，在上面寫道：「此件由于時間倉促，來不及在五人小組內傳閱和商討。」由不是五人小組成員的許立群口頭匯報，彭真插了一些話，皆未涉及提綱本質問題。

二月八日

彭真大肆诽谤政治局同志，在毛主席面前故说一遍。毛主席的意见和彭真竟是完全对立的。主席说："要害是罢官"，又两次问彭："吴晗是不是反党反社会主义？"明数造谣说、主席说吴晗不是反党反社会主义。彭提出："要整左派的风。"主席立即反驳说："这事三年以后再谈。"许立群马上拿出关锋的杂文，主席马上顶回去说："写点儿杂文有什么了不起，阿明的文章我早看过，还不错。"主席明确提出要保护左派，不要打击左派。彭真还说："要不要政治结论？"主席说："文化领域里的阶级斗争不是急性作一个政治结论可以完结的。"这可以证明彭真说的"主席说两个月后作结论"是彻头彻尾的谎话。事后，彭真假造"中央批示"和"汇报提纲"永远发下去。

二月十二日──十四日

彭真向上海传达五人小组汇报提纲《关于学术讨论汇报提纲》说主席和中央都批准了，不必再给你们看了，上海提出："不要局限于政治问题的提法，还可以讨论。"

二月十三日

彭真指定胡绳和上海谈乔桥同志会谈。胡绳说："吴晗的问题不准说要害，不准和庐山会议联系起来，吴晗不是反党反社会主义。这是毛主席说的。"并说："这是彭真叫我这样说的。"

二月十八日

许立群、胡绳召集北京学术界人士和北京各级负责人开会传达汇报提纲，却故意不传达主席指示。会后讨论，邓拓被指定为第一小组召集人。

二月二十八日

彭真、许立群、姚溱去××地参观。

三月一日

许立群从个人名义发表学术批判动态。吹嘘"五人小组"提纲是文化革命的纲领性文件，是思想斗争的二十三条，是解放后历次文化革命的经验总结，中央过去还未直接领导，这说明中央对这次文化大革命特别重视，而且要求很高。

三月二日

《人民日报》发表尹达的《必须将史学革命进行到底》一文，这篇文章被中宣部压了一年半。

彭真、北京市委叫吴晗下乡（写平）四清，化为老李（专朋光）。

三月十一日

上海杨永直问中宣部，"学阀"是否有所指？许立群转告彭真，彭叫许打电话说："就说是我彭真说的，①学阀没有指具体什么人，是阿Q，谁头上有伤疤就是谁。②你们发表姚文元文章为什么不跟中宣部打个招呼"说到这里彭怒气冲冲地说："上海市委党性到那里去了。"

三月十二日

穆欣的《评谢金花》发表于《光明日报》，被压一年又四个月

三月十七日──三十日

毛主席在政治局常委开会，专门就文化革命的问题说："以前对知识分子实行包下来的政策，有利也有弊，现在许多文化部门被资产阶

级知识分子掌握着实权，许多文化部门要问问到底掌握在哪些人手里。吴晗、翦伯赞实党员，也姓共，实际上是国民党。"对这些资产阶级学术"权威"要进行切实的批判。要培养自己的年青人，不要怕青年人抢"王位"。不要扣压他们的稿件。中宣部不要成为"农村工作部"。(农村工作部在62年被解散。)

三月二十五日

戚本禹、阎长贵等在《红旗》发表《翦伯赞的历史观应当批判》。

三月二十八日——三十日

毛主席两次找康生谈话，又找康生、江青、赵立鸣、魏文伯、张春桥等同志谈话，批判五人小组汇报提纲，并说："吴晗发表这么多文章，从不要打招呼，从不要经过批准。姚文元的文章为什么一定要打招呼！难道中央的决定不祘数吗？扣压左派的稿件，包庇右派的大学阀。中宣部是阎王殿，要打倒阎王，解放小鬼。我历来主张，凡中央机关做坏事，就要号召地方造反，向中央进攻。地方要多出几个孙悟空，大闹天宫。"主席又批评彭真、彭真、北京市委、中宣部要再包庇坏人，中宣部要解散，北京市委要解散，五人小组要解散，"并要彭真对明许立群打电话给杨永直这件事，向上海市委道歉。主席最后说："去年九月间，我问一些同志，中央出了修正主义怎么办？这是很可能的，也最危险，要保护左派，在文化大革命中培养左派队伍。"

三月三十日

中央军委批准江青同志的"部队文艺工作座谈纪要"，并上报中央和主席审查。

四月一日

深晚，彭真两次打电话给上海市委、曹荻秋，还是不听毛主席的指示，不道歉，反而编造一套谎言，为自己推卸责任。

四月二日

周总理告诉毛主席，同意毛主席指示，并说由书记处讨论。

四月三日

总政治部刘志坚付主任为中央起草的批语（江青座谈纪要文件）交彭真，交后觉得批示太一般化，又起草了一个。

四月四日

刘志坚起草的中央批示交彭真后被扣压。

四月五日

彭真找市委、五人小组开会，会上彭真一再表功，"合作化、工商业改造、农村四清、国际反修都不是落后分子，唯独在文化大革命中是落后分子，这是因上学太迟、知道得少。"又说，不要有什么框框，谁划进就谁谁，不要受框框限制。"又说，"吴晗问题可以作定案了。"

四月七日

林默涵在一次文艺创作会上，全面剽窃未经批准的"座谈纪要"等作了歪曲，为三十年代文艺进行辩解。

四月九日——十二日

觉中央书记处会议，周总理参加，首先由康生传达主席指示（即上次谈话）。彭真作了一番形式主义的表态说："我只是在'放'这个方面坚持我的意见。"也就是说除了这一方面的其他各方面都是正确的。

又说："我过去、现在和将来都不会反对毛主席。"而实际上一直不接受毛主席的批评。康生同志批评他在文化大革命中一系列严重错误。周总理也说彭真的错误是反对毛主席。会议决定撤消五人小组汇报提纲、五人小组，并成立新的文化革命起草委员会。

四月十日

中央批准江青同志的"座谈纪要"。

四月十日——十五日

彭真名召开市委常委会议，搞批判吴晗、邓拓、廖沫沙，搞假批判，以此为名，替自己色庇右派打掩护。而且背着中央，把"中央通知草稿"给市委书记处同志传阅，也是违反党的纪律的。

四月十六日

主席召开政治局常委会讨论彭真的错误。

《北京日报》发表了一批所谓批判"三家村"和"燕山夜话"的材料，长达三版。编者按是以彭真意见写的，并由他最后定稿的。是彭真令其在四月十六日见报的。因为《北京日报》没有一兵肖我批评的诚意，中央通知各报不要转载，按原计划发表批判文章。

四月十八日

《解放军报》发表社论：《高举毛泽东思想伟大红旗，积极参加社会主义文化大革命》。

四月二十四日

中央通过《通知（草案）》。

五月四日

中央政治局常委讨论彭真、陆定一、罗瑞卿、杨尚昆的错误问题。

《解放军报》发表社论：《千万不要忘记阶级斗争》。

五月七日

毛主席给林彪同志信，提出各行各业都要办成亦工亦农、亦文亦武的革命化大学校的思想。号召全国七亿人民都成为旧世界的批判者、新世界的建设者和保卫者，人人掌握毛泽东思想这个最锐利武器，参加无产阶级文化大革命，批判资产阶级。

五月八日

《红旗》、《解放军报》、《光明日报》、《文汇报》开始连续发表关锋、戚本禹、高炬、何明、姚文元等同志的文章，戳穿《北京日报》、《前线》的大阴谋、大骗局，向邓拓等一小撮黑帮分子反击。摧毁"三家村"，北京黑帮市委风雨飘摇。

五月十四日

黑帮分子宋硕（北京市委大学部付部长）召开紧急会议，布置"加强领导，坚守岗位"，企图扼杀就地在北大传达布置。"三家村"黑帮负隅顽抗。

五月十六日

中央政治局扩大会议通过了撤消二月十四日所谓中央批准的"五人小组汇报提纲"的决议，并在毛主席直接主持下发出了党中央紧急的《通知》，彻底批判彭真的"二月提纲"。这是一个伟大的马克思列宁主义的文件。

9.3. 下午5时左右，省柴黑总袭击开过省柴门口的华中红旗的两部卡车，打了一梭子弹，还扔了两个手榴弹。

9.3. 6时许，省柴红总向中山大学西部地区射去3发。

9.3. 中午地主抢劫一商店，红旗派下中农属下组织红卫兵团及红司战士去抢救，被地主抓去20多人，转移才被空军截回。

9.3. 上午七时多，华工红旗一辆车经岗顶时遭主匪伏击，司机牺牲，车上几个家属重伤。

9.3. 中央调查团到河南作业已进行调查，河南总匪动枪强行搜查长时间刁难，中央调查团当即机摄现场，地总把相机及其他物品抢劫一空。

9.3. 在西华路彩虹桥，地总横蛮阻拦中央调查团，并大叫："周总理讨老儿？"乱委至极，罪该杀头。

9.3. 凌晨三时许，蕾华工黑总分部勾结主义率、地匪进攻暨大东方红，使用重火力，修一司、暨大老六也参加围攻。八时才暂伏。

9.3. 八中红色造反团七月三日最后一批撤离学校，地主派（主要是郊）约200人，借口八中抓了狗贷联的人。三月洗劫22中，4日洗劫八中红色造反团团部及学校财物，抢走棉被、衣服、衣服、蚊帐、纸张、扩音器、喇叭世、郊拿木枪、地匪拿手枪。

9.4. 中午省柴黑总、主义匪在小汽车修配厂旁边的小山岗上，向中大红旗射去十多发。

9.6. 主匪在三元里一饭店抢劫一群众的手表，中医301廿九个造反派见状前去制止时，被杂匪打死一人，重伤三人。

9.7. 晚10时省柴黑总用冲锋枪扫射驰过省柴门口的中大八·三一的汽车，八·三一一战士头部受伤。

补充：

8.27. 下午一时，主义匪武装占领水厂附近的长征摄琴社大楼，在阳台上架起机枪威胁行人。

8.16. 主义匪在燕子岗枪杀了两个12中造反派战友。

8.28. 下午3时，主义匪绑架了女中井岗山战士彭子晶、黄试江两人。一边毒打、一边说要把他们送到蕉子江去，（那里是主义匪经常抢车造反派的地方）还说蕉子岗有你们很多战友。"把他们运到南石头后推出车外，企图借郊贷联的手打死他们，幸好省物资方联工救了他们。

8.28 晚公安红旗宣传车开过中山四路文德路口处，遭地匪在致美斋楼

8.18晚　上午，十多岁地匪上车劫持正匪开车的二车队红旗战士、司机张×，连人带车劫入市一区匪巢。

8.29　骑麻丁驻军由于昨日宣布支持二联而被该丁地匪抄丁家。

8.29晚　上午九时，地匪武装占领二纵大道加油站。

8.29　二千多主义匪包围此山匪东方红

8.丹晚郭森太地主狠打黄埔冷冻丁。

8.17　在广船地匪掩护下，八中主义匪抢走八中红色造反团一辆车。

8.30晚9时地主向西村唯一齐造反派据点——加造反大楼进攻，动用六0炮、机关炮、红旗工人牺牲一人、伤二三人

8.3　地主匪炮轰水丁造反大楼时、同时抢占广雅中学、造反派牺牲七人。

8.29　地匪向女中船丁红旗二人宿舍开枪射，并绑架了三名红革会战士。

9.3　由大红旗战士和1864部队战士被捕柴黑总、地主匪在江门市郊被绑架一整天。

9.2　下午二时、地匪又一次抢劫越南滇船、包括两门七五电米之射炮和数挺机枪和一批其他枪枝弹药、抢占开着匪黄埔港耀武扬威。

中大红旗呐喊战斗队　9.8.
红司工之站翻印　9.11

# 无产阶级文化大革命
# 大事記

说明：本大事记是本战斗队的三十一个同志根据谢富余工作组传达后回忆搞凑起来的，不是中央文件原文，错处一定不少，希同志们批评指正。又因为本战斗队急于外出串联，希望认为有参考价值的同志自由留用。

北师大《三十一人拿枪》战斗队

一九六五年九月，毛主席早就发现了姚喻的所在，在一次政治局常委会议上，毛主席向彭真：吴晗是否可以批判"清官说"有的问可以"。

一九六五年九月二十三日：彭真在一次关于文化革命的会议上多次指着攻击毛主席说"在真理面前人人平等，藐他什么党中央主席！

一九六五年十月十日：《文汇报》发表姚文元同志的《评新编历史剧〈海瑞罢官〉》彭真马上派人去上海了解姚文元同志文章的背景。

一九六五年十一月二十四日：上海市委鉴於北京的各报都不能载姚文元的文章即将姚文元印成单行本，电向北京的新华书店订不订，北京迟迟不复电。在一次北京市委常委会上，邓拓对彭真说"姚喻很紧哪，他知道这次批判是有来头的"彭真说"什么来头不来头，在真理面前人人平等！

一九六五年十一月二十九日：北京市委看着姚文元的文章封锁不住了，於二十九日《北京日报》转载了姚文元的文章，并由彭真写编者按把这场政治斗争说成是有关评估历史人物和写历史剧的学术争论。按语最后一段引用毛主席的话是在周总理通过同彭真斗争后加上去的。

一九六五年十二月十二日：各报纸报导姚文元文章的转载情况。在彭真指使下，邓拓化名向阳生写了题为《从〈海瑞罢官〉谈道德继承论》想把政治引入纯学术所此文由北京市委传阅处搞。

一九六五年十二月十四日，彭真在北京饭店召开北京市委常委会，把邓拓找去对他说"你错了就检查，对了就坚持。"

一九六五年十二月二十一日，毛主席找彭真谈话说"戚文很好（按：指戚本禹同志发表在红旗六五年十三期上的为革命而研究历史一文）我看了两遍缺点是没有点名。姚文元文章也不错，缺点是没有打中要害，海瑞罢官的要害问题是罢官"庐山会议上我们罢了右倾机会主义分子的官，庐山会议结束时右倾机会主义分子彭德怀挑起来说："在延安你们骂了我四十天的娘，现在我骂你们二十天还不行"！

一九六五年十二月二十二日，毛主席找彭真康生谈话，彭真说吴晗不是政治问题，硬要毛主席接受完他的观点。

一九六五年十二月二十三日，彭真要求单独同主席谈话，谈后彭真造谣说"毛主席同意我的观点，吴晗不是政治问题"。

一九六五年十二月二十六日，上海市委向彭真汇报工作，彭真指责上海市委说："发表这样的文章（按指姚文元的文章）也不打个招呼，你们的党性哪去了？"又说"邓拓吴晗过去都是反派"。

一九六五年十二月二十七日，北京日报发表吴晗的"关于海瑞罢官的自我批评"坚持错误，彭真让人民日报转载吴晗的"自我批评"。

一九六五年十二月二十九日，人民日报发表署名方求的文章"从海瑞罢官代表一种什么社会思潮？此文是中宣部集体写的，是对清官的看法是错误的。n次会上彭真公开说"从海瑞上疏不批，只批海瑞罢官"。

一九六六年一月八日，彭真搜集材料，要查关锋等左派同志。

一九六六年一月九日，彭真歪曲传达毛主席的指示说："毛主席认为吴晗两人可以定案"。

一九六六年一月十三日——十七日，关锋、林杰合写成"海瑞罢皇帝和海瑞黑线"是反党反社会主义的两株大毒草,但被彭真 邓极力扣压。

一九六六年一月十七日:"北京日报北京晚报前线北京文艺"----共六个编辑部开会,彭真在会上说"吴晗的仅是学术问题"。

一九六六年一月二十八日:北京市委说它们不再登载讨论文章等最后转载结论性文章。

一九六六年二月二日:市委扩大会议,彭真对左派垄风并说要采取"放的方针,扼杀接毛主席的指示模范批评。

一九六六年二月四日:彭真关起门来写"中央文化革命五人领导小组汇报提纲"。名义上是五人小组,实际上是彭真一个人秘密搞的连很在同一楼的其它五人小组成员都不知道。这个提纲歪曲这次伟大的文化大革命的实质,向学术开刀。

一九六六年二月五日:北京市委开会讨论这个提纲。

一九六六年二月八日:彭真向毛主席汇报工作,毛主席问:吴晗是否反党反社会主义?彭真说:"通过调查不是。并造谣告左派,说要查左派的风。毛主席说"这个问三年以后再说"。

一九六六年二月十七日:彭真打电话给常委,把它的提纲"转为正式文件,说毛主席已经同意。彭真还私自盗用中央的名义,给它的"提纲"写了"批示"。

一九六六年二月十八日:将"提纲"发给各级党组织。

一九六六年三月一日:彭真在总结文化大革命简况时,吹捧它的提纲是"伟大的纲领性文件"。

一九六六年三月二日:人民日报转载红旗第三期发表的文章"必须把史学革命进行到底"——此文被扣压了一年半。

一九六六年三月十二日:毛主席说"解放以后我们对资产阶级采取包下来的方针有利也有弊,很多部门的大权被它们夺去"。

一九六六年三月二十八日——三十日：毛主席找康生、江青等来谈话，批评"五人小组"。毛主席说："中宣部是阎王殿，我们要打倒阎王殿，解放小鬼！"又说："中央出了修正主义，要地方多出孙悟空，大闹天宫"还说："如果再包庇坏人，中宣部要解散，五人小组要解散！！北京市委要解散！！！"并要康生向上海市委道歉。

一九六六年四月一日：深夜康生打电话给上海市委，不向上海市委道歉，只是推脱责任。

一九六六年四月三日：林彪委托江青、刘志坚等和解放军文艺工作者座谈。谈后刘志坚写了"汇报"交给康生，后来觉得一般化，又写了一份交康生，康生扣下了后一份。

一九六六年四月五日：发表关锋、林杰的"海瑞骂皇帝"和"海瑞罢官"是反党反社会主义的两株大毒草，此文被扣压了两个半月。

一九六六年四月九日——十二日：邓拓主持市委书记处会议，康生在会上说："邓拓、吴晗在各个历史时期都是左派"。

一九六六年四月十五日：北京日报突然积极起来，查误燕山夜话和三家村的材料。

一九六六年四月十六日：毛主席召集会议撤消五人小组，北京日报发表关于燕山夜话"三家村"的材料，在按语中假批判真包庇。广播电台广播了这条消息，新华社也发表示广播。当晚新华社撤消此条消息。

一九六六年四月十九日：中央通知各报不转载"北京日报"前缘的批查的材料。

一九六六年五月十六日：中央政治局扩大会议通过撤消二月十四日中央批准的"五人小组汇报提纲的决议"。接即撤消康生窃用中央名义指示的文件，该文件署款为"中央二月十四日"。

一九六六年五月十九日：中央撤消二月十四日批市的通知发到各级党组织。

卫东大学 卫东　敬编印　国营天津印染厂毛泽东思想红色战斗队
敬于翻印　一九六六年十二月三十一日

62

天津十二中学燎原
红卫兵支持北京建工学院
新八·一八战斗团将刘少奇
揪出中南海的表态
并有刘少奇的检查信。
　　这资料若残
但也都有
史料价值。

按　語

毛主席教导我们：捣乱，失败，再捣乱，再失败，直到……
——这就是帝国义和世界上一切反动派对待人民事业的逻辑，
他们决不会违背这个逻辑。

　　无产阶级革命派的战友们！中国的赫鲁晓夫，党内头号
的走资本主义道路的当权派、三反分子刘少奇给北京建工学院
新八一战斗团的信绝不是什么"检查""认罪"，而是地地道道的反改倒
算，变相翻案的反革命宣言书，是射向毛主席和以毛主席为首的党中
央、中央文革小组的一支大毒箭！

　　正当无产阶级文化大革命进入到决定胜负的关键时刻，一月风暴
席卷全国，各地的无产阶级革命派纷纷联合起来并夺走党内一小撮走资
本主义道路的当权派的权力的时候，全国大中学校迅速地实现以左派为核心
以教学班为基础的教了班师和革命大联合，复课闹革命，掀起教育
革命新高潮的时候，刘少奇这个老混蛋又跳出来了，猖狂地叫嚣为他们
变相为自己翻案，

　　"敌人是不会自行消灭的。无论是中国的反动派，或是美帝国主义在
中国的侵略势力，都不会自行退出历史舞台。我们必须按照毛主席的
伟大教导"宜将剩勇追穷寇，不可沽名学霸王"发扬彻底无产者痛打落
水狗的彻底革命精神，高举毛泽东思想千钧棒，猛批狠打刘少奇，掀
起大批判的新高潮，将刘少奇这个党内头号走资本主义道路的当权派
批深！批透！斗倒！斗臭！坚决把它打翻在地再踏上一只脚，"
让永世不得翻身！

　　我们坚决支持北京建工学新八一战斗团战友的革命行动，把
中国的赫鲁晓夫刘少奇揪出中南海批斗，砸烂他们的坚决后盾！
誓与刘邓陶血战到底！不夺取文化大革命的全面彻底的胜利
誓不罢休！

　　　　　　　　　　　　红代会十二中燎原红卫兵

北京建筑工业学院新八一战斗团的战士们，
北京建工学院全体革命师生员工们：

七月四日晚上中共中央办公厅主任汪东兴同志通知我说，党中央的意思要我向建工学院新八一战斗团的战士写一个检查。
现将检查如下：　　　　　（一）

一九六六年七月底，我们伟大的伟大的导师，伟大的领袖，伟大的统师，伟大的舵手毛主席号召中央所有负责同志、和各地来到北京的所有负责都去亲自参加北京各学校的文化大革命，以便取得感性知识。我就是在毛主席的这个伟大号召下，在去年八月一日到李雪峰同志处同北京新市委的同志一起研究，我到哪个学校去，经过研究一致确定，我到建工学院去，李雪峰同志也决定一同去。由于建筑材料工业部是归口同京建委领导的，所以谷牧同志也到你们学院参加文化大革命，当时我们几个人都没有要创造什么经验向全国推广的意思。

八月一日晚我到你们学院参加你们的大会，以上各位同志都来了，此外还有文兰涛及其他外地来北京的同志、也有几位来了，他们是临时决定参加来的我事先不知道。

参加你们八月二日的大会主要是听取你们中一些不同意见最后我讲了几句话。

八月三日晚，我和李雪峰谷牧戚本禹同志又再次到你们学院，先找"八一团"的代表谈话，后找"革命团"的代表谈话，主要也是听取意见最后分别向"八一团"和"革命团"的代表谈了我的几点意见。

八月四日晚我在中南海找工作组负责同志谈话，主要是问了一些情况，最后我也说了一些话。

八月五日，毛主席炮打司令部的大字报出来了，我才知道我在这次无产阶级文化大革命中犯了严重的错误。这时候我已忘到我不再去再过问建工学院的事了。当天下午我用电话告诉李雪峰同志、说我以后不再去建工学院了也不再过问建工学院的了。八月五日李雪峰同志的讲话以后关于关于建工学校的活动我都不知道。八月五日以后建工学還有几位同學給我寫信也涉及到此事，給我提出批評。但是，我都沒有答復。有的交給了李雪峰同志，有的放下了。

以上就是我參加北京建築工業學院無產階級文化大革命運動的簡單經過。

（二）

在去年（一九六六年）六月一日，經毛主席批准用廣播電台發表北京大學聶元梓等七個同志所寫一張馬列主義的大字報以後，北京和全國各地的無產階級文化大革命運動就轟轟烈烈地起來了。可是在去年六月一日以後的五十多天裡運動中，我在指導無產階級文化大革命中卻發生了路線錯誤，犯了錯誤。這個錯誤的主要責任應該由我來擔負，是其他同志的責任，例如，北京的其他領導同志，國務院某些部委的領導同志，北京新市委的領導同志，某些工作組的領導同志等等。

他們雖然也有一定的責任，但是，第一位要負責任的是我。我對自己所犯的錯誤，直到去年八月五日毛主席親自寫司令部的大字報發表后，我才開始理解的。在此以前，我還不理解我犯的錯誤是嚴重的。

去年七月十八日以前的一段時間內，毛主席不在北京，黨中央的日常工作是由我主持進行的，北京各方面的文化大革命的情況，是經常在我主持的中央會議上匯報的。在這些匯報會議上作出了一些錯誤的決定，批准或同意了一些錯誤的建議。

例如：向北京各大中學校和一些機關派工作組；

批發了北京大學文化革命簡報第九號給各地省委，把革命的師生的革命行動，說成是反革命事件；

制定了一些限制群眾革命行動的辦法，例如，有的地方不讓群眾上街遊行，不讓把大字報貼到馬路上去等等；

批發了一些中央局報送中央的關於無產階級文化大革命的報告和討論紀要等；

在北京許多學校進行了所謂"排除干擾"的鬥爭，在建築工業學院進行所謂"排除干擾"的鬥爭，就變成所謂"抓游魚"的鬥爭。當然我在表現完全不知道，在……所……有"捕游鱼这回事，由于这种斗争，就想在许多学校……顺手不发生了学生斗学生的现象，发生限制人身自由及其他……去，围攻了……派，压制了不同意见，甚至把一些学生……为反……的……派"假左派""捣乱者"这样就在一段时间转移了斗争的大……在不少学校造成了一种恐怖的……这种现象是反……的……环境的气氛。

　　凡工作组派到各学校一般……还是受到群众欢迎的，但是，很快就在群众中发生了分歧和不同意见。

　　其中有一些是……探究工作组人员或工作组某些成员的老帐，也有一些……的评论收……群众……这些负责人的意见……由于大多数工作组对于群众运动包办代替，……限制，这就必然引起……群众的不满和怀疑……即是其中有一些过激的言论，……敢于反……的革命言论，当然也有极少数……派……这本是一种……常情况，……没有……足够的时间让各种不同情况充分的发展或未充分的……项照，然后在这个关键时刻，由我主持的……报告……以就……增……作了……前所说的……错误的决定，在工作组撤走十多天之后……一直……工作组的决定，在工作组撤走……十多天中我……增加工作组犯错误的可能性和严重性，工作组的……人大多数是既不理解无产阶级文化大革命，又没有好好地向群众学习，一开始就……让已发动起来的大群众……按照我们在工作组主观设想的计划和步骤行动，……就……了革命的群……运动发展的规律，就发生了许多严重的事件，……在……这就……被动的资产阶级反动路线的立场上去了，实行资产阶级专政，将无产阶级轰轰烈烈的文化大革命打了下去，颠倒了是非，混淆了黑白，长了资产阶级的威风，灭了无产阶级的志气，即使在这种时候，我……是不……的……损报不利于党的事业的。这是一种右倾机会主义的路线错误的，时间虽然只有五十多天，但是这种错误所造成的影响很坏，流毒很大的这种后果，直到现在还没有完全肃清，有的地方甚至更加厉造成群众中严重的对立情绪。

　　我的这种错误是违背毛泽东思想的，也违背了1966年5月16日通知所……规定的关于无产阶级文化大革命的理论、路线、方针和政策。（待一而）

因毛主席不在北京，是在......党中央委......主持党中央日常工作的......就在去年八月五日以前还不理解老是在无产阶级文......革命中犯了路线错误......错误，所以我到建工学院几次讲话中，都没有......思想责任，没有......出来向建工学院全体师生做快地承认，在建工学院文化......革命初期所犯这种......重要应由我负责，以便减轻中央修其......新市委、建工......工业部工作组的责任。当时我只是笼统地说......我们学校犯了错误的......这个错误的责任也不能完全由工作组负......党中央和北京新市委也有责任......。

工作组在你们学校所犯的错误你们清......你们可以对全党......和新市委......你们也可以讨论，谁的错误谁负责。在......是主要责任也没有说明，当时的党中央是毛主席不在北京，因我主持日常工作的党中央。这样就模糊了当时所犯错误谁是应当负主要责任的。当时我的这种说法是不正确的。

我参加了你们八月一日的全校辩论大会，听了两种不同的意见的争辩，此外同学们还给我送条子，提出来这三种不同意见的看法。这些意见，固然包括些原则问题，方向性问题在内。但是我认为基本上还是人民内部的看法不同意见问题，应该经过正常的讨论分清是非，正确的坚持，错误的改正，以求得团结起来。因为无产阶级文化大革命要依靠革命的学生，革命的教师，革命的员工，这团结一切可以团结的人才能搞好学校的文化大革命。学校的文化大革命，应以学生为主来搞，我认为这种以团结的方式提出来，经过充分的讨论和辩论，分清是非，坚持真理，改正错误的立场上的团结，恰恰是当时所需要的，不能说这样的团结是......第一，当然这里我还得补充，我当时地说这个问题的时候，说的有些不够完全不够确切的地方。

经过去年八月二三和八月三日听取双方面意见的结果，又在八月四日听工作组领导同志的谈话，在我的印象，脑子中已逐渐形成了这样的印象，即"八一战斗团"的大方向是正确的，他们坚决地反对原来白院党委和工作组的错误领导的，他们的无产阶级革命造反精神是好的。而"革命团"连续也说院党委和工作组领导有缺点有错误，但他们由于受了蒙蔽基本上是保院党委和工作组。他们斗争矛头不是院党委和工作组，而是指向"八一战斗团"，他们斗争的大方向是不正确的。我的这种看法同北京市委的看法基本上是一致的，但是我没有来得及向建工学院的师生员工们宣传我的这种看法，只是八月四日找工作组谈话时，略微地透露这个意思，但也是很不全面的。

此外我在同各方面接触中还发现建工学院党团组织还是照旧人马地进行活动，既没有经过改造，也没有停止活动。因此党团组织的活动常常是维持旧秩序，反对革命造反精神和反对革命造反行动的。因此我曾建议改造党团组织，如果一时选不出来，就推选临时召集人，党团员一般不开秘密会，开会时要找一傍党团员参加，我这个建议的目的是想使当时文化大革命运动不致受原来党团组织的操纵，阻碍运动的发展。至于我这个建议是否在以后付之实行，在以后的实行过程中，是否......

67

……多数干部遭受打击，我就不知道了，如果因为我实行我主个建议而使建工学……多数干部更受打击的话，那就应该由我……负主要责任。

我在……谈话中还谈到以下一些问……

（一）……起来斗争我们还要……群造反，不要害怕，而要支持他们起来斗争……起来造反，……有坏人在……不要怕，因为绝大多数都是好人，都是拥护……中国共产党和社会主义的，拥护毛主……的。坏人，只是极少数，如果害怕坏人起来闹事……怕坏人起来造反……，那就犯了方向性的错误。但是我在解释这个问题的时候，话讲的太多了，只……过"不要怕坏人上台，坏人上台一个时候有好处。她完全不……调，才能打倒"……是完全错误的，应加以批评……

（二）在几次讲话中我都强调了要用结多数，要团结一切可以团结的人，而没有说明要以无产阶级革命派为核心，在大方向一致的前提下，去团结一切可以团结的人，去实现……的大联合和革命的……以无……产阶级革命派为核心，没有大方向一致的……根条件。革命的大联合和革命的三结合都是实现不了的，既实现了也是不能巩固的。

（三）在几次谈话中我都引用了马克思说过的话"无产阶级只有解放全人类才能最后解放他自己"在解放全人类色和……些什么人时首先……包括工人农民及其他劳动人民性知识分子，这是人类的绝大多数，但也包括那些还没有死亡的地富反坏右资……及已经处死者的家属子女，都要改造这些象剥削阶级的残余时讨的过多过快了。这就引起了人们有某种不倒翁之感，这也是错误的。

对于我在北京建筑工业学院所犯错误及其恶劣影响，请同志们放手揭发和批判。

对于我在文化大革命初期的错误指导思想，及其恶劣影响，请同志们放手揭发批判。

对于我的其它言论和行动凡不符合伟大的毛泽东思想的也请同志们放手揭发并给予予彻底的批判。

最后我对因受过以我为代表的错误路线压制和伤害了的革命师生员工赔礼道歉，在无产阶级文化大革命初期受错误路线蒙蔽而犯了不同程度错误的革命师员工和了大工作组员他们责任还小，主要责任在我，他们也是错误路线的受害者，我也向他们赔礼道歉！

希望同志们在对进行大揭发、大批判的过程中形成以无产阶级革命派为核心的革命的大联合和革命的"三结合"把北京建筑工业学院办成红彤彤的毛泽东思想大学校！

把无产阶级文化大革命进行到底！
无产阶级专政万岁！无产阶级革命造反精神万岁！
伟大的、光荣的、正确的中国共产党万岁！
伟大的战无不胜的毛泽东思想、万岁！
伟大的导师、伟大的领袖、伟大的统帅、伟大的舵手

毛主席万岁！万岁、万万岁！

刘志奇（签字）
1967.7.9.

最 高 指 示

帝国主义者和国内外反动派决不甘心于他们的失败，他们还要作最后的挣扎。在全国平定以后，他们也会以各种方式从事破坏和捣乱，他们将每日每时企图在中国复辟。这是必然的，毫无疑义的，我们务必不要松懈自己的警惕性。

# 阎达开破坏天津市文化大革命
# "大事记"

反革命修正主义分子阎达开是党内最大的走资本主义道路当权派刘少奇安插在河北省的代理人。他与刘子厚、林铁是一丘之貉。长期以来，他打着红旗反红旗，大反毛主席，吹捧刘少奇，胡说："光学习毛主席著作，打不出粮食来也不行。"恶毒地叫嚣："不能完全照毛主席指示办事，否则就会闹乱子！"六四年他竟敢当着毛主席面叛骗毛主席，包庇林铁，向他"刘少奇给江青的一封信"吹捧为"指路明灯"。文化大革命中，他坐镇天津直接控制高校，疯狂地镇压群众运动。"八二六"和轰动全国的"副矿人压活人"的万晓塘事件就是阎达开亲自写的。与筹以来，他亲自挂帅，通过其"门徒"写材料，亲深划策、纠集反复辟们的一些坏头头和某些毛政府主义思潮影响较大的群众组织，大肆破坏天津市革命的"三结合"和大联合，挑起了一系列的武斗事件。事实证明阎达开就是反复辟的后台，也就是河北省的王任重。这里我们公布阎达开在文化大革命中搞天津的部分活动状况，供革命的同志们参改。

一九六六年七月华北局会议期间，着重对天津文化大革命作了行署，认为"河北省文化大革命重点是天津，只要抓住天津稳住了，全省问题就不大。"决定阎达开坐镇天津，重点抓高校。

**八月八日** 阎达开到天津，蹲在天津大学。公开支持苏庄拉天大"三军"。

**八月十一日** 阎达开在大专院校反革重质疑表态度，抛出顽固反文化大革命对抗十六条的"黑三条"。把纲领性的"十六条"贬低为一项"政策"，胡说"三条"比"十六条"更适合天津情况，简单、好记。

**八月十五日** 阎达开伙同刘子厚、李颉伯的密令省委驻津工作人员贴出"刘信"杜延昆是的革命左派"的大字报，公开号召工农兵群众围攻此"低得一身剥"，欲把刘子厚拱上台"大字报的河大"八·一八"的革命师生，把革命师生打成"右派""假革命"。

**八月中旬** 阎达开伙同刘子厚李策划成立领导天津市文化大革命的七人小组。成员：刘子厚、阎达开、李颉伯、万晓塘、张淮三、赵武成、徐玉亭。

**八月廿六日** 中学红卫兵冲进市委大楼，这一革命行动被反革命修正主义分子万晓塘、赵武成吓得要死，急忙躺起来，阎达开得刘后非常生气，当即调集力、赵寿开紧急会议，批评亨毛"严重右倾，在关键时刻顶不上去。"强调亡和刘子厚的老道列宋当派调布以以孤敌包农民保护市委。

**八月底** 周达开与刘子厚、李颉伯等在天津包排右事、电播来信：赵树先一市长，提替胡明衡；蒋洪声一文教候卆书记卷三金牌，杜新波一市委财员书记，提原宗敏；谍绳性一市委宣传卩长，提白桦；李德仁一市委政治了主任，提毛本。

**九月一日至二日** 右、赵荮文革命偭正至义多与害帽红卫兵，不敢云来参加帮记。周达开揣示：必须参加辩诊会，"要诉示荮抱老学去荊围先发制人"并揣示赵欤成调市委于了抱占活苗及至廣马荊至要位置，揤制会势。

**九月十四日** 中央来电批评天津市委犯了方向路线错误，责致力晓塘公开揤查。方晓塘感到压力很大与周达开包谋私自将电播烧毁。

**九月十八日** 中学红卫兵已开为、赵桥查大层。会前周达开对各纽作了包排，录周市盟并揣示赵武成岀高稿上加上"市委是革命的，以为晓塘为逆的天津市委楸立了三反多子子人野心家胡明墋……

**九月十九日** 方晓塘叛党自杀，死前筲与周达开两次通託。死后周也录自去现坊。江枫同志在现坊捡到巨剡性包眼药瓶，交结周达开并要求请法医验尸，但周一口回绝。胡說：即使是把一瓶包眠药喝咇了，也只不过是致死量的二十分之一，不可能自杀。"方的斗告中的两个"一生""四个忠了"的帽子是周达开定的。庭渍三天开追悼会，向免向群众不成是周达开的主意。当肉到街上蟑涌的不歇的人值时，竟説三是对右派的支持，向右派的示威！"闻名全国的这次"北斗人天活人"的丑局是周达开搞的鬼。

**九月中旬** 书记处会议所免建五大专晚核保守过了，夹定由蒋洪声夹责大专院核造反总了，李院仁因责大专院校红卫兵总了，周达开层莫责。此时周达开大搞经洛教哭，亶説："他们(指红卫兵)要斗么就结什么，在庭为面多花点钱包得来"

**九月下旬** 周达开在天工挑动"八·一五"和毛泽东思想红卫兵安出武卆孟説："要棚信荮委，要依靠荮委，荮委的盖子基本上揭开了，现在看来屋了班子基本上是革命的。"

**十月中旬** 刘子厚、周达开、李颉伯等在北京开会、分析天津形势。认为依靠保守派保搞荮委即不得力，又很被动，因场决定改变策略，确定周达开去天津大学"八·一三"揤查，通过揤查，缓和矛盾的至础止，趎步达到使"八·一三"不反荮委，于是周达开于十月二十三日去"八·一三"作为一处揤查，国谋从政治上，趑将从支持、拉拢"八·一三"。

**十月五日** 周达开参加华北局会靫。会靫期间，周与李颉伯、刘子厚三人商晚处进一步揤制天津文化大革命。周説："天大"八·一三"虽然开始反了一个荮委，但搞材料不多，不激烈，可以依靠他们。"夹定："把天大"八·一三"和天工'八·二五"掌握在荮委手黑，任靠他们来围攻随反派。"周达开説："做好"八·一三"的工作更关键。把"八·一三"的工作作妤了，天津就好办了。"並决層：

（一）闫达开重申，天大"八·一三"做第二次檢查。

（二）闫达开接见"八·一三"驻京代表尹寓波与河大思想兵写联合批斗林铁问题。闫说："你们要斗林铁，省委有什么材料给你们什么材料。"

**十二月廿四日** 闫达开回津，召开天津煤炭管理局接待站接见"八·一三"，告诉杨长棱等五人说是谁去"八·一三"作检查问题。

接着，闫达开又单独召尹韶，与跃华、赵树光、徐纯性、杨轵波等人开会研究检查问题。闫说："我这次去八·一三检查，技术事情部不要干预。"为此做了分工，由赵树光等人员责起检查事故。并由徐纯性负责组成检查起草小组。

**一月五日至十日** 闫达开在天大八·一三做检查。从四日午闫到了天大八·一三当天下午天津级法公孜把汪棚同志绑架到天大进行非法审讯。闫先后几次接见天津企业造反总部"扒铁夜归队"。

一月九日下午去卫东参加会议。在卫东战斗中散部"公安局以汪棚为首起师案以万晓塘为首东派斗争很激烈，公安局纵容外人以来天大搞革命造反派"极力煽动学生把矛头对抗公安局。

**一月廿五日** 晚间，闫达开去华北局，与张郁英一起给河大"井冈山"解决调李平民问题，天大是天大徐纯性问题。几次接见未解决，商到二月八日晚来到河大"井冈山"，一直接到十八日为止。此期间闫还将杨轵波、关军并明调去井冈山活动，竟一月多。

**二月十四日** 张郁英到河大"井冈山"与闫密谈一夜。

**一月五日** 河大"井冈山"瓦解。闫达开供认："井冈山"的成立，他和张郁英一致同意。"之后，闫千方百计引见"井冈山"头头斗□峰、解学恭极力要把他们罢进大联合。阴谋未得逞，就挑动他们大反斗□峰、解学恭，胡明衡了。

**一月十一日** 闫达开与杜新波密谈一次。

**二月十六日** 河大"井冈山"根据闫达开闫意意炮制出"九点声明"闫觉得为脚己强，便于二月十八日东通了"井冈山"足了一小撮决策人，盗用解放军名义，让"井冈山"为把他送到家门握手告别。

**二月底更三月上旬** 在家中休养，曾与南大卫东"天大"八一三"连续座谈玖次，期有万晓塘的死的问题。

**四月十七日** 弱南大"卫东"事来，直到五月初，他们就河北学区回闫的名义将闫送回省委。在此期间，闫于四月十七日、四月十八日连续地亲面口供，把矛头指向李日□峰、解学恭、胡明衡甚草拿领导干部、草领造反组织，挑起了"4.23""4.24""4.27"大型武斗事件对抗中央首长对天津工作的指示。

天大"八一三"、南大"卫东"甚要严惩公开为"政法公社""120"反革命分子权翻案，其又次找原政法公社成员李清南说："政法公社"是革命的，'你'的案我们是翻定了"等等。

河大"井岗山"等与"八·一三""叉东"关系密切的组织提出，重新调查、力之死"、"重新评价方晓塘"瓜开为力翻羽案。

四月十五日 同大开写信给总理、伯达、康生。另次对张考习哗，公开对抗中央对天津的了解。

六月十七日 天工"八·二五"、河大"井岗山"基将闯接到天津住八·二五基到建南大"叉东"朋河大"井岗山。"

六月廿六日 同给天工"八·二五"写了两方妖言的材料，关于天津形势、河北省海跌跌线斗争）并写信给总理。

七月四日至十八日 同去开连续给天大"八·一三"河大"井岗山"分别写了两万多字的材料，其写信给三十八军党委让"井岗山"给转材料，成开为刘子厚、李悦民及他同己基反革偷修正主义分子翻案，以足利形式指挥天津"反复辟联络站"等级织破坏天津的革命三结合。

七月廿四日 又一次与河大"井岗山"亲切座谈。目前又在河大"井岗山"修改材料。

河北大学毛泽东思想八一八红卫兵

《六盘山》战斗队 1967.8.1

山鹰战团印 1967.8.10.

工代会延承运输场联合指挥了

宣传部翻印 1967.8 15

闫达开是河北省委书记、最高领导。河北大学是河北省委领导下的一所大学，学生批斗上级领导，正中深感难解：有苦人告我、毛泽东主说"老和尚打伞、无法无天！"。

# 惊心动魄的武汉事件

## ——7.20反革命叛亂記实

武汉 🔥 新华工 編写

重庆、文革武斗，双方都死
了很多人，其中有一些大学
生。至今重庆還保存死者
的陵园，供死者家属追
思。（死者的照片在本丛书
《巴蜀烽火 海河评说》中刊登。

天津市紅旗印刷厂《紅旗兵团》
天津市基建系統无产阶級革命造反总部
武漢紅司（新华工）赴津战斗队

1967.8.印于天津

讲查阅：
《巴蜀烽火》

67.9.天津
35

73

# 編 者 的 話

　　中国的赫鲁晓夫在武汉地区的代理人陈再道之流，策动了7.20反革命暴乱事件以后，激起了亿万革命群众的强烈反对。震惊全国的武汉事件成了人們密切关注和議論的中心。

　　林彪付統帅指出："武汉問題是全国性的大問題，从前我正想沒題目作文章，現在要大作文章，把坏事变成好事………。"我們新华工的几名战士因公赴津，看到天津的革命群众迫切想了解武汉事件和陈再道的滔天罪行，便前往天津駐軍支左联絡站，希望他們协助解决印刷有关材料的問題。我們滿以为口口声声喊"打倒陈再道"、"坚决支持武汉革命造反派"的支"左"联絡站一定会名符其实地支左，印几本材料的問題一定可以解决。但事与愿违，天津支"左"的大人物們把我們拒之門外，支"左"人員耍尽花招，多方推脱，肆意刁难，一口拒絕我們正当的革命要求，声称"天津不能解决印刷这些材料的問題！"在全国造紙印刷堪称第一的天津居然无能力印刷区区两份材料，已是咄咄怪事，更令人气憤的是，八月十三日在堂堂的支左联絡站院內，竟发生一伙暴徒无故殴打我新华工战士的严重政治事件，是可忍，孰不可忍！

　　山連水水連山，全国革命派是一家。我們牢記毛主席的教导："到群众中去"，"走群众路线"。当天津基建系統无产阶級革命造反总部和天津市紅旗印刷厂《紅旗兵团》的造反派战友知道我們的情况后，给了我們最大的支持，无私的援助，他們克服了经費、紙张、人力等方面的重重困难，使这份关于武汉事件的詳細材料与广大革命群众見面了，这是对那些与陈再道同病相憐、极端害怕向广大革命群众揭露陈再道罪行的傢伙們当头棒喝，沉重打击。在此，我們特向天津基建系統无产阶級革命造反总部和天津市紅旗印刷厂《紅旗兵团》的战友們致以衷心的感謝和敬礼！

武汉红司（新华工）赴津战斗队

67.8.20. 于津

# 最 高 指 示

混进党里、政府里、军队里和各种文化界的资产阶级代表人物，是一批反革命的修正主义分子，一旦时机成熟，他们就会要夺取政权，由无产阶级专政变为资产阶级专政。这些人物，有些已被我们识破了，有些则还没有被识破，有些正在受到我们信用，被培养成为我们的接班人，例如赫鲁晓夫那样的人物，他们现正睡在我们的身旁，各级党委必须充分注意这一点！

"搬起石头打自己的脚"，这是中国人形容某些蠢人的行为的一句俗话。各国反动派也就是这样的一批蠢人。他们对于革命人民所作的种种迫害，归根结底，只能促进人民的更广泛更剧烈的革命。

※　　　　※　　　　※　　　　※

武汉事件，对全国革命群众，是一次最生动的阶级斗争的教育，是最深刻的无产阶级和资产阶级的两条路线的教育，它将广泛地动员全国人民的革命积极性，把这一场史无前例的无产阶级文化大革命进行到底。

——摘自《中共中央国务院中央军委中央文化革命小組給武汉市革命群众和广大指战员的一封信》

# 目　　录

一、 文化大革命洪流滚滚胜利向前进

　　党内走资派垂死挣扎黑手向中原 …………………………………………（1）

二、 陈大麻子扶植老保疯狂镇压造反派

　　革命小将力挽狂澜不畏强暴反逆流 ……………………………………（2）

三、 鬼使神差陈钟阴谋搞政变

　　妖言惑众山雨欲来風满楼 ………………………………………………（5）

四、 坚持原则王力同志陈述大义

　　狗急跳墙陈钟之流原形毕露 ……………………………………………（7）

五、 刮逆風发疯狂百匪叛军搞暴乱

　　顶恶浪捍真理谢王首长遭毒打 …………………………………………（8）

六、 狗胆包天叛匪矛头直指中央

　　鬼哭狼嚎白色恐怖笼罩武汉 ……………………………………………（10）

七、 中央首长大义凛然魔窟斥叛匪

　　革命小将机智勇敢虎穴探亲人 …………………………………………（12）

八、 英雄子弟兵赤胆忠心救首长

　　叛匪围困急首长黑夜上洪山 ……………………………………………（14）

九、 立奇功七连战士耿耿丹心永向党

　　施巧计飞车突围亲人胜利回北京 ………………………………………（16）

十、 黑指挥部炮打中央罪恶累累

　　陈钟之流幕后操纵劫数难逃 ……………………………………………（18）

十一、 新华工森严壁垒迎風暴

　　解放区巍然不动立江城 …………………………………………………（20）

十二、 叛匪血洗新湖大

　　英雄业迹泣鬼神 …………………………………………………………（22）

十三、 天网恢恢叛匪赴京自投罗网

　　千里迢迢京汉战友并肩战斗 ……………………………………………（24）

十四、 霹雳一声万里东風传喜讯

　　同仇敌忾举国上下讨逆陈 ………………………………………………（25）

十五、 狐群狗党狼狈为奸由来已久心不死

　　千仇万恨凝聚心头群起痛打落水狗 ……………………………………（27）

　　附件1． 我所目睹的“七·二〇”叛变事件 ……………………………（29）

　　　2． 深入虎穴探亲人 …………………………………………………（31）

　　　3． 特急呼吁 ……………………………………………………………（33）

　　　4． 关于积极响应八二〇一部队“特急呼吁”的严正声明 …………（34）

　　　5． 特急警报 ……………………………………………………………（35）

# 文化大革命洪流滚滚胜利向前进
# 党内走資派垂死掙扎黑手向中原

在咆哮奔騰的揚子江边，巍然屹立着一座富有光荣革命传統的英雄城市——武汉。她是位于我国中峯地带的战略要地，历代兵家必争的軍事要鎮，也是我国九省通衢的重要交通枢紐和中原地区的政治经济文化中心。在伟大的中国革命的艰苦卓絕的历程中，英雄的武汉城記下了多少革命闖将的光辉事蹟。今天，她又用革命烈士的鲜血写下了自己新的燦烂輝煌的历史。就在这里，公元1967年7月20日，陈再道之流策动了震惊全国的反革命叛乱。但是，历史的車輪决不会倒轉，革命永远向前进，滚滚东流的揚子江就是历史的見証！

揚子江波涛汹涌，势不可挡，咆哮着、奔騰着，永不休止地奔向东方，她象征着武汉人民不屈不挠坚靱不拔的革命英雄形象；她标誌着武汉人民永远忠于伟大統帅毛主席，紅心永向毛澤东；她警告那些妄圖阻挡历史潮流的小丑：一切反动派，都必然被人民革命的怒潮所淹沒！

历史在前进！革命在前进！象滚滚东流的長江。

震撼世界的无产阶级文化大革命朝縱深发展，正是鑽进党里政府里"走資派"遭到灭顶之災的时刻，軍队里的一小撮反革命修正主义分子免不了兔死狐悲，便迫不及待地跳了出来！他們那里知道我們伟大統帅毛主席的战略部署，张开的天罗地網要将他們一網打尽！

在祖国中心武汉的四周，不平常的事件一椿椿发生…………

河南：在軍区何运洪的指使下，公安公社中的一小撮坏人蒙蔽群众曾猖獗一时！在专政机构內走資派的支持下，敌人动用棍棒、長矛、大刀、槍弹向革命造反派疯狂进攻，大肆屠杀，首先被他們打成反革命組織繼而遭到杀戮的二·七公社被迫四处疏散。在社会主义的中国，无产阶级革命派受到党中央的最坚决的支持，为什么在河南革命派竟无安身之处？

四川：李廖死党黑手伸进产业軍，坚持资产阶級反动路线的頑固分子对革命派恨之入骨，一场又一场的血案在四川发生，槍！产匪开了槍！多少党和毛主席的忠誠战士倒在血泊中！

江西：南昌机槍响了！江西的造反派经历了一场残酷的抗暴斗争。为了捍卫毛主席的革命路线，革命造反派挺身而出，英勇献身。

安徽：安徽传来告急書！蕪湖告急，安庆告急，沿途工厂烟囱无烟！武斗在安徽劇演！

湖南：党內軍內一小撮坏蛋操縱他們的御用工具，用现代化武器向革命造反派开火了，以長沙工联、湘江風雷为代表的无产阶级革命派在英勇奋斗！

武汉四周，战火熊熊，硝烟滚滚…………

武斗？这难道是一般的武斗？不！不！这是刘邓及其爪牙灭亡前的垂死掙扎——反革命暴乱，这是一场躲不开避不了的两个阶级，两条路线的大搏斗！

武汉自古乃兵家必争之地，南北銜接之天塹，必是党內軍內一小撮反革命修正主义分子

77

与我們爭夺的要地，四周之烽火莫不就意在江城?!

正是! 盤踞在武汉的土皇帝王任重、陈再道反革命集团挑起震惊全国的武汉事件就是反革命政变的核心。反动派总是錯誤地过高地估計自己的力量，过低估計人民的力量，刘少奇在革命群众对他大批判的时刻，以認罪为名进行新反扑，王任重在第七次挨斗时竟有恃无恐地点头微笑，陈再道之流处处与中央对抗，中央要陈、鐘与刘建勛研究河南領导班子，他們根本不听，要研究湖北省委班子，他們不管。对毛主席亲自批轉的內蒙、四川、广州、山东、安徽等地問題的文件公开抵制，竟然說："他們有他們的情况，我們沒有什么了不起的錯誤，不怕。"他們张开血口，歇斯底里地嗷叫："武汉是我們的!"于是資本主义反革命复辟在武汉泛滥，血腥屠杀在武汉連連升级!

武汉是人民的武汉! 革命造反派，千百万群众誓死用鮮血和生命来保卫党中央，保卫毛主席，保卫林付主席，保卫中央文革，在江城六、七月白色恐怖的濃云密雨中，一曲反击逆流，抗暴自卫的壮歌，在武汉凌空交响，历史再一次宣布光焰无际的毛澤东思想必胜! 毛主席的革命路线必胜! 用毛澤东思想武裝起来的革命人民必胜! 党內军內一小撮走資派、一切与人民为敌的反动派都只不过是貌似强大的紙老虎，終究逃脱不了彻底灭亡的命运。

## 二、陈大麻子扶植老保疯狂鎮压造反派
## 革命小将力挽狂瀾不畏强暴反逆流

今年二月，陈再道之流利用部队支左的机会，打着支左的旗号，伙同湖北省党内最大的走資本主义道路的当权派王任重，对革命造反派大打出手，妄想把革命造反派全部吃掉。三月二十一日，武汉部队通告解散武汉市最大的工人組織《工人总部》，将其打成反革命，武汉二司也遭到極其严重的打击。所有的革命造反派組織都被安上"莫須有"的罪名，被解散了! 靠边站了! 相反，军內走資派却以"抓革命，促生产"为名，把省市委內走資本主义道路的当权派，叛徒及与资产阶级反动路线还未划清界限的人，拉进"三凑合"班子，对保守組織拼命扶植，已完全垮台的保守組織又死灰复燃，另树旗帜，在短短的一个月內，武汉上空被搞得烏云滚滚，黑雾重重!

是坐在学校里享受"革命左派"的空头名誉，而任凭陈再道暗地拆台、軟刀子杀人呢? 还是将无产阶级文化大革命进行到底? 起来，起来! 无限忠于毛主席革命路线的新华工人首先奋起反击逆流，冒着漫駡，汚蔑，挨打的危险向着資本主义复辟逆流发动了强大的政治攻势，和我們的亲密战友新湖大、新华农並肩作战，和含着激动热泪的二司广大战友共同战斗，杀向社会! 重新点起了工矿企业文化大革命的烈火。

反逆流的第一天，我們就清醒的估計到，这场战斗是十分艰难的，十分残酷的。

因为我們站在毛主席的革命路线上，站在广大人民群众的立场上; 因为我們掌握了眞理，千百万革命群众支持我們; 因为事实俱在不容抵賴，王、陈之流费尽九牛二虎之力掀起的資本主义复辟被我們揭露无遗。想当初，武汉三鎮舖天盖地是我們的大字报，街头巷尾，全是我們的大标语，全是我們的宣传队，却不见"紅武兵"、"三字兵"一字一語! 垮了! 王、陈之流在政治上垮了!

圖穷匕首現。王陈之流的笔杆子不行了，就动起刀把子，槍杆子来了!

"从馬克思主义关于国家学說观点看来，軍队是国家的主要成份，誰要想夺取並想保持它，誰就应有强大的軍队。"

由公安部队轉成正規軍的８２０１部队原屬湖北軍区管轄。其政委蔡炳臣一貫狂妄自大野心勃勃,嫌地委低小,不把小軍区放在眼里而直接与武汉軍区陈、鐘联系,臭味相投。陈、鐘看中了８２０１,看中了蔡炳臣。于是８２０１脱离湖北軍区成为独立师。在陈、鐘的精心扶植下,８２０１从上到下安插陈、鐘的亲信,严密地控制了８２０１。在无产阶级文化大革命中,８２０１是支保的典型, "吃左"的先鋒,据軍区有关干部揭露,甚至营级干部便衣上街,毆打革命造反派,陈、鐘政变前夕,将８２０１,师级干部派出控制省市要害部門,阴謀政变成功就以８２０１作为"三結合"核心。

光有軍队没有群众还不行,且８２０１力量尚弱,于是,包括"紅武兵"、"三字兵"、"大专兵"等在內的一切保守组织凑合在一起,成立了《百万雄师》。作为王、陈之流反革命政变反革命"三結合"的主体。反革命的阶级陣线形成了。接着陈再道之流的５、２１講話,５、２１文件,５、２１公开信,六四公告等相繼出籠,則为《百万雄师》大屠杀搖旗呐喊,擂鼓助威,提供理論武器。

欲加之罪,何患无詞!为了屠杀革命造反派公开化,合法化,为了挑拨造反派与解放軍的血肉关系,什么三新、二司"数次冲軍区"、"打死解放軍"、"打伤付司令員"、"攻击解放軍"、"妄圖夺軍权",什么"挂国民党旗"、"挂刘少奇的相"、"备有槍枝"等等,无奇不有。謠言滿江城。

一切准备就緒,大屠杀开始了!

《百万雄师》使用木棒、鋤把、鉄錘、長矛、毒气, "六六六"粉、硫酸、燃烧弹、汽油弹、水龙、噴火器、消防车、裝甲車等,甚至正規武器步槍、冲鋒槍、輕重机槍,手槍。从原始武器到现代化武器,向革命造反派杀过来!武汉的六月和七月是革命造反派用血写的六月和七月啊!

从四·二九武棉血案到六·三〇围攻新湖大,在两个月的时间內发生大型武斗137起,牺牲的我革命造反派战士有名可查的有百余名,生死不明者无法统计。光天化日之下,抓人、打人、杀人已成常事,工人有厂不能归,有家不能回,学生上街贴大字报大标語已成非法,随时都有被抓,坐牢和杀头的可能。交通停頓,商店关門,工厂停工,仅工业产值就减少約五亿六千万元。

但是鲜血淹沒不了武汉的革命造反派,我們掩埋好同伴的尸首,擦干净身上的血迹繼續战斗,为了党中央,为了毛主席,为了文化大革命的徹底胜利血战到底!

陈、王集团要跳墙了!

請看!湖北全省除浠水,广济等六个县外其他都为陈再道通过人武部成立《百万雄师》予以控制,各专县早就开始軍事部署了,佔据交通要道,荆州、荆江、当阳和宜昌等地,王陈集团阴謀政变蓄謀已久,所謂农村包围城市。这些与人民为敌和党中央頑抗到底的反革命分子連退路都攷虑到了,准备不能得手就退到湖北四川交界处打游击。《百万雄师》在政变当日(七月二十日)致电产业軍声称: "我們願同你們共同战斗!"便是鉄证。

請看,四川頑固对抗中央的产业軍数千人聚集武汉。

东西湖运进５３万吨粮食, ３０万斤罐头, 2000床蚊帐, 20万件雨衣,大量特効急救藥……。

8201部队每人十颗手榴弹，一个月粮食已开提货单！

七月十日軍区大肆修筑工事，布电綱。

七月十五日軍区准备在軍区大院修建直升飞机场，供陈再道兵变用，因中央首長来了，未能得逞。

滿载全付武裝战士的卡車連綿不断，花园口来兵，荆州来兵，《百万雄师》在集聚……《百万雄师》和一小撮反动軍人狂叫七月十五日見分晓，武汉就要爆炸了！

平地一声惊雷！七月十四日，毛主席派謝副总理，王力同志来武汉，陈鐘之流吓得面如土色，作困兽苦挣，还是繳械投降？陈再道贼心不死，想到他的爪牙及《百万雄师》，想到精心策划的反革命政变，他錯誤地估計自己，認为政变还有一点希望，他象希特勒狂人一样于七月十九日打电話給他老婆，狂妄叫喊："現在形势大好，請你放心。"

十五日，又是不平凡的一天，这又是浸染革命造反派鲜血的一天。

党中央毛主席派来亲人謝总理，王力同志，武汉革命造反派欢喜若狂。同时从北京传来刘少奇猖狂反扑的消息，武汉革命造反派义愤填膺。怀着对党中央毛主席的无限热爱，怀着对党内走資本主义道路当权派的无比仇恨，冒着盛夏烈日，举行声势浩大的游行。

毛主席派来的亲人，受到我們革命造反派的热烈欢迎；刘少奇的反扑遭到我們革命造反派的迎头痛击，陈再道之流及其忠实走狗《百万雄师》怕得要死，恨之入骨。

雄糾糾气昂昂造反派队伍从武昌长途行进到达汉口，一路上歌声响亮，口号震天。但是百匪早就埋伏好了，他們要对我們下毒手了！

就在武聖路百匪据点电車公司門口，展开了一场白刃战。

我們为毛主席的革命路线浴血奋战，《百匪》为党内，軍内走資派卖命。

敌人是極其残忍的，我們步行几十里，又只吃早餐，精疲力尽，带武器的战士又少，在力量对比悬殊的情况下，手执武器的新华工人用身体掩护其他組织同志撤退。

……

新华工！新华工！山也低头，水也緩流，为了捍卫毛主席的革命路线，多少战士消瘦了，多少战士鲜血洒在江城上……，十五日，一九六七年七月十五日，同志，請永远也别忘記这一天！我們新华工的六名战士，新一冶的数名战士流尽了最后一滴血！这就是我們的战友，响嗬嗬的革命造反派啊！

烈士的眼睜着！他們是多么想見見我們的伟大領袖毛主席，他們怎么顾离开亲如手足的战友，怎么顾离开浴血奋战的武汉，还有武汉停工的工厂，受难的人民……

安息吧！不朽的烈士，你們的死重于泰山！

烈士的血清楚地严肃地告訴我們：在中央首長抵武汉的日子，还发生了如此惨案，这說明陈再道之流及其忠实走狗《百万雄雄》要……

# 三、鬼使神差陈鐘阴謀搞政变
# 妖言惑众山雨欲来风满楼

毛主席教导我們："凡是要推翻一个政权，总要先造成輿論，总要先作意識形态方面的工作。革命的阶级是这样，反革命的阶级也是这样。"七月十四日謝付总理、王力同志等中央首長来武汉之后，坚决支持武汉地区无产阶级革命派。給陈再道之流和《百万雄师》中的一小撮坏蛋以致命的打击，于是他們在陈再道之流的指使下，使出了种种卑劣手段，造謠言、放暗箭、顚倒是非、混淆黑白、无所不用其極。刹那間武汉三鎭流言蜚語滿天飞。眞是山雨欲来風滿楼，預示着一场反革命暴乱即将在武汉发生。

他們首先封鎖了中央首長来汉消息，七月十五日，部队中某处長对省貧协主席饒兴礼說："中央首長来，那是造謠的。"另一方面又繼續玩弄阴謀，伪造中央通知，說中央首長来汉的事，工人总部不通知，妄圖为其繼續鎭压工人总部制造合法的輿論准备。

《百万雄师》市印刷公司及江汉分站等分别于七月十五日及七月十七日鉛印了伪造的所謂《中国人民解放軍赴汉調查联合总部》、《专扫牛鬼蛇神战斗队》、《专揪孟夫唐之流战斗兵团》等三十三个单位七月十三日的《对武汉地区无产阶级文化大革命的严正声明》，在此声明中大肆污蔑造反派。"煽阴風，点鬼火，玩弄种种阴謀詭计，离間军民关系，制造分裂，挑起武斗，冲击军事机关和军管单位，綁架殴打武汉部队負責人，对我解放军制造政治陷害事件。任意打死打伤我军指战員、革命群众和紅卫兵小将，破坏国家財产。"重申什么"武汉部队"三支""两军"工作的大方向是完全正确的。胡說什么《百万雄师》是武汉地区无产阶级革命派的主力军，是坚强的左派组织。

七月十八日，陈再道之流最后地撕下了他那"支持三新二司"的假面具。公开宣称支持《百万雄师》，与中央首長唱对台戏，給省"抓办"下令，供給《百万雄师》"四大"用紙和活动经費，公开地与《百万雄师》站在一起了。

在七月十九日上午，空军支左办公室对《百万雄师》所屬《革工三司》头头的講話更是極尽造謠污蔑之能事，恶毒地攻击党中央毛主席和中央文革，說什么，"最近有个别人給中央写了个报告，其中有这么两条：①河南军区支左錯了。②《二、七公社》是造反派、是左派。遞交主席看后，将这两条划掉了。""河南文化革命以前由中央直接管，現在中央把全权交給了武汉军区，因为武汉军区政策水平高，中央信得过，运动以来沒有开槍打死过人。"

講話中大肆污蔑各地造反派，說什么"造反派要炸錢塘江大桥，守卫大桥的連長去作思想工作被他們用長茅刺死了，战士們被迫开了槍，打死了一百多人，造成流血事件，关于这一事件的指示送交中央，毛主席看后批示："开槍及时，死人过多。"大肆为其反革命军事政变，槍杀造反派作輿論准备。

講話中还大肆散布对中央文革的怀疑，煽动人們去反对中央文革，反对中央指示，为炮打无产阶级司令部，实行反革命暴乱作輿論准备。还說什么"关于成都事件，中央作出决定以后，部队不通，其中有八个战士徒步上北京，要将所带的材料交給毛主席，对中央文革表示不信任"。

七月十九日下午，省司召开的各兵团头头会议上，**传达了**一个没有署名、没有地点、没有时間的神秘报告，明眼人一看就知道这肯定是軍区中某头头的报告。就在这个报告中大肆煽动保守派的情緒，說什么造反派冲击宾館二十多次，大字报贴到八二〇一战士的身上，写着要解放軍不要痲子兵，市公检法軍管会主任被游街。"这个报告大肆为陈再道塗脂抹粉，說什么"陈再道不能打倒，元月份有一个文件，中央軍委批示，中央信得过陈再道，这次中央首長来也是相信陈再道的。現在陈的三反言論只有547个字，說陈一本毛选也沒有，这不对，中央每年要发一套。"極力为陈再道推脱責任。說什么"罗搞比武，陈不在武汉，学毛著陈还经常得到表揚，陈的生活問題是武汉部队一人搞的，这个人已被抓起来了。"还胡說什么工总的案翻不翻与《二七公社》不同，《二七公社》保刘建助保对了，工总保王任重，张体学。如此等等，不一而足。

更为恶毒的是他們公开攻击我們最紅最紅的紅太阳毛主席，造謠說什么《百万雄师》是毛主席的四大发明之一，說什么毛主席看了《百万熊师》材料之后，批了七个字"好！大！純！要爱护它！"武汉軍区付司令員孔庆德的爱人到处宣揚这是眞的。

陈再道之流还使用了种种卑劣手段，制造流言蜚语，說什么謝付总理与王力有分歧，謝付总理支持軍区，王力支持小将。說什么謝付总理余立金不同意王力的意見，当天就回去了，等等。以此在中央首長中无中生有地制造分裂。

他們制造了种种所謂謝付总理支持他們的謠言。

七月十七日軍区礼堂会議上传达了所謂謝付总理在軍区負責人会上的四点指示："《工总》不能翻案，战斗队員要教育。《百万雄师》不能解散，要帮助。打倒陈再道是錯誤的，不能喊打倒武老潭。三新二司是犯了严重政治錯誤的造反組織。"与此同时，他們又恶毒地攻击汚蔑王力同志，說什么"王力硬逼着軍区負責人写检討，两个小时要写出来，稿写成后由王力审查批改，沒有经謝付总理看。"还汚蔑王力同志不作思想工作，强迫陈再道签字。說什么"王力說打伤解放軍是爱护解放軍，打、砸、搶是小节。"甚至說什么"王力参与了泡制二月黑提綱"，"是彭眞五人小組成員之一"，"王力的爱人是新华工的付教授，紅司的第四号头头。""儿子是新湖大紅八月总部的头头。"等等，荒謬絕論，无奇不有。

从以上情况再联系到《百万雄师》中一小撮混蛋在十九日提出"打倒王力，炮轟謝富治！"而在二十日剣只提"打倒王力！"而不提炮轟謝付总理的事实，就不难看出他們的卑劣目的就是妄圖分裂中央文革和全軍文革，而在群众中制造出所謂"全軍文革是支持陈再道"的这一假象，以蒙蔽群众，其手段是何其毒辣，何其卑鄙也！

就連那一貫在表面上以"折中，公允，調和，不偏不倚"，而实际上充当陈再道"文打手"的康老三（武汉三司）也按奈不住跳出来"造反"，他們耀武揚威地以司令部的名义发表了一个什么"造反公告"，造王力同志的反，胡說什么"王力的所謂四点指示是不符合毛澤东思想的，是严重脱离武汉現实的，是不調查研究的官僚主义的产物，是湖北三千二百万人民通不过的。"甚至狂妄地叫嚣什么"既然王力同志对武汉問題已作定論，在王力同志沒有收回四点指示之前，我紅三司概不参加王力同志召开的解决武汉問題的一切会議。"眞是狗胆包天。把"策略派"的遮羞布抛到九霄云外去了。

陈再道之流所造的謠言，眞是千奇百怪，无所不有，然而其最根本的目的，不过是借以毛主席为首的党中央及中央軍委、中央文革在人民群众心目中的崇高威信，大肆造謠、为其反革命暴乱制造"合法"的輿論准备。在经过一陣反革命輿論准备之后，一场蓄謀已久的有組織、有計划的反革命暴乱就在武汉发生了。

# 四、坚持原則王力同志陈述大义
## 狗急跳墙陈鐘之流原形毕露

十九日下午，謝付总理、王力同志召集了軍区高級干部会議。

会上，王力同志作了三个多小时的講話。他从57年的反右斗爭一直講到今天的文化大革命；从苏联变色的惨痛敎訓談到反修防修的根本措施。他以大量的生动的事例闡明了什么是毛主席的革命路线，从而严肃認眞地指出了武汉軍区支左工作中犯了方向路线錯誤。他轉达了中央文革小組对武汉文化革命問題的一些决定，談到了必須为工总翻案，三鋼、三新、三联是革命組織，指出了今后努力的方向。

王力同志反复强调，犯了方向路线錯誤甚至严重錯誤的同志，只要改正錯誤，回到毛主席的革命路线上来，党和人民是热情地欢迎他的。

許多同志很快地認識到錯誤，激动地站起来表示：一定不辜負党和人民的期望、坚持眞理，修正錯誤，为捍卫毛主席的革命路线奋斗到底。

陈再道怒气冲冲地站起来，以极大地抵触情緒迫不得已地承認了武汉軍区犯了方向路线的錯誤，簡单地冲了两句就一屁股坐了下来。

会上，8201的牛怀龙（师長）和蔡炳臣（政委）态度极其恶劣。他們时而发出冷笑怒目横視中央首長，时而又按捺不住內心的空虚，头上冷汗泉冒。

这个姓蔡的写了一张恶毒攻击王力的条子，遞到了王力同志手上，王力同志輕輕地把条子放到一边。

他們粗暴地破坏中央首長对会議的安排，站起来发言攻击眞正的革命左派，被王力同志制止。

他們脑羞成怒，竟不顾这是毛主席派来的中央首長主持的会議，公然中途退出会場。明目张胆地对抗中央，对抗毛主席。

一场反革命的叛乱事件就从这里正式开始了。

牛怀龙、蔡炳臣退出会場以后，与陈再道商量了些什么，两小时以后就回到了8201师部，他們一回来就立即召开了全体軍人大会，蔡炳臣添油加醋"慷慨激昂"地揮舞着拳头向大家喊着："对不起大家！我們都支保了！我們是支保急先鋒！"

"轟"的一声，下面頓时乱起来。

"沒有想到，那些专搞打、砸、搶的倒是眞正的造反派！"蔡炳臣火上加油，进一步煽动战士的情緒。

经姓蔡的这么一煽动，下面就更乱了，七咀八舌地吼叫起来：

"他媽的，打砸搶的是造反派，老子也去打砸搶去！"

"老子当兵二十几年，流血流汗，结果落得个支保！"

"他媽的，黑工总翻了案老子不干了！"一个败类狂叫着。"喇啦"一声，将鲜紅的紅領章撕了下来。

"三新二司打死打伤了我們的解放軍，把大字报貼在我們８２０１战士的背上，說解散麻子兵……"一个中年人躲在背后煽阴風並无中生有造謠誣蔑。

"小小王力算老几，老子今天要揪你。我們也要造反啦！"

"打倒王力！"

反革命叛乱的急先鋒——牛怀龙把桌子猛的一拍，手一揮，狂叫："拼了！"他命令打开了弹藥庫，子弹一箱一箱地抬了出来。

蔡炳臣收拾了一下东西，与牛怀龙交头結耳，嘀咕了一陣，就到"百万雄师"、公检法部門去策划有关反革命叛乱的事情去了。

※ ※ ※ ※

英雄的江城，面临着一场更严峻的考驗！

連夜８２０１的几个叛乱头头立刻起草了一个《特急呼吁》，盗用了中国人民解放軍８２０１部队全体指战员的名义，作了一个反革命的总动员。

"特急呼吁"公开声称《百万雄师》是眞正的不折不扣的浩浩蕩蕩的硬梆梆的响噹噹的革命左派组织……，他们是制止武斗的打击牛鬼蛇神的英雄"表示坚决和《百万雄师》团結在一起，战斗在一起，胜利在一起，誰敢动他們一根毫毛，我們将毫不留情地杀他个片甲不留"。"特急呼吁"还重申"坚决踏平工总为民除害，三新二司的大方向錯了。"要大家立卽行动起来粉碎这股逆流，呼吁書並濫用"槍杆子里面出政权"的最高指示，宣告了他們将用武裝暴乱来对抗中央的正确指示。

反革命的兵变宣言書一出，馬上就得到了《百万雄师》的广泛响应。《百万雄师》的报社联合印刷厂开动了輪轉机大量印刷散发，于七月二十号下午就貼遍了武汉三鎮。

反革命的兵变宣言書一出，《百万雄师》紅武兵武汉地区革命造反司令部当天就发表了一个关于积极响应８２０１"特急呼吁"的严正声明，其中吹捧８２０１的兵变宣言書"不畏强暴""不畏权威""坚决和他們团結在一起，战斗在一起、胜利在一起。誰敢污蔑他們，损失他們半根毫毛，我們就叫他有来无回。"

一唱一和，一呼一应，两个反革命兵变的宣言组织起了对抗中央的反革命阶级队伍，震惊全国的，矛头直接指向党中央，指向毛主席，指向中央文革的反革命武裝暴乱正式拉开了罪恶的序幕。

# 五、刮逆风发疯狂百匪叛軍搞暴乱

## 頂恶浪捍眞理謝王首长遭毒打

与８２０１一小撮败类配合行动的百万雄师，纷纷調到了８２０１营地，这时，一个叛乱分子高叫着："百万雄师的战友們，还等什么！造反去啊！"在他們的唆使下，許多人扛机槍的扛机槍，上刺刀的上刺刀，咒駡着、簇拥着全付武裝地冲向軍区。

东湖一带的《百万雄师》，以看戏为名，紧急集合了起来，随时准备出动。

百万雄师的人員在緊急地調动，几百輛滿載全付武裝的百万雄师陆續地开来，包围了軍区和洪山宾館，封鎖了各个路口。

十几輛消防車开来了；

救护車到了；

軍区的大門，例外地由全付武裝的百万雄师把守着；

軍区的大門口已架好了裝上子弹的机槍；

一张写有"专揪王力火线指揮部"的紙牌，贴在軍区对面鉄路分局大楼的墙上；

宣传車在指揮着叛乱的人群……

一场有組织、有計划、蓄謀已久的反革命叛乱开始了，此时是十九日晚十一点左右。

然而，謝副总理，王力同志在开完会后，約晚上九时許已离开軍区，往东湖客舍去了，暴徒們扑了个空。

匪徒們当然是不会甘心的，8201的叛徒，早把王力同志的住址告訴了三反分子，东湖地区走資本主义道路的当权派楊××、百万雄师园艺軍东湖分部头头雷荣华、东湖武裝部部長以及前国民党匪兵連長独眼龙……，这一套反革命三凑合机构，策划了綁架王力同志的罪恶阴謀。

深夜零点，一卡車打冲鋒的百万雄师暴徒，一下子就冲进了謝付总理，王力同志的住地东湖客舍百花村乙舍。担任警卫謝付总理、王力同志安全的一个連，就是他們事先安排好的8201的叛軍！

"把王力揪出来！"

"謝富治滚出来回答問題！"

"把他們揪到軍区去！"

一片噪叫声包围了东湖客舍，謝付总理、王力同志毫不畏惧，把門一开，挺身而出，厉声問道：

"你們要干什么?!我就是謝富治，有什么問題下午接見你們的代表，我們不去軍区。"

王力同志沉着地說："我就是王力，你們有什么事情？"

中央首長沉着冷靜，从容不迫地挺立在暴徒們面前，暴徒吓呆了。王力同志严肃地說："沒有什么事情，出去！"

"出去？我不出去！"一个百万雄师一屁股赖在床上，不肯走了。

"你为什么要給牛鬼蛇神翻案？"

"我們百万雄师是真正的革命左派。"

"三新二司的大方向就是錯了，你为什么一来就在他們那里鬼混！"

"你眼里究竟有沒有我們？你說，百万雄师是什么組织？"

围攻开始了。謝富治、王力同志向人們作了耐心的解釋，轉达了党中央，毛主席对武汉問題的关注，部分百万雄师成員开始动搖起来。

但是，外面进来的人越来越多，局势越来越紧张，全付武裝的人佈滿在中央首長的周围，情况逐步地在恶化……。

陈再道来了，謝副总理强烈要求他对这严重的局势負責，陈大麻子滿脸的横肉也遮不住他的獰笑，他辛灾乐祸地說：这个問題要看你們中央的本事囉！我有什么办法呢！"

謝付总理向陈再道提出了严重的警告，大麻子笑了两声，毫不在意，使了个眼色，８２０１就把陈再道給架走了。

八一九九部队的张政委，滕科长領了一批人赶来了，他們作了許多耐心的說服工作，劝說着围攻的人群……。

忽然，外面乱了起来，８２０１和公检法的大队人馬到了！他們一个个全付武裝，端着冲鋒槍和上了刺刀的步槍，子弹上膛，杀气騰騰地闖了进来！

一个暴徒拿着一张事先写好了《百万雄师》是革命左派，工总是反革命組織的紙片交給謝付总理，逼着他签字。

謝副总理严正地拒絕了，頓时就挨了两拳！

再也容不得解释和作工作了！"老子今天要你嘗嘗厉害！"一陣拳头向中央首長身上打来。

旁边的工作人員和北航紅旗的战士，看到形勢不对，連忙扑过去，用身体保卫中央首長，然而寡不敌众，被暴徒們拉开，每个人都遭到毒打。

拿着大旗的暴徒将旗杆朝着中央首長身上捅去。

中央首長被拥到草地上，暴徒們用脚踢；有的暴徒竟拿出了匕首……

他們連拖带拉地把王力同志綁架上了汽車；

中央文革办事組工作人員张根成同志，北航紅旗战士尹聚平同志也被抓上了汽車；王力同志的房間被这伙暴徒們抄了，搶去了所有文件及值錢的东西。

車子朝军区开去了！暴徒們狂叫："王力被我們抓住了！"

此时大約是20日清晨五点左右。

# 六、狗胆包天叛匪矛头直指中央
## 鬼哭狼嚎白色恐怖籠罩武汉

"好消息，好消息，中央批准斗王力！"８２０１以及"百万雄师"的宣传車象哭神一样叫着。二十号下午，在新华路体育场召开了一个炮打中央，极端反动的的斗爭大会。

一会儿冒出了一个中央来电，說："(1)王力不能代表中央，(2)王力四点指示中央不知道，是王力自己搞的，(3)王力交給武汉人民斗倒斗臭。"

当有人問某支"左"人員时，竟說："有这么回事，是可靠的。"一会儿又是什么中央来电：①关于四点指示，中央不知道，是王力起草的。②中央将派周总理陈伯达同志来武汉。③王力同志是来武汉了解文化大革命情况的，不是处理問題的。甚至在十一点三十五分时，有一军人在支左指揮部食堂里宣传什么中央军委来电："①武汉支左大方向沒錯。②凡是不符合毛澤东思想的应该坚决抵制，坚决造反。"进一步煽动群众把矛头对准中央。

又是什么二十日七时周总理来电：四点指示不代表中央，不代表毛主席，不代表中央文革，宣布作废。甚与还造謠說什么，七月二十一日上午九时，周总理接見《百万雄师》少数代表作了二点指示：①王力是埋在毛主席身边的定时炸弹。②决定王力在武汉就地斗爭。

炮打王力的鉛印传单很快出籠了，什么"王力承認了《百万雄师》是革命造反組織"

囉，什麼"徹底批判王力反毛澤東思想的黑指示"囉，以及后来的《王力究竟是什么貨色》和《打倒政治大扒手——王力》等等，甚至胡說什么王力参加了二月提綱的起草工作，以及王力的老婆是新华工的一个教授等等，无奇不有。

"百万雄師"聯絡站汉阳分站还馬上发电报給四川产业军总部，电投說："欺騙党中央，欺騙毛主席的王力，曾先后在四川、河南等地排斥打击广大无产阶级革命派，使无产阶级文化大革命遭到極其重大的損失……，为了徹底清算王力的罪行，挖掉这顆埋在中央文革的定时炸弹，我們愿意同你們共同战斗。"

物以类聚，人以群分。四川的产匪，武汉的百匪以及河南的保守勢力妄圖联合起来頑固地对抗中央，反对中央文革，随时准备翻天的事实，再一次向我們揭示了两条路线斗争的尖銳性复杂性！

長江两岸，武汉三鎮，一片白色恐怖，热鬧的街道商店关門，"百万雄師"在監視着比往日大大减少的来往行人，反动标語充斥着武汉三鎮。

"百万雄師"在長江大桥，鉄路桥上貼出了極端反动的标語："×××受蒙蔽，派来了反革命。"

老保窩子汉阳区委墙上出现了："陈再道万岁"的極端反动标語。

汉阳的"百万雄師"公开声称："毛主席講的話不符合毛澤东思想也要造反。"

"百万雄師"的广播站及宣传車狂妄地喊着："王力算老几，老子今天要揪你，抽你的筋，剝你的皮，……"、"王力是牛鬼蛇神的总后台。"

几則反动透頂的标語，道出了这次反革命事件的严重政治性質。

反革命武裝示威游行是从19日晚就开始了的，廿日中午在軍区附近有上千輛卡車，上百輛消防車参加反革命游行。

消防車、警报器不停地发出叫人心惊肉跳的惨叫。裝甲車拖着笨重的身躯，像一匹发了狂的野兽在街上乱窜，車上写有"百万雄師誓作制止武斗的模范"这眞是对陈再道莫大的諷刺，自己在打自己的耳光。

拿着長矛大刀凶神恶煞的百万雄師，坐在汽車的車头上，揮着凶器大叫大嚷："打倒王力！""踏平工总，为民除害！"

8201中的一小撮坏蛋戴着百匪袖章混杂在游行車队中，他們有的歪戴着軍帽，有的干脆撕下領章帽徽，一手叉着腰，一手拿着手槍在空中搖晃，坏蛋們就是这样破坏着伟大的中国人民解放軍的声誉，所见者无不心如刀絞，怒火中烧。

車子在武汉三鎮来回急窜，並不停地狂叫"工总要翻案，老子槍杆不答应。"妄圖用武斗威胁要挟党中央改变己定的正确决定，这眞是痴心妄想！

"叭！叭叭!!"杀紅了眼的一小撮叛匪向新湖大"解放区"开槍了，随即几十輛満載"百匪"的大卡車在新湖大門前停下，一群群手执長矛的"百匪"跟在8201的一小撮叛匪的后面，向新湖大的战士及退往新湖大的革命群众疯狂地冲杀过来！頓时一场大屠杀开始了！

看，一个卖冰棍的小鬼在鉄門边被"百匪"刺破了肚子，腸子全被带出来，血流満地，小鬼倒在血泊中。

看，一个过路拉粪的农民被一群暴徒活活地杀倒在地，傾刻，鮮血染紅了全身，流満了一地。

一个新湖大战士仅仅只因喊了一句"打倒陈再道"的口号就被匪徒的長矛刺穿了双腿，血流如注。就这样，一連刺杀、刺伤7人，同时把新湖人公私財物全部一扫而光 連不能带走的脸盆之类也被鉄矛戳穿或砸的稀巴烂，其惨景从未所见!

当天，8201和"百匪"强行接管了石洞「工厂，赶走了造反派，援越物質被迫停产，护厂用的十几挺机槍及弹藥都被强行接管。

反革命叛乱事件波及到每一条大街小巷。

在"百匪"的破坏下，全市的电车、公共汽車都停車了，許多商店关門，市面上頓时呈现出一片瘫痪景象。

造反派力量較强的最后剩下来的几个工厂，如武昌車輛厂、武鋼、一冶等厂矿企业，立即遭到"百匪"的进一步围改，几乎全市所有的工厂都被"百匪"佔領了。

造反派負責人早就被迫撤离工厂，而在厂里坚持工作的革命群众都遭到"百匪"的殴打和捕捉，更加大量的工人被迫背厂离家，到較安全的地方去。"百匪"見抓不到革命工人，于是就到革命工人家屬中抓其妻子儿女，在汉阳有几个造反派全家惨遭杀害。被抄家的革命工人更不計其数。

很久没有公开活动的特动分子居然也公开戴上特别宽的袖章神气活现地活动在街头了。

"百匪"的短刀队活动进一步頻繁了，黑夜冲进造反派的家，見人就抓，見物就搶，……。

几乎在同一时刻，所有造反派力量較强的中学都被砸、被搶，国家財产大量破坏。

全市性的大捕人开始了! 在"百匪"围剿武鋼时，光气运六站一处就关了四百多人。

公检法中的败类配合"百匪"及"紅城公社"的老太婆挨家挨戶地清查戶口，許多分散在居民家中的三新二司的革命小将及造反派工人被抓，生命不能保障，四大更不用談。在那白色恐布的日子里，几乎每时都得到我們英勇的革命小将在街头秘密散发传单而被抓被惨遭杀害的消息。

長江在怒吼，汉水在咆哮! 她在向全国人民控訴陈再道之流的罪恶行径，控訴"百匪"的滔天罪行!

# 七、中央首长大义凛然魔窟斥叛匪
## 革命小将机智勇敢虎穴探亲人

王力同志被关在軍区4号楼2——18房間，許多暴徒不断地折磨、侮辱、殴打着我們的首長。

他們搶下了謝付总理的軍帽，摘掉了帽徽，撕下了那用鲜血染紅的領章。

"你說，工总是不是反革命組织?" 一个大个子用七首比在王力同志的眼前。

王力同志微笑着搖搖头。

"他媽的!" 老羞成怒的暴徒照着王力同志的眼睛一拳打去……，上衣也被撕破了。

八时許，在一片"把王力揪出来示众"的狂吠声中，王力同志从容不迫地走上了二楼平台，他把紅彤彤的毛主席語录放在胸前，微風輕輕地吹动着他那銀白色的头发。他两眼炯炯有光,大义凛然地屹立在平台上，表現了一个共产主义战士坚贞不屈的、大无畏的英雄气慨。

"打倒王力！"一个暴徒高喊着，一些家伙也跟着稀稀啦啦地叫起来。

一个兵痞指着王力同志的鼻子问："你說：《百万雄师》是什么組织？"

王力同志大义凛然地答道："同志們，如果有人說你們《百万雄师》是反革命組织，你們是不同意的。"

一句話弄得这个家伙一跳三尺高，歇斯底里的叫起来："他媽的！打倒王力！絞死王力！"

王力同志不慌不忙地作了解释，强調了他昨天发表的看法是中央文革小組集体的决定，不是个人意見，他那宏鐘般的声音再一次庄严宣告："我們是党中央、毛主席派来的！"

下面的人群又乱了，受蒙蔽的群众若有所思，台上的暴徒慌了神。

"老子刘少奇都敢揪，你王力算老几？"

"中央文革也可能犯錯誤，王力从武汉滾出去！"

在８２０１牛师長和蔡政委的亲自指揮下，一小撮反动军人把王力同志反剪着手，坐"噴气式飞机！"反革命面目暴露无遺！

一个军官模样的人最后說："《百万雄师》的战友們，我們已决定了把王力交給八二〇一部队首長处理，勒令他在八点鐘以后重新表态，否则，就造他的反！"这一句話，把武汉军区亲自策划《百万雄师》和八二〇一的一小撮坏头头搞反革命暴乱的內幕暴露无遺了。

下面的人又乱喊乱叫的喘了一陣子以后，就配合着上街头"示威"游行去了。

军区大院內部一片白色恐怖，下午一点五十分，王力同志又被非法审訊了。军区４号楼３——46房間里，桌子上，茶几上歪七倒八的都是人。

"哼！到我們湖北来，路好走，話可不好說！"一个五十来岁的汉子用跑江湖的流氓腔叫道。

"說！你到武汉来究竟是干什么的？"

"四点指示到底有没有？叫你这个老混蛋回答！"

罵声、吵声、拍桌子声交织在一起，什么都听不出来，一个拿着麦克風的家伙叫了半天"請安靜"，才安靜下来。

一个"代表"照着紙条唸了起来："王力！你到武汉来没几天吧？你有没有到群众中去調查？下车伊始，就哇喇哇喇发指示，我們提几个問題要你回答。第一、你的四点指示到底有没有？第二、你来汉这几天到臭知識分子三新二司中干了些什么？要回答！第三、……

还没等他說完，旁边的人就等不住了：

"叫他說，他在新华工講了些什么？"

"叫他說，他在紅水院講了些什么？"又乱起来了。

王力同志从容不迫地答道："我受党中央、毛主席的委託到武汉来向大家学习的，我没有什么指示，我談的意見是我們中央文革小組討論的，如果有意見，大家可以提嘛……"

正在这时，几个跳梁小丑在鐘汉华、孔庆德的率領下跌跌撞撞地进来，大喊大叫，鐘汉华干嚎了几声也没挤出一滴眼泪，向四方拱手作揖："王力同志是毛主席派来的呀！你們这样做不得呀，军人要听話呀！"

一个矮个子彷彿明白了什么似的，走到王力同志面前說："同志們，要检討，我来检討。

另一个家伙也假惺惺地說："你們要綁，綁我好了。"

双簧演过去了，誰心里都明白究竟是怎么回事，就是那位孔庆德，剛才还在外面煽动說："王力同志說了，他沒有什么指示，但是他不签字，談判正在繼續。"

这出戏演得太蹩脚了！"聪明"的先生們！坏事既然做絕，要想收回可就晚了！

无产阶級革命派无时不在关心着中央首長的安全。

为了偵察首長的情况，一个新华工的战士在軍区門口被《百万雄师》認出来了！这位战士馬上遭到一頓毒打。

一个解放軍的敗类解下了皮带抽打我們的战友，一边喊："打死三新二司的也不算犯法。"

二司紅武测的战士，冒着生命危险混到了王力同志身边，緊緊地握了握他的手，王力同志微笑着向他致意，这个同志后来揭露了他們綁架王力同志的经过。

紅司（新华工）的一个战士受全体紅司战士的委託，身穿軍裝化装成某副司令員的警卫員来到了軍区，经过叛匪的反复盤問，終于見到了我們敬爱的王力同志。

经过十多小时的折磨，王力同志已经很疲乏了。在场的医生說："王力同志的血压很高。"但他神态自若，毫无困累之意，我紅司（新华工）战士緊緊握住王力同志的手，热泪盈眶地說："我代表全体紅司战士向首長問好！我們全体革命造反派非常惦念您！"

王力同志向我們作了指示："要冷靜，要沉着，决不能出动人馬，扩大事态的发展，要加强政治工作。"

紅司〔新华工〕战士含着热泪三次問好之后，告別了我們的首長。再見了，敬爱的首長，我們革命造反派一定要設法把你营救出来！

## 八、英雄子弟兵赤胆忠心救首长
## 百匪围困急首长黑夜上洪山

所有百万雄师的宣传車和广播，都在吹嘘着他們綁架王力同志的"战績"；下午就要斗爭王力的海报也出籠了。………一群跳樑小丑在緊张地忙碌着。烏烟瘴气頓时充滿了武汉三鎮。

武汉的革命造反派含着热泪，以万分焦急的心情緊张地打听着、詢問着王力同志的下落，关注着首長的安全。

他們到处偵察情况，监视着老保們的动向，随时准备营救王力同志。

他們步行几十里（因为全市的汽車和电車都被"百万雄师"控制，已停頓好几天了）到軍区等处打听王力同志的下落………

这是毛主席派来的亲人呀！武汉的革命造反派誓死保卫毛主席的革命路线，一定要与陈再道等一小撮叛乱分子斗爭到底！

武汉地区广大的指战員，也都以焦急不安的心情渡过了这几个不眠之夜。一连串的問号在他們脑袋中盤旋：

为什么党中央、毛主席亲自派来的代表和陈再道所說的完全不同？我們究竟是要听陈再道的还是听毛主席的？"百万雄师"为什么敢于这样明目张胆地毆打绑架中央首长？毛主席派来约亲人为什么在武汉竟沒有立足之地？武汉究竟是誰家之天下？………在中央首长来汉后五天的許多講話的啓发教育下，在一系列活生生，血淋淋的事实面前，許多指战员都紛紛認識了武汉軍区在支左上犯了严重的方向路线錯誤，看清了陈再道的猙獰面目。作为人民的子弟兵，只能毫无条件地听党中央毛主席的話，决不能为陈大麻子卖命。

担任軍区开会警卫的八一九九部队战士，怎么也忘不了毛主席派来的亲人謝富治、王力同志在会間休息时探望了他們，向他們轉达了毛主席、林付主席的亲切問候，向他們耐心地解釋了他們所提出的許多問題，然而现在毛主席派来的亲人却正遭到毒打，監禁和審訊！

八一九九部队的张政委，已经焦急得好几天沒有睡觉了。他为自己在支左中受了陈再道的蒙蔽，以至跟着犯了錯誤而悔恨，他早已明显地聞到了反革命政变的火藥味了！

他深深地感到局势的严重和自己責任的重大，为了营救中央首长脱险，他方案想了一个又一个，熬得通紅的眼睛仍閃耀着坚韌不屈的光芒。他一方面经常广泛地向广大指战员做說服动员工作，一面紧张地与外面联系。

昨夜发生事情时，张政委紧紧跟着謝付总理，趁暴徒們忙乱之际，他們将謝付总理偷偷地轉移到了安全地带。

在暴徒們把王力同志押送到軍区四号楼的时候，张政委簡捷有力地向战士做了战备动员，並布置了兵力：一个連安排在軍区大門口，一个連堵住四号楼的楼梯口，一个連守在大楼的四周及通向大門的路上。战士們紛紛表示：誓死用鲜血和生命保卫毛主席的革命路线！坚决保卫中央首长的安全！

值得注意的是武汉軍区警卫营在这关鍵的时刻突然失去了一切警卫职能，他們大門也不守了，甚至連机要大楼都放弃了，全部换上了"百万雄师"，这不恰好证明了这场叛乱是由陈再道之流一手操縱周密策划的嗎？

英雄的８１９９部队的一个連守卫在大楼的楼梯口，这下可急坏了要冲上去揪王力的８２０１及"百万雄师"暴徒。８１９９部队战士手挽着手，背誦着"下定决心，不怕牺牲，排除万难，去爭取胜利。"的最高指示，挡住了他們一次又一次的冲击。他們搞来了一根根竹杆，要順着竹杆爬上去，英雄的８１９９部队战士冲过去，把竹杆折断了。他們駡８１９９部队是保皇兵，毆打８１９９部队战士。８１９９部队战士們回答："我們用鲜血和生命保卫毛主席的革命路线，感到无比的光荣！"

党中央对王力同志的安全表示了極大的关怀，責令陈再道，鐘汉华必須絕对保证王力同志的生命安全。

陈再道丧心病狂惡狠狠地說："你們中央把局势搞得这么乱，这个責任要中央来负！"但是，他們到底还是懦于强大的无产阶级专政，不得不稍稍放松了一下对王力同志的監禁。张政委一見时机已到，亲自出面要求把王力同志轉移到旁边的一間小房子里休息，"百万雄师"的一个作战部长正在考虑下一步的問題，看到局势反正很僵很乱，于是就答应了这个要求。

那个小房子附近有許多很密的冬青树，"百万雄师"不太注意，张政委立即派两个連卡住大門口，用調虎离山計分散暴徒們的注意力，然后把王力同志从房里扶出来后，又馬上派一个排把走廊堵死，切断后面出来的人群，一个排馬上跟上，早已准备好的一輛車立即开动，王力同志上了車，"呼"的一声，車子便开走了，我們毛主席派来的亲人在英雄的８１９９部队的营救下，終于冲出了虎口。

这时已经快是二十日下午四点了。

原来准备馬上把王力同志轉到飞机场送走的，可是計划被陈再道派往飞机场的某部泄密給"百匪"，他們馬上就包围了机场，封鎖了道路………

这样王力同志又輾轉被送到８１９９师部。

在８１９９师部，同志們是多么高兴地迎接王力同志啊！然而，当王力同志剛休息一会，准备吃点东西的时候，立即发現有許多来历不明的人在周围活动，８１９９师部被监視了！张政委只得带王力同志到附近的山上躲起来。

天黑了，他們轉移到山上，带刺的荆棘把他們的手脸都划破了。张政委身穿着白衬衣，为了不暴露目标，干脆脱掉衣服，在草叢中前进………

在几十年的伟大革命战争中，张政委出生入死，飽经革命風霜的鍛練。五次光荣負伤，为人民赤胆忠心。現在又冒着生命危险，拖着至今仍行动不便的腿，保护毛主席派来的亲人。他既是党的忠誠干部，我們的好首長，又是人民勤勤恳恳的一个无名小兵。从他的身上，我們看到了英雄的中国人民解放軍指揮員的崇高的形象。

果然，21日凌晨，30多輛卡車的"百匪"和８２０１一小撮混蛋包围了８１９９师部，並有两輛車的人冲进了六号楼，然而我們敬爱的王力同志已安全轉移到了山上。好险！

## 九、立奇功七連战士耿耿丹心永向党
## 施巧計飞車突圍亲人胜利回北京

21日上午８点，王力同志从山上下来了，回到８１９９部队七連的駐地。

在这以前，张政委就向战士們作了政治动員。他向大家介紹了王力同志昨晚轉移到山上的经过，一針见血地揭露了陈再道之流及其操縱的８２０１和百万雄师的反革命叛乱行为。他激动地說："毛主席亲自派到武汉的亲人在武汉居然沒有立足之地，这武汉究竟是誰家的天下?！我們一定要用生命和鲜血粉碎这場反革命叛乱，誓死保卫毛主席的革命路线，誓死保卫首長安全。"

七連的战士听到首長的遭遇，个个义憤填膺，痛哭流涕，他們当場就寫了决心書，在伟大領袖毛主席象前庄严宣誓，即使是牺牲自己也要保住王力同志安全，只要还有我們一个人在，就有王力同志在！

党小組、团小組立即分別召开了会議，訂出了計划，下定了决心，有的同志在日記本上寫上"最后"的几句话，准备用生命和鲜血保卫中央首長。

同志們多么想敲鑼打鼓热热鬧鬧地欢迎自己的亲人啊！可是怕暴露目标。于是作了如下安排：

一部分战士去打兰球，一部分去帮廚，一部分在学毛著，一部分在打扫清洁，談心，表面上平平靜靜，似乎什么事也沒有，然而战士們的心啊，早就飞到毛主席派来的亲人身边！

王力同志来了，紧紧地和同志們一一握手，王力同志非常和藹可亲，他向战士們說：

"同志們辛苦了，我代表毛主席向你們問好，你們不愧为毛主席的好战士！"

一个战士把全連同志向毛主席写的决心書交給了王力同志，王力同志緊緊握着他的手說："我一定把它交給毛主席。"

战士們看着首長，王力同志眼睛被打肿了，衣服被撕破了，身上紅一塊，紫一塊，滿山的荆棘在他的手上、脸上划开了一道道血口子，同志們看着，心里怒火燃烧！这时他們所想的只是坚决保护首長的安全，把仇恨都集中在罪該万死的陈大麻子身上！

大家知道王力同志很久沒有吃东西了，五班長找来了鷄蛋、面粉，給首長做面条。

有两个战士怕天热首長吃不下飯，翻过山給王力同志买了个大西瓜，两个人又蹦又跳地爭着抱了回来。

王力同志在营房里休息，因怕暴露目标，門窗都关上了，很热，一个同志在輕輕地給首長打扇。

一个战士在給王力同志縫军衣的領章和紐扣，訂紐扣本来用黃线就可以了，但他却意味深長地找来了紅线，表示革命战士忠于毛主席的紅心。

爹亲娘亲不如毛主席亲，党中央和毛主席都在密切地注視着武汉的局势，关心着王力同志的安全，永不消失的电波在武汉和北京之間迴蕩。

情况在不斷地变化，隐隐可以听到軍区那边的广播在播送"专揪王力火线指揮部"的緊急呼吁，８２０１的叛匪和百万雄师的匪徒們已盯上这塊地方了。

※ ※ ※ ※

一輛大卡車满载着全付武裝的战士，护送着一輛小轎車，喊着"打倒王力，踏平工总"的口号，飞也似的从８１９９部队冲出来朝西一拐，冲破了一道道匪徒們的封鎖，朝着汉口航空路飞机场方向駛去。

"不好了"，"王力跑了！"匪徒們嚷叫着，連忙調集人馬，追击刚刚冲过去的車輛，狂吠着捉拿王力。

我們的战士严阵以待！百匪問他們是那部分的，他們回答"是轉救王力战斗队的"。战士們故意含糊其詞，百匪以为是"专揪王力战斗队"的，就讓他們过去了。

然而，前面的小轎車里坐的並不是王力同志，乘他們注意力轉移了的时候，王力同志坐上另一輛小吉普，往东一拐，直往空军司令部开去。

司机小郭同志使出了他的全部精力和技艺，車速已高达每小时80公里，汽車風掣电馳地飞駛，身边尽是呼呼風声，他所想到的，只是怎样能更快更好地把首長安全地送到目的地。他認为现在是衡量眞革命还是假革命的时刻，为捍卫毛主席的革命路线出力，他为此感到无上光荣。

接应的空军部队还刚出发，小郭同志就把王力同志安全地送到了空军司令部。

在空军的护送下，謝富治同志、王力同志平安地坐上飞机，飞向北京，飞向毛主席身边了。英雄的８１９９部队和武汉空军在这关键的时刻，站到了毛主席的革命路线一边，为人民立下了新功。

在中央首長脱险的过程中，还有几个值得注意的小插曲：

王力同志的車子离开８１９９部队才20分鐘，几十个手持長矛的百匪硬要冲到营房去看，他們东瞧西看，什么也找不到，于是，一个百匪就用匕首頂着七連付連長的脊梁："你說："王力被你們搞到什么地方去了！"

付連長从容不迫地說："我們不知道王力同志在什么地方，你們随便冲击軍事机关是非法的。

百匪們沒有搜到王力同志，叫駡着扫兴地走了。

　　　　※　　　　　※　　　　　※　　　　　※

空字００６部队临委会（官办老保）带了大批人馬和百匪来到軍区，因揪王力不着，于是发生了另一起炮打中央文革的反革命事件，他們要到空軍司令部揪党中央、毛主席派来的另一位代表余立金同志。

大队人馬冲过了警戒线，包围了空軍大楼大叫大嚷要余立金同志出来回答问题，並高呼："踏平工总，鎮压反革命！""百万雄师就是好，牛鬼蛇神跑不了。"

折騰了一陣子沒人理会，余立金同志拒絕接見，他們自覚沒趣，干脆耍起无赖，搞起静坐来。

大概靜坐更使这群暴徒們感到沒趣了吧！他們再也顧不得軍紀国法，冲进空軍大楼，楼上楼下敲門打椅，狂吠着"打倒王力！""活捉余立金！"的反动口号，匪徒們扑了个空，什么也沒捞到。

炮打中央的跳梁小丑決沒有好下场！

　　　　※　　　　　※　　　　　※　　　　　※

为解决武汉問題，周总理曾两次来武汉，陈再道派了二十八軍８２０１叛匪，妄圖要挟中央，因其秘書洩了密，告訴了中央，其阴謀才未得逞。

在需要調动兵力的关键时刻，陈鐘突然发現自己的指揮失灵了。因为謝付总理，王力同志給大家带来了光焰无际的毛澤东思想，大家看清了陈再道的反动面目，要跟毛主席走，不为陈大麻子卖命。

## 十、黑指揮部炮打中央罪恶累累
## 陈鐘之流幕后操縱劫数难逃

"七、二〇"反革命暴乱事件中，在陈再道之流幕后策划下，由８２０１部队，《百万雄师》《省直联司》等三家为主拼凑了一个《专揪王力指揮部》，这个指揮部究竟是什么貨色呢？

这个指揮部是在七月十九日晚反革命事件发生后，拼凑起来的。开始設在軍区的四号楼不知是为了掩人耳目，还是看中鉄路大楼房子高又是軍管单位，里面人少的緣故，于当天晚上就搬入軍区附近的鉄路大楼住在七楼。

七月廿日上午，这个指揮部起草了一个公告，历数王力同志的"罪状"，表示揪到底的决心，並号召整王力同志的材料，送交指揮部，由陆海空把守一切交通要道，防止王力同志逃走。省直"紅心"兵团核心小組成員在省办公厅討論此公告时，武汉部队付司令員孔庆德参加了討論。

七月廿日下午，这个指揮部在鉄路大楼的广播站里，播送了指揮部的所謂通知，說什么

"如果來汉专揪王力的同志們注意，《专揪王力指揮部》已設在鉄路局大楼，有問題請派代表来指揮部解决，希望你們撤离軍区。"

七月廿一日下午三点左右該指揮部在鉄路大楼召开会議，会議由"百万雄師"肉聯一个姓謝的主持，他先談了指揮部决定在下面成立宣传組，接待站，办公室，确定馬上去軍区談判，决定談判条件为：

(1)武汉問題就地解决：王力不能走。

(2)工总不能翻案，誰翻誰負責。

(3)王力的安全由軍区負責。

(4)王力不能由那个組織斗，不能自己斗。

(5)王力的講話录音都由指揮部处理。

(6)車站、碼头、机场都加强检查，不准王力溜走。

(7)把草通电、通告，說明我們为什么要揪王力。

(8)王力必須明天上午接見指揮部代表，否則由此产生的一切后果由王力負責。

七月廿一日下午 5：40开始与軍区談判。在談判过程中，孔庆德講了話。在講話中，他含沙射影地攻击和誣蔑周总理，說什么周总理指示："武汉的問題要到北京解决"。总理来有两大任务，"一就是带代表上北京，总理亲自带队，並和"百万雄師"的人坐一架飞机，另外就是保护王力的安全。"並煽动"每个大組織派五十到一百人去北京。"他又假惺惺地說："王力是毛主席司令部的人，不能喊打倒，就是到北京去，也不要喊打倒，这是对同志們的关心。"最后一句倒是道出了孔庆德对于这一小撮炮打中央文革的反革命分子的关心。对于这个極其反动的《专揪王力指揮部》不是勒令其解散，而是从爱护的心理出发，說什么"揪王力在全国是第一次，建議你們把《专揪王力指揮部》取消。"接着又煽动性地說："根据河南的经验，打砸搶不是什么主要問題，你們去了多做自我批評。"最后孔庆德竟然表示"我們部队支持你們"。該指揮部的人不願意上北京，要求在武汉解决，爭吵不休，有人还在談判中大喊"打倒王力！"后来他們一拥而上，警卫員乘机把孔庆德搞跑了，談判没得結果。

在七月廿二日，又是这个《专揪王力指揮部》向武汉市发出了所謂《特急警报》，大肆咒駡什么："以王力为首的一小撮坏蛋，不顾武汉地区广大革命派的意志，对武汉地区无产阶級文化大革命的問題，不做任何调查研究，公然擅自作出决定，为黑工总翻案。并准备发表平反公告。"还狂妄地叫嚣"能讓这一小撮混蛋扭轉历史的車輪，在武汉地区实行资产阶級专政嗎？不能，一千个不能！一万个不能！这是关系到千百万人头落地的大事。"不错，七·二〇反革命事件是"关系到千百万人头落地的大事。"然而实行资产阶級专政的並不是王力同志等中央首長，而是陈再道之流，及其操縱的御用工具《百万雄師》，他們大搞资本主义复辟将工人总部打下去。肆无忌憚地用大刀、長矛、毒气屠杀革命群众，使得大批工人、学生背井离乡，有厂不能回，有校不能归，搞法西斯白色恐怖。現在反而混淆是非，顚倒黑白，猪八戒倒打一耙，反咬一口，眞无耻已極！！然而这些也都是徒劳，就在第二天，这个所謂《专揪王力指揮部》就被历史无情地宣判了死刑。

这个指揮部准备发表的長达六千字的《通电全国——紧急动員起来，誓死捍卫无产阶級专政》这篇大毒草，也因气候突变而夭折了。从这篇尚未出籠的毒草之中，我們完全可以看出这一小撮炮打中央文革的坏家伙的丑恶咀脸。

《通电》中诬蔑王力同志"到武汉后，根本不接近广大工农兵群众。而是一屁股坐在少数极"左"派和某些别有用心的家伙那一边，排斥歧视和压制广大工农兵基本群众。"这一小撮坏蛋居然以工农兵自居，而大写"工总""二司""九·一三""三新"等无产阶級革命派是什么极"左"派和别有用心的家伙。

诬蔑王力同志根本不找战斗在"三支""两军"第一线的中国人民解放军武汉部队广大指战员作调查，就要下断語，背着中央文革盗用总理名义，把矛头指向中国人民解放军，全盘否定武汉部队"三支""两军"工作的大方向。

《通电》势气凶凶的責問："王力同志所到的九个军区都犯了什么方向路线錯誤，而只有他独自最正确嗎？如果所有的大军区都犯了方向路线錯误，那又怎样理解呢？"

《通电》还污蔑王力同志下车伊始，就哇喇哇喇的发議論，这也批评，那也指責，儼然以救世主自居，今天宣布这个是儡保組織，明天宣布那个組織为保守組織，七打八打，武汉地区广大工农兵基本群众都叫他打成"保皇派反动派。"妄圖煽动保守組織中广大受蒙蔽的群众起来反对王力同志，欺骗他們參加反革命暴乱。

《通电》还恶意地攻击"王力同志在武汉的言行，全盤否定了武汉地区无产阶级文化大革命一年来的伟大成果，引起了極为严重后果，挑起群众斗群众，轉移斗争大方向，在王力同志来汉前后，武斗不但沒有制止，反而加剧和恶化。"妄圖把陈再道之流的一系列罪行强加到王力同志头上。

这个通电最后猖狂已極地叫囂"这个反，我們造定了"，恬不知恥地呼吁"全国无产阶級革命派，解放军全体指战员支持我們的革命行动。"

从以上一系列事实，我們不难看出，所謂《专揪王力指挥部》完全是陈再道之流策划反革命暴乱的幕前指挥部，是陈再道之流用以炮打无产阶級司令部，恶毒攻击中央首長的反动工具，对于这一反革命指挥部的幕前幕后人物必须徹底追查，严加惩办。

必须驚告孔庆德，你这个陈再道的帮凶，完全是这个反革命指挥部的策划者，只有老老实实交待，才是出路，如果要繼續玩弄两面三刀的手法，与无产阶級革命派作对，则只有死路一条。

# 十一、新华工森严壁垒迎风暴
## 解放区巍然不动立江城

"陈再道搞兵变了！"

"八二〇一和《百万雄师》中的一小撮坏蛋在进行反革命暴乱！"

"王力同志被扣啦！"

七月二十日凌晨，一个又一个骇人听聞的消息从城里传到武汉紅色革命根据地新华工內，朝阳山下立即燃烧起来了。

新华工的每一个战士和駐新华工的无产阶级革命派一听到反革命暴乱消息之后，对于陈再道的反革命滔天罪行，无不感到气憤，个个怒火冲天，人人都在为中央首長的安全而担心，眞恨不得拿起武器馬上冲出去与陈再道及其爪牙决一死战，用自己的鲜血和生命去捍卫中央首長的安全，用鲜血和生命去捍卫毛主席的革命路线。

新华工內，每一个无产阶级革命派都抱着对陈再道无比憤怒的心情，带着用鲜血和生命捍卫毛主席革命路线的决心，投入緊张的战斗。以战斗的姿态迎接这场反革命暴乱在这个紅色根据地的降临，准备对付八二○一和《百万雄师》中的暴徒們向新华工发起的一切猖狂进攻。

新华工人都在緊张而又有秩序地工作着。

在动态组的办公室內，电話鈴响个不停，一个又一个有关反革命暴乱的消息从电話中不断传到了新华工；"新湖大被围！"，"王力同志在軍区被斗！"，"八二○一中的一小撮混蛋开槍了！"。这一个个消息及时传到指揮部，並通过長途电話传到了北京，传到全国各地。

在收訊机旁，监听的同志也在緊张地工作着，細心旋轉着旋鈕，仔細寻找着八二○一电台的呼号声。

"終于找到啦！"在嘶嘶的噪音和那嘟嘟的电报声中听到了"９０４"，"４２３"等电台的呼号声。他一手打开了录音机，一手拿起了鋼笔准备記录。收訊机里立即传来报話員那疯狂的叫喊声，一会儿在狂叫："《百万雄师》和八二○一开始游行啦！有好几百輛車子，好得很！好得很！"一会儿又在顚倒黑白地說什么"二癲子包围了八二○一，八二○一在迫不得已的情況下开槍了，这完全是革命行动，革命行动。"一会儿又在传达造謠的什"中央三点指示"和"中央軍委两点指示。"

在新华工革命造反广播电台的发射机旁，工作人員也在緊张地准备着，一旦发生事变，馬上向外发射。

在抗暴斗争中，优秀的新华工人所组成的一八一和一一一兵团的战士，军事院校驻我院的造反派战友及驻我院部份造反派工人同志們，勇敢地拿起了自卫武器，磨刀擦槍，严阵以待，南一楼里赶修各种工事，楼頂上架起了机槍，对着校門口，学校周围野地里和交通要道上埋好的土地雷只等通电，立即就可以爆炸。八二○一和《百万雄师》中的暴徒們，有胆量的你們就来吧！新华工人决不是好惹的！

为了保存实力，避免中了陈再道之流将无产阶级革命派抓尽杀絕的阴谋詭计，一部份伤員和体弱有病的新华工战士在负責同志的劝說下，含着眼泪离开了新华工，有組织，有計划地疏散到武汉市同学家里及附近的农村。

新华工內一切都准备好了，上千名新华工战士誓死保卫紅色政权，就等待着反革命暴徒的到来。

武汉三鎮的妖风向新华工內袭来，新华工的上空也飘来了烏云，《百万雄师》的匪徒进驻距离相差１公里的鼓風机厂，进驻校門对面的关山工业区，封鎖交通要道鲁家巷的消息不时传向新华工。面对这緊张的局势，新华工內的无产阶级革命派眼望着北京，想念着我們最最敬爱的伟大領袖毛主席，心里默念着"下定决心，不怕牺牲，排除万难，去爭取胜利，

毛主席啊，毛主席！是您在那資产阶级反动路线的白色恐怖中引导我們冲杀出来；是您在那資本主义复辟的反革命逆流之中率領我們反击了这股逆流而作出了一点点成績；现在面对陈再道之流掀起的反革命暴乱，我們无产阶级革命派一定緊緊跟着您，迎着長矛上，頂着

刺刀冲，永远向前，絕不后退！

毛主席啊，毛主席！我們是您最忠实的红小兵，我們坚信您的革命路线一定会胜利！为了您的革命路线的最后胜利，我們随时准备貢献出自己的一切。革命不怕死，怕死不革命！

二十二日夜，获得可靠情报，八二〇一和《百万雄师》在今晚或明日清晨就要对武汉市最后一个紅色堡垒下毒手了！新华工人和全体保卫解放区的战友們手握鋼槍枕戈待旦。風蕭蕭、夜茫茫，但是革命战士的心情却是那样的平静，"这是最后的斗爭"，团結、战斗、血战到底，冲破黎明前的黑暗！正在这最困难的紧急关头，平地一声春雷响，中央人民广播电台向全国人民播送了謝付总理，王力等同志光荣地回到北京的消息，北京的东風扫蕩着武汉上空的烏云。

伟大的領袖毛主席亲手締造的中国人民解放军在这关鍵的时刻，站出来了，他們用鲜血和生命捍卫了毛主席的革命路线。伟大的中国人民解放军来了，他們带着毛主席关于"人民解放军要积极支持左派广大群众"的伟大号召，从外地来到了我們新华工。二十三日凌晨，在这最危险的时刻，毛主席派英雄的子弟兵来营救我們了！

"向中国人民解放军学习！""向中国人民解放军致敬！""伟大的中国人民解放军万岁！""伟大的領袖毛主席万岁！万万岁！"的口号声和欢呼声响徹新华工的上空。"解放区"——新华工內一片沸騰，激动的人們放开歌喉，兴高采烈地唱了起来，"解放区的天是明朗的天，解放区的人民好喜欢，………"

在陈再道之流资本主义复辟的狂風滥雨中，新华工、新湖大等革命造反组织建立了自己的紅色根据地，在这里，"小人物"叱咤風云，黑手掌大印；造反派揚眉吐气，处处是歌声。这些为人們称頌的"解放区"被視为"武汉的希望"，在那黑云压城，烟雨蒼茫的武汉三鎮，唯独解放区內紅彤彤的毛澤东思想光芒普照。解放区，解放区，武汉革命人民注視着你！你给人信心、勇敢和力量！几个月的艰苦跋涉，浴血奋战，在一片白色恐怖中"敌军围困万千重，我自歸然不动"，紅色根据地橫眉冷对紙老虎，傲然屹立在江城的东方，经受了战斗的洗礼，以高昂的姿态迎来了胜利的曙光。

# 十二、叛匪血洗新湖大
## 英雄业迹泣鬼神

在陈再道之流掀起的反革命暴乱中，武汉的另一紅色根据地新湖大又经历了一次血的洗礼，在陈再道之流对新湖大的大屠杀，大逮捕之中，新湖大人又一次经受了严峻的考驗，他們不愧为毛主席忠实的红小兵，不愧为坚定的无产阶级革命派。

二十一日上午十一点半，陈再道之流对新湖大的围剿开始了，六百多輛满载《百万雄师》和8201的卡車包围了新湖大，支保急先鋒8201中一小撮混蛋充当了主力军，他們袒胸露腹，歪戴军帽，捲起褲脚和袖子，端起了机槍冲向新湖大。机槍子弹扫向新湖大校园，打向五星紅旗下，正在广播的喇叭，槍声一直响到南院二十八号楼附近，500余发子弹扫遍了新湖大的各个角落。《百万雄师》的暴徒們紧紧跟在后面，他們逢人便抓、便刺，见东西便砸、就搶，見大字报就撕，眞是比东洋鬼子还不如。

下午两点多，匪徒們两次血洗新湖大，挨門挨戶进行搜捕、搶劫。

在廿一日的深夜及廿二日上午，８２０１及《百万雄師》的一小撮混蛋又多次洗劫新湖大。

在这次反革命的大屠杀、大逮捕、大洗劫中，以新湖大临委会負責人謝帮柱、张維荣、彭勛为代表的新湖大战士及家屬共二百余人被匪徒們抓走了。封存的民兵訓練用的槍支弹藥全被劫走，人事档案、粮冊現金、医藥器材、汽車、自行車全部被破坏和搶走，就連私人的貴重东西，如手表、自行車、鋼笔、現金也不能幸免，被暴徒們洗劫一空，洗劫之后的景象眞是不堪入目。

然而新湖大人——经过一年多文化大革命鍛練出来的优秀造反派战士並沒有在暴力面前屈服，无論是在反革命暴乱事件之中还是在监狱里，都同陈再道之流及其操縱的暴徒們进行了英勇的斗爭。

正当暴徒們冲入新湖大校园，机槍子弹射向广播喇叭时，一号楼的播音員还仍然在繼續英勇地战斗，播送着最高指示。当暴徒們冲入一号楼时，广播台的四位革命小将为了捍为毛主席的革命路线，他們不惜粉身碎骨，高举红彤彤的毛主席語录英勇跳楼，不幸的是三位同志剛一落地就被《百万雄師》抓住丢入囚車。

部分新湖大的战士，冲出了校园，但他們不愿意离开这红色根据地，不愿意离开这战斗了一年多的地方。他們尽管有校不能回，但是並沒有被压力所屈服，他們牢记毛主席的教导："我們的同志在困难的时候要看到成績，要看到光明，要提高我們的勇气。"他們坚信：毛主席的革命路线一定会胜利；他們深知："黑暗即将过去，曙光即将在前头"。面对着阶级敌人制造的白色恐怖，进行了頑强的斗爭，新湖大战士利用敌人围剿的空隙在校园內刷出了大标語："我們想念毛主席！""新湖大人杀不絕，抓不尽！""新湖大永远是革命造反派的天下！""坚决打倒三反分子陈再道！"他們英勇地喊出了"杀回新湖大，重建解放区"的豪言壮語。

被暴徒們强行抓走的新湖大战士坚贞不屈，不怕威胁利誘，不怕毒刑拷打，与阶级敌人进行了英勇的斗爭，面对着敌人带血的长矛面不改色心不跳高呼"毛主席万岁！"临委会負責同志謝帮柱、张維荣、彭勛就是新湖大人的最优秀的代表。

謝帮柱同志被捕后，为了保护战友，敢于承担責任，对着《百万雄師》中的暴徒高喊"我就是头头，你們赶快把其他人放掉！"面对百匪的残酷毆打，坚决地回答："王力是好同志，是毛主席司令部的人，历史将无情的证明这一点！"临委会的另一負責人彭勛老师，早已被人打得遍体鱗伤，这时见謝帮柱同学昏死过去，自己挺身而出，承担下全部責任。他念念不忘的是党的事业，在监狱里对着其他同志说："我大概不能出去了，你們应争取早日出去，出去后，把我的工资取了全部做党費交給党……。"张維荣同志，这个貧农出身的共产党員，武汉地区大中学校革命造反派联合指揮部总指揮，他是新湖大的第一批闖将。在去年轰动全国的"６．２０"事件中，被王任重之流抓入监牢；而在今年七月，在陈再道之流残酷鎮压下，又遭到了同样的命运。他对毛主席的革命路线充满了必胜的信心，当他被百匪轉走时，对同狱同志说："同志們，再见了，毛主席革命路线一定胜利，胜利一定屬于我們！"

新湖大战友的英勇斗爭得到了广大无产阶级革命派和中国人民解放軍广大指战員最坚决的支持。在七月廿三日在新华工召开的"誓死捍卫毛主席的革命路线誓师大会"上，新湖大临委会负責人龙銘鑫同志叙述了新湖大人英勇斗爭的经过,得到了与会解放军战士、紅司(新华工)及駐新华工的无产阶級革命派的最坚决的支持。"坚决支持新湖大战友的英勇斗爭!""向战斗在最前线的新湖大战友学習!致敬!"的口号声此起彼伏,响徹夜空。会上我司令部还代表紅司(新华工)广大战士发表严正声明,表示最坚决支持新湖大战友的一切革命行动。

七月廿四日,中国人民解放軍7255部队某部赶到了新湖大,坚决支持眞正的左派。8199部队解参謀長率領几卡車解放军,经历千难万险从气运五站救出了新湖大临委会負責人謝帮柱、彭勛、张維荣。新湖大的天亮了,新湖大重新解放了!

# 十三、天网灰灰叛匪赴京自投罗网

## 千里迢迢京汉战友並肩战斗

武汉反革命暴乱的消息传到了北京。

当首都駐軍和无产阶級革命派听到陈再道之流操縱八二○一中和《百万雄师》中一小撮暴徒无理扣押並殿打謝付总理、王力同志之后,整个北京沸騰了,中央文革一声号令,七月二十一日下午,北京市几百万人冒雨游行,"打倒反革命修正主义分子陈再道!""誓死保卫党中央!""誓死保卫毛主席!""坚决支持武汉地区无产阶級革命造反派!"北京市无产阶級革命派怒不可遏,恨不得插翅飞往武汉同武汉的革命造反派並肩战斗。

"惡人先告状"。就在二十一日,从車站造反派那里传来了武汉的老保上京告状的消息,北京市无产阶級革命派紧急行动起来,下午一点清华井崗山○八○九部队四卡車战士向永定門車站飞馳而去。

北京站上紅卫兵战旗林立,这里是造反派的天下。井崗山战士一到車站就立即投入紧张的战斗。四处联系,刷标语。不一会儿,一支后續部队开来了,紅代会其他院校的战士和工代会的战友都来了,北京車站布成了天罗地網。

38次快車要晚点三小时到站,車上的服务員全是百万雄师的人。"决不能讓他們从丰台車站逃走!"五十名井崗山战士飞往丰台。

汽車在奔馳,車速已是每小时六十公里,然而坐在車上的战士还嫌太慢了,恨不得一下子飞到丰台。六点多車子经过天安門时下了一场大雨,衣服都湿了,他們想到被綁架的中央首長,想到浴血奋战的武汉战友,他們記起毛主席"下定决心,不怕牺牲,排除万难,去爭取胜利。"的教导,不怕飢餓,不怕雨淋,一路高呼"打倒刘少奇的哈巴狗陈再道!"直奔丰台。

到了!当他們赶到車站时,再过五分鐘火車就要开了。他們跳下汽車迅速扑向各車門。一会儿,各个車箱門口都出现了井崗山战士,整个列車被控制了。

八二○一和《百万雄师》有一二百人,我們才五十人,怎么办呢?他們想起毛主席的教导:"革命战爭是群众的战爭。只有动員群众才能进行战爭,只有依靠群众才能进行战爭。"他們馬上向車箱里群众介紹了武汉的情况,頓时整个三十八次列車頓时燃烧起憤怒的烈火。旅客們紧急行动起来,都想方設法,查票、查口晋,把八二○一中一小撮保皇兵及《百万雄师》的人一个个从车箱里抓了出来，集中到一节车箱，领导他們学語录，做他們的思想工作。

列車上的服务员都是百万雄师的。他們进行了种种刁难，首先是不讓广播。我們广播时他們把线路切断。甚至讓保皇兵换便衣逃走。他們进行謾罵企圖挑起武斗，然而这一切都失败了，井崗山战士从車上搜出了影射周总理，攻击陈伯达同志的反动传单。

三小时后列車到永定門，满腔怒火的队伍冲上来了，包围了列車，保皇小丑一个个被揪下来，有的求饒，有的痛哭，有的請罪，一个个狼狽不堪，丑态百出。

"打倒三反分子陈再道!" "打倒鐘汉华!" "打倒牛怀龙!" "打倒蔡炳臣!" 的口号声此起彼伏。

七月二十四日北航紅旗、清华井崗山、地質东方紅等一万多名无产阶級革命派包围了京西宾館，由英雄的八一一九九部队押送的三反分子陈再道及七·二〇事件中殴打中央首長的八二〇一的师長牛怀龙和政委蔡炳臣都在里面。面对着憤怒的人群，陈再道之流吓得发抖，不敢出来。首都造反派斗爭了十八小时，后来陈伯达同志给大家講了話：你們揪陈再道是革命行动，我坚决支持! 但陈再道現在主席要找他，有重要的話要問他，請同学們先回去，好嗎? 同学們听了伯达同志的話后就回去了。

七月二十九日深夜，正当主席审問陈时，一场緊张的战斗又开始了，北京海軍大院总参謀院突然緊急集合，上千名造反派抄了徐向前、徐海东（原大将）彭少敏（原上将）的家。据証实，七·二〇叛乱事件中的八二〇一师長牛怀龙原是徐海东的醫卫員，在六·六通令后，徐海东来过武汉，並接見过《百万雄师》的头头講了話作了指示。自即日起，整个北京城贴满了"打倒陈再道的后台徐海东，彭少敏!" "徐海东必须交待同《百万雄师》的罪惡关系!" "徐海东必须交待同八二〇一坏头头干的一切罪惡勾当!" 等等。

声討陈再道之流的緊张战斗也在上海、四川、湖南、在全国各地广泛进行着。

武汉的革命造反派的斗爭絕不是孤立的，党中央支持我們，毛主席支持我們，中央文革支持我們，北京支持我們! 全国的无产阶級革命派和广大的解放軍指战員支持我們!

# 十四、霹靂一声萬里东风传喜訊
## 同仇敌愾举国上下討逆陈

跳吧! 跳得愈高，跌得愈重! 陈、王集团及其后台的狂妄进攻毀于三天!

二十三日清晨，东方紅乐曲声响徹云霄，中央人民广播电台以激昂的声調一次又一次向全国人民宣布：党中央，毛主席派往武汉解决武汉地区无产阶级文化大革命問題的代表謝付总理，王力同志光荣回到北京! 这一声声惊雷无情宣告了七、二〇陈再道政变的惨重失败!

武汉沸騰了! 武汉革命造反派含着热泪，奔走跳跃，欢喜若狂的革命群众把收音机搬到街上，跳吧唱吧! 武汉天亮了，武汉解放了! "毛主席万岁! 万岁! 万万岁!" 的口号声响徹武汉上空，造反派沉浸在激动与幸福中! 血濺的昨日欢悦的今天。经过了严峻考驗的武汉造反派变得更坚强，更勇敢，更忠于党中央，忠于毛主席! 踏平千重浪，万重山，誓将无产阶级文化大革命进行到底!

　　过去受压制的造反派战士扬眉吐气了，广大受蒙蔽的干部也觉醒了，决心站在毛主席的革命路线一边，爱革命造反派所爱，恨革命造反派所恨，坚决支持左派广大群众，和革命造反派团結在一起，战斗在一起，胜利在一起！为人民立新功！无限忠于毛主席革命路线的人民子弟兵进驻新华工、新湖大、新华农、武测等院校，和革命造反派握枪共守。

　　自称"大、純、好"的庞然大物《百万雄师》土崩瓦解了！大小头目互相埋怨，下面丢盔弃甲，纷纷造反。在京《百万雄师》受蒙蔽的群众，讀着毛主席的书，看着毛主席的像，想想自己在阶级敌人蒙蔽之下，做了违背毛泽东思想的事，不禁流下痛心的眼泪，决心大杀回馬槍，回到毛主席革命路线上来。受蒙蔽群众觉醒之日，便是陈、王集团垮台之时！

　　陈、鐘之流嚣张跋扈，横行霸道，妄圖把无产阶级革命派一口吞掉，妄圖扑灭无产阶级文化大革命的熊熊烈火。曾几何时，变成人人喊打的过街老鼠。这一小撮反革命修正主义分子在光焰无际的毛泽东思想面前，在亿万革命群众的铁錘下砸得头破血流，落得个众叛亲离身败名裂！在首都，二十一日到二十二日一夜之間，全城盖满了打倒陈再道，鐘汉华的大幅标语，阶级敌人彻底完蛋之日来临了。

　　二十三日以来，首都各界倾城出动示威游行，解放军总参、总政、总后、直屬机关，国防科委、海陆空三军无产阶级革命派举行了大规模游行，在祖国各地，上海、天津、內蒙、山东、山西、黑龙江、福州、浙江、广州、長沙等地纷纷举行示威游行，声討反革命分子陈再道，鐘汉华，声討《百万雄师》中一小撮坚持资产阶级反动路线的坏头头！其声势之大，范围之广，前所未有！烈日，暴雨都压不住千百万革命派对一小撮反革命分子搞反革命政变的滔天罪行的无比愤慨！坚决支持武汉革命派的口号声震天动地！讓陈、王之流的后台发抖吧！我們的战友遍天下！

　　正是：（武汉事件）激起了武汉地区广大革命群众和广大指战员的无比愤慨，受到了全国人民的严正遣責，遭到陆海空三军的强大反对，从东海之滨到天山之麓，从海南島到長白山，大江南北，長城內外，广大群众和广大指战员，走上街头，游行示威，无数的抗议书，指向武汉地区一小撮坏人，大批的声援电，飞向武汉地区的无产阶级革命派。制造这一严重事件的罪魁祸首，陷入了亿万军民愤怒声討的汪洋大海之中。

　　更令人难忘的是，七月二十五日，毛主席的亲密战友林付統帅及周总理，陈伯达，康生，江青等中央首长及中国人民解放军首长在天安門接见了武汉地区革命造反派赴京人员！

　　又是一声惊雷，中共中央，国务院，中央军委，中央文化革命小组给武汉革命群众及广大指战员的信发出了！我們欢呼！我們歌唱！捧着毛主席寄来的信，我們一遍又一遍的讀着讀着，不禁热泪盈眶。

　　党中央，毛主席对武汉革命造反派寄予无限希望，对武汉地区无产阶级文化大革命高度重视。这是武汉革命派的无尚光荣，毛主席为我們撑腰，我們为毛主席争气！我們深信：武汉的无产阶级文化大革命一定能够遵循我們伟大导师，伟大領袖，伟大統帅，伟大舵手——毛主席指导的方向胜利进展！

　　沉浸在胜利的喜悦中的我們，决心不折不扣按中央指示办事，善于团结，启发，教育一切受蒙蔽的群众。对于策划这一严重政治事件的一小撮坏人和打人凶手，必须立即追查，依法惩办，对于武汉军区、公、检、法以及《百万雄师》中的一小撮坏人必须揭露，追查，法办。

　　过去受压制的造反派战士扬眉吐气了，广大受蒙蔽的干部也觉醒了，决心站在毛主席的革命路线一边，爱革命造反派所爱，恨革命造反派所恨，坚决支持左派广大群众，和革命造反派团結在一起，战斗在一起，胜利在一起！为人民立新功！无限忠于毛主席革命路线的人民子弟兵进驻新华工、新湖大、新华农、武測等院校，和革命造反派握槍共守。

　　自称"大、纯、好"的庞然大物《百万雄师》土崩瓦解了！大小头目互相埋怨，下面丢盔弃甲，紛紛造反。在京《百万雄师》受蒙蔽的群众，讀着毛主席的书，看着毛主席的像，想想自己在阶级敌人蒙蔽之下，做了违背毛澤东思想的事，不禁流下痛心的眼泪，决心大杀回馬槍，回到毛主席革命路线上来。受蒙蔽群众觉醒之日，便是陈、王集团垮台之时！

　　陈、鐘之流囂张跋扈，横行霸道，妄圖把无产阶级革命派一口吞掉，妄圖扑灭无产阶级文化大革命的熊熊烈火。曾几何时，变成人人喊打的过街老鼠。这一小撮反革命修正主义分子在光焰无际的毛澤东思想面前，在亿万革命群众的鉄錘下砸得头破血流，落得个众叛亲离身败名裂！在首都，二十一日到二十二日一夜之间，全城盖满了打倒陈再道，鐘汉华的大幅标語，阶级敌人彻底完蛋之日来临了。

　　二十三日以来，首都各界倾城出动示威游行，解放军总参、总政、总后、直屬机关，国防科委、海陆空三军无产阶级革命派举行了大规模游行，在祖国各地，上海、天津、內蒙、山东、山西、黑龙江、福州、浙江、广州、長沙等地紛紛举行示威游行，声討反革命分子陈再道、鐘汉华，声討《百万雄师》中一小撮坚持資产阶级反动路线的坏头头！其声势之大，范围之广，前所未有！烈日，暴雨都压不住千百万革命派对一小撮反革命分子搞反革命政变的滔天罪行的无比愤慨！坚决支持武汉革命派的口号声震天动地！讓陈、王之流的后台发抖吧！我們的战友遍天下！

　　正是：（武汉事件）激起了武汉地区广大革命群众和广大指战員的无比愤慨，受到了全国人民的严正遣責，遭到陆海空三军的强大反对，从东海之滨到天山之麓，从海南岛到長白山，大江南北，長城內外，广大群众和广大指战員，走上街头，游行示威，无数的抗議书，指向武汉地区一小撮坏人，大批的声援电，飞向武汉地区的无产阶級革命派。制造这一严重事件的罪魁祸首，陷入了亿万军民愤怒声討的汪洋大海之中。

　　更令人难忘的是，七月二十五日，毛主席的亲密战友林付統师及周总理，陈伯达，康生，江青等中央首长及中国人民解放军首长在天安門接見了武汉地区革命造反派赴京人員！

　　又是一声惊雷，中共中央，国务院，中央军委，中央文化革命小组給武汉革命群众及广大指战員的信发出了！我們欢呼！我們歌唱！捧着毛主席寄来的信，我們一遍又一遍的讀着讀着，不禁热泪盈眶。

　　党中央，毛主席对武汉革命造反派寄予无限希望，对武汉地区无产阶級文化大革命高度重視。这是武汉革命派的无尚光荣，毛主席为我們撑腰，我們为毛主席争气！我們深信：武汉的无产阶级文化大革命一定能够遵循我們伟大导师，伟大領袖，伟大統帅，伟大舵手——毛主席指导的方向胜利进展！

　　沉浸在胜利的喜悦中的我們，决心不折不扣按中央指示办事，善于团結，启发，教育一切受蒙蔽的群众。对于策划这一严重政治事件的一小撮坏人和打人凶手，必须立即追查，依法惩办，对于武汉军区、公、检、法以及《百万雄师》中的一小撮坏人必须揭露，追查，法办。

放空气，声明与二月兵变无关，贺龙被揪，陈惊恐万状，当即在京打电话回军区，逼党委对此事表态，同时，贺的亲信、军区付司令唐××及军区政治部付主任吕××相继突然自杀，军区党委乱成一团，至今尚为疑案。

陈是大阴谋家大野心家罗瑞卿的忠实叭儿狗，两人自抗战胜利后在二野共事，解放后罗窃居军队要职后大反林彪同志提出的四个第一，而陈相应大谈技术过硬，使武汉军区成为大搞比武，军事冲击政治的前沿阵地。陈再道还是刘志坚军内资产阶级反动路线的积极推行者，陈刘冀南共事曾有生死之交，陈再道这反革命叛变分子气焰嚣张有其反动本性因素，亦有其后台因素！这一小撮坏分子失败得再惨也不会甘心自己的灭亡！

锺汉华为军区政委，是一翻脸不认帐，二面三刀，信口雌黄的政客，与陈再道臭味相投，是陈的忠实帮凶。

军区政委王任重，臭名远扬的三反分子，陈的死党。从文化革命开始即与陈狼狈为奸，合伙镇压群众运动，直到今年三月还称王为军区好政委。中央正式点名后，王则退居幕后，以支持造反派出面，模糊阶级阵线，与陈一反一正为反革命复辟效劳。

牛海龙，八二〇一独立师师长，反革命政变的急先锋，蒙蔽、挑动战士与中央对抗，亲自指挥兵变和斗争王力同志。

看着这些政变头目的丑恶咀脸、再连想下面几段话就非常发人深省了。

二十三日××机关司令部头头竟说：“中央这个广播是错误的，不能代表毛主席的声音，大家听不到毛主席的声音了，什么时候都没有这么大的声势，这是小题大作，是对武汉广大造反派的压力。”“我们就是缺乏造反精神，一干就干到底！”不理解，以为小题大作就可以造无产阶级司令部的反?!还要干到底?!这只能说《百万雄师》中有极反动分子！

听到中央广播后，湖北军区政委江××对《百万雄师》省司说：“现在我们还是支持你们，你们准备材料上北京滙报。”这是七月廿二日下午，七月廿四日上午十时，召集省直联司、省司、省人司（统属：百万雄师）到红山宾馆开会，武汉军区政治部付主任张××说：“在当前形势下，同志们思想很动荡，这是对每个人的考验。”当时有人说成员要纷纷退出，张××则扬言：“中央还要求你们上北京滙报呢！”连想到七月初陈再道讲话：“他们（指造反派）要打倒陈再道，就是我倒了，武汉军区也倒不了，武汉运动还要武汉军区领导，”七月三日锺汉华讲话：“退一步讲，军区犯了错误，你们也争取站住脚”，等等，虽不奇怪，但岂不令人深思吗？

头目在上，一批顽固分子在下。

据讯在七月廿九日，八二〇一中还有廿五人发出紧急声明，表示要与造反派干到底。

又讯：八二〇一和百万雄师中一小撮顽固分子组织了许多的短刀队，专门暗杀。

中央明确表态的今天，造反派还遭暗杀，恐吓信送到造反派家里，岂不令人警惕！

更叫人警惕的是，百匪有计划有组织撤离武汉，几天便不见头目，马上便得到百匪总部决定：一、坚决斗争到底，二、想尽一办法与全国各地联系，接着，东西湖枪声起，这是顽固的百匪连人带枪转移到东西湖负隅顽抗的结果。随之，长沙来电，百匪直接参加攻打河西裕湘纱厂的武斗，并作参谋，从上午×时打到下午二时，还挑动五千农民进城参加武斗，他们还与产匪联系，图谋不轨，种种跡象表明他们逃往全国各地，保存反革命实力。

同志们：警惕啊！在我们一面欢呼胜利的同时，一面要准备迎接更大风浪的考验！胜利的果实不能輕抛，烈士的鮮血不能白流、时刻記住敌人沒有睡觉！"阶级敌人越接近死亡，就越要以十倍的疯狂，百倍增长的仇恨，作垂死的挣扎！"

阶级斗争是不以人們的意志为轉移的客观规律，既然陈再道之流和百万雄师中坚持资产阶级反动路线的坏人，不見棺材不掉泪，要頑抗到底，那么，在伟大統帅亲自指揮下的革命造反派和亿万革命群众将給以毁灭性的打击，将它們干净、徹底、全部、消灭之。

我們的敌人从来就是錯誤地估计了形势；革命造反派豈容打击?!保守势力豈容死灰复燃?!文化大革命烈火豈容扑灭?!大批判的大方向豈容扭轉，干扰?!

亿万革命造反派奋起毛澤东思想千鈞棒，"全国无产阶级文化大革命的新高潮开始了！"

无产阶级革命派的战友們，宜将剩勇追穷寇，不可沽名学霸王，高举毛澤东思想伟大紅旗，把軍內大大小小的陈再道，李再道，刘再道……統統揪出来，把党、政、軍內中国赫鲁晓夫的孝子賢孙們統統揪出来，連同他們的总后台刘少奇統統赶下历史舞台，干干净净把它們扫入历史的垃圾箱！

一切反动势力必敗，无产阶级革命派必胜，刘邓資产阶级反动路线必定徹底复灭，毛主席的无产阶级革命路线必定徹底胜利！

放开眼界看未来，天，必定是毛澤东思想的天，地，必定是毛澤东思想的地，人，必定是毛澤东思想的人，未来的世界必定是毛澤东思想的紅彤彤的嶄新世界！

无产阶级文化大革命胜利万岁！

毛主席的无产阶级革命路线胜利万岁！

战无不胜的，光焰无际的毛澤东思想万岁！

我們心中最紅最紅的紅太阳毛主席万岁！万岁！万万岁！

附件1：

# 我所目睹的"七·二〇"叛变事件

七月廿日上午八时左右，我来到了軍区大院，穿过密密麻麻的人群进到四号楼六楼上。我看到８２０１的某些人（如某連長）在平台上指揮围攻和斗爭王力同志，８２０１的师長、牛怀龙就在旁边。

后来王力同志从平台轉移到文化部值班室內，鐘汉华和牛怀龙，以及"百万雄师"的两名所謂"代表"也进到房間。房門外围满了"百万雄师"、"公检法"的人以及８２０１中的敗类。这些暴徒不断向房內发起冲击，把門鎖打坏，但由于房內一些人的努力，未能冲进。当护士給王力同志量血压时，王力同志微笑着对我們說："文化大革命以来，我这是第一次量血压。"

"百万雄师"的造謠广播不断地向軍区大院里的群众播送着一些煽动性的謠言，捏造的中央首長指示。王力同志听到了，对我們指示說："根本沒有的事，叫他們不要再广播了。"鐘汉华这时假惺惺地叫牛怀龙出去讲。牛怀龙出去后根本不讲，相反却拿着一封介绍信和外面謠传的王力同志的四点指示交給王力同志，强迫王力同志对此表态，被王力同志严詞拒絕了。

在孔庆德、叶明及省軍区賴付司令等来看王力同志时，牛怀龙从室外带进来一个軍人

（是后字２４８部队或总字４２３部队的学员）中等身材，脸稍瘦，背着一个水壶，这个家伙在牛怀龙的慫恿下，气势汹汹地喊着："王力，这四条指示是不是你講的?！是你講的，你签字，不是你講的你辟謠！"

牛怀龙几次跟王力講："武汉公安"游行时在湖北剧院門口被新湖大和二司的人怎样用石头打伤了七八个人，硬要王力同志去看，鐘汉华搖头摆脑装着不同意，牛怀龙又說，只要你去看那几个打伤的人后，"武汉公安"可以馬上撤出，这样也可以立即轉移。"武汉公安"的混帐代表跳进室內，朝着王力同志大发脾气叫道："我們不是什么反革命，我們被打伤了好几个同志，只要你去看一下就行了，我們保証你的安全，不信，你們可以搜身，我們身上沒有武器。"一边說，一边放肆地脫下衬衣，摆了几下，狠狠地扔到地上。

我发現門外有廿多个部队同志，有几个８２０１的很面熟。我說：你們帮忙維持一下秩序。沒有等我說完，这几个人就吵起来說："我們不是来保卫王力的，我們是来揪他的，管他死不死。"我看不对头，向牛怀龙反映，他不理，以后牛怀龙又用电话和蔡炳臣互报了一下情况。

王力同志看完"武汉公安"的所謂受伤的几个人之后，孔、叶、賴等人就离开了。《百万雄师》总站的作战部長刘远东以代表身份强迫王力同志上三楼去与他們的代表谈判。鐘汉华装模作样地对那个作战部長大发脾气說："你們把我槍斃了吧！"这时空气很紧张，８２０１在外的战士爬上窗子，用手击破玻璃，指着王力同志破口大罵："王力，你这个老混蛋！你吃糊塗了，有什么資格說老子是保皇兵?！你吃人民的肉，喝人民的血，把你养的这么胖胖的………。"

８２０１的一个叛匪用槍口撞破玻璃，不顾警卫的劝阻，将槍口伸进室內，一边向室內观察寻找，一边破口大罵。室內有人喊"不准开槍！"这几个８２０１的敗类，一边用玻璃碎片朝王力同志狠狠砸去，一边狂吠着：'老子开槍又怎么样。"在室內的同志站成一道人墙，将王力同志及鐘汉华移到离窗远一点的地方，有两个同志用凉蓆挡住王力同志的身体。８２０１的敗类，繼續疯狂地用槍托砸烂窗戶的木衬，端着五六式冲鋒槍跳了进来，有一家伙端着照相机，一连拍了四五张照片。这时，一些《百万雄师》的匪徒顺着水管爬进室內，伙同８２０１的叛匪大叫大闹，气焰十分嚣张。鐘汉华这时象老鼠一样假惺惺地哭叫着，由警卫員扶着，門这时再也堵不住了，暴徒們冲了进来，边罵、边拖王力同志。有的叫王力坐下来講，有的叫王力站起来講。有的要王力到三楼去，推推打打，鐘汉华这时由警卫員背去了。《百万雄师》的人将二楼走廊堵死了，他們那个作战部長组织人将王力强行拖到三楼中間的房子去进行所謂"谈判"，並安放了两部录音机，里面的代表有《百万雄师》，《省直联司》，《紅卫兵》，《公检法》及軍事院校的。会场里面有人打起架来，非常混乱。牛怀龙这时走了进来，附耳跟我講："叫我們８２０１的人都馬上出去，你就說是我講的。"我照办了。

王力同志在这个谈判会上，向那伙人进行政治工作，並把毛主席和党中央的声音传出来了，那伙暴徒无可奈何，先后灰溜溜地走了。

以后王力同志很快地从四号楼轉移出去了，時間是四时半左右，我无法跟随，约五点鐘回到师部。

〔根据8201部队支左办公室×××揭发材料整理〕

附件 2 ：

# 深入虎穴探亲人

中央首長被綁的消息傳到新華工之後，我紅司（新華工）每一個戰士无不义憤塡膺，每人都在為中央首長的安全而擔憂，而焦急。怎么辦？

一個偶然的機會到來了，通過協商之後，我紅司（新華工）的代表化裝成湖北省軍區賴付司令員的警卫員，帶着兩萬多名紅司戰士的心願隨同賴付司令員到軍區。

在付家坡到省委的一段路上，只見到處人山人海，擠滿了各式汽車，有荷槍实弹全付武裝的解放軍，也有頭戴鋼盔，手持長矛、匕首的"百万雄師"和"三字兵"。軍區門口由"百万雄師"把守。《百万雄師》，《三字兵》的袖章成了出入証，他們可以自由出入。門口附近，停有一卡車全付武裝的解放軍，三挺新式轉盤機槍、兩枝五六式自动步槍架在車头上，槍口直指付家坡方向。

軍區大院內到處是 8 2 0 1 戰士，軍事院校的老保，《百万雄師》《公、檢、法》的老保，《三字兵》、軍人家屬等，除了二号樓二樓之外，其它大樓均可自由出入。大院里到處都是反动標語：什么"王力滾出中央文革！""打倒王力老肥猪！"軍區的廣播也在大叫什么"向王力討还血債，為解放軍報仇！""王力有罪，罪該万死！"一片反革命暴乱的气氛籠罩着軍區大院。

上午11点，我紅司（新華工）代表跟隨賴付司令員來到軍區二号樓見到了敬愛的中央首長王力同志。與王力同志在一起的还有軍區的鐘汉華、孔庆德、叶明等人，趁他們不注意之机，賴付司令員輕声地向王力同志介紹了我紅司（新華工）代表，我紅司（新華工）代表代表司令部及全体戰士向王力同志及來汉首長問好！並問王力同志是否有新指示。然而問話被孔庆德打斷，王力同志來不及回答。

十二時許，我紅司（新華工）代表又一次代表司令部及全体戰士向首長問好，並請王力同志作新的指示。

王力同志回答："不要搞武斗，同學們要安定下來；不要出來搞武斗，現在双方都是激动情緒，一搞就打起來，不要出來。"一边說，一边用拳头對鐘作着手勢。王力同志在與鐘汉華等人的談話中也几次强調說不要武斗。

就在王力同志與我代表及鐘、孔等人談話之时，一全身穿解放軍軍裝的戰士冲入房內，對王力同志大发脾气，說什么："你一來不調查研究，屁股坐到學生窝里去了，这么多工农兵你不管！"整整閙了十多分鐘，鐘、孔假惺惺劝說了一番，好多人一起，才把其劝走。

不一会，《百万雄師》一個姓刘的头头，又惡狠狠地闖了進來，大吵大閙，冲着王力同志就罵："老子几代都是工人，你一來就跑到牛鬼蛇神的窝子里去了，丢下我們工人不管，你王力算老几？老子不怕你，我三代都是工人，你要杀就杀！要砍就砍！"

这时鐘汉華裝模作样地從沙发上跳起來，拍着胸膛對姓刘的叫："你槍斃我吧！"

姓刘的說："算了吧！你的話是反了說的，我沒有槍，你有槍，你槍斃我吧！"軍區的一個人也赶緊上來劝說："老刘，算了吧！"

面對这個暴徒的疯狂，王力同志一直是坦然地笑着，到这时才說了句："原來講好了今天下午接見你們代表嘛！"

軍区里一个人說："王力同志身体不太好，需要照顧一下。"

姓刘的一听，气势凶凶地說："现在解决！也好，退一步，就你王力的命貴？我們工人的命賤？！"

孔庆德趁机出来打园场："提个条件，你們的人退出大楼。"

姓刘的也就答应："好！我們的人可以退出大楼。王力到平台上和我們见面。"說完退出房間。孔庆德赶忙加上一句："沒有四点指示，根本沒有，我們不知道。"

姓刘的又吵又鬧的搞了半个多小时，刚走不久，又冲进一个穿浅兰色上衣的所謂公、检、法的代表，一进門就大喊："《百万雄師》已撤出大楼了，你們对公、检、法都信不过了，我們公、检、法三家，是公安人員，連老百姓都不如，我們什么首長都保护过，毛主席来了我們也保护过。"这位代表提出要王力同志接见他們的代表，遭到王力同志的拒絕之后，又提出要王力同志到对面看伤員，並保证除公、检、法的人外，沒其他人，並說："我們身上沒有刀，不会动王力一根毫毛，要动王力一根毫毛，我以脑袋担保。"而当我紅司（新华工）代表提出：首長血压高，要照顾首長的身体，不要喊口号时，他却說："这不保险，我們有四大自由。"並要王力去看伤員。

王力同志到对面一看，只有八个伤員，周围尽是《百万雄師》《三字兵》軍事院校老保。他們乱哄哄地喊："要王力回答！""打倒王力！"……

王力同志說："同志們，我們从来反对武斗，武斗不是这次文化大革命的方向，我們从来就是反对武斗的，不管那方面搞武斗都是不对的。"並反复地强調不要武斗。

老保乱叫："要王力回答，为什么乱下四点指示？！"

孔庆德說："沒有四点指示嘛！"

王力同志也回答："沒有四点指示，我根本不知道。"

"好！你签字！""要王力签字！""要他签字！"……乱哄哄地吵了起来，有两个还拿着笔逼王力同志签字。此时，一个左眼下有斑点的坏家伙唆使那些老保往王力同志身上挤，企圖下毒手。百匪也連喊三遍"下定决心，不怕牺牲，排除万难，去爭取胜利。"王力同志並沒有签字，他們以看伤員为名，把王力同志騙去，搞的变相斗爭会，最后终于破产了。

下午一时左右，我紅司代表第三次与王力同志談話，我紅司代表首先向首長問好，接着就請首長作指示，需要我們作些什么工作。

王力同志指示說：'要作政治工作，作政治工作是可以解决問題的，大家正在作政治工作，通过作政治工作是可以作通的。"

王力同志强調說："要加强政治工作，用政治解决問題，不要出来搞武斗，打是不行的。"

新华工代表最后依依不舍地告別了首長。王力同志微笑着向他揮手，新华工代表出来以后，来到武汉軍区付政委叶×的办公室，里面有叶×，８１９９部队的张政委及湖北軍区的賴付司令員。

我代表向叶×提出，现在怎么办？並明确指出两点，①８２０１造舆論，下午一点要在新华路体育场斗爭王力同志。②王力同志住处四号楼門前有一輛軍車，站滿了暴徒，車头上三挺机槍对准王力同志房間。这两点你們必须馬上处理，絕对保证王力同志安全，否则，后果自负。叶×听了以后不久就走了。

接着，新华工代表向张政委詢問，王力同志今晨被綁架和毆打的情况。张政委回答說："

今晨三点多鐘，我接到电话，就带一个警卫排去王力同志住处。当时是里应外合，我一到那里就觉得不对头，那里已经有几十人了，围在那里走来走去，我进去以后，又来了一些人，他們一下围了上来，並組織大批人馬往里冲，把我們推呀，打呀，王力同志被打了，他們抓着王力同志的头发就拖，是可忍，孰不可忍！"

"你也被打了嗎？"我紅司战士关心地問，张政委回答說："我沒什么，只要中央首長安全就好了，北航的四个孩子可被打得很凶，他們眞勇敢。"他接着激动地說："謝付总理，王力同志是毛主席派来的亲人呀，毛主席派来的人在武汉竟沒有立身之地，你看这里是誰的天下？"

紅司代表又詳細問了謝付总理的安全以后，知道８１９９部队已经派了二个連进入四号楼，安全問題基本解决以后，就离开军区回到新华工。向急切地等待着了解首長安全情况的全体解放区居民彙报了探望首長的经过。

附件３：

# 最高指示

## 枪杆子里面出政权。

《战爭和战略問题》

## 特急呼吁

我們伟大領袖毛主席亲自发动和領导的这场伟大的史无前例的无产阶级文化大革命，正在进入两个阶级、两条道路、两条路线斗爭的極为关键的时刻。胜利即将到来。可是党內一小撮走資本主义道路的当权派並不甘心他們的死亡，在临死之际拼命挣扎，狗急跳墙，实行新的大反扑，霎时歪風四起，乌云密布，黑浪滚滚，白色恐怖籠罩武汉三鎮。七月的江城又耍沸騰起来！我們絕不能眼看无数先烈們用鲜血和生命换来的无产阶级江山毁于一旦，为此，我們中国人民解放军八二〇一部队全体指战員向全市无产阶级革命派发出以下特急呼吁：

一、更高地举起毛澤东思想伟大紅旗，活学活用毛主席著作，紧紧掌握斗爭大方向，向党內一小撮走資本主义道路当权派发起猛烈攻击。坚决粉粹資本主义的反革命逆流。

二、我們認为《百万雄师》是眞正的不折不扣的，浩浩蕩蕩的、硬梆梆、响噹噹的革命左派组织。他們最听毛主席的話。紧紧掌握了斗爭的大方向，把斗爭的鋒芒始終对准党內一小撮走資本主义道路的当权派。他們旗帜鮮明，是执行和捍卫党中央指示的模范，是"抓革命，促生产"，"拥军爱民"的模范，是制止武斗和打击牛鬼蛇神的英雄。我們中国人民解放军８２０１部队全体指战員坚决支持《百万雄师》的一切革命行动，誓作他們的坚强后盾，最坚决和《百万雄师》团结在一起、战斗在一起、胜利在一起，誰敢妄动《百万雄师》的一根毫毛，我們将毫不留情杀他个片甲不留。

三、我們再次重申，黑工总是个地地道道的被反革命分子操縱的组织，我們坚决踏平工总，为民除害，"三新"，"二司"的大方向錯了，完全全全錯了。

最后我們特急呼吁全市无产阶级革命派立即行动起来，徹底粉粹資本主义复辟反革命逆流。

最后讓我們高呼：

踏平黑工总，鎭压反革命！坚决粉粹資本主义复辟反革命逆流！

打倒刘、邓、陶、王！打倒孟夫唐！

坚决支持《百万雄师》的一切革命行动！

无产阶級文化大革命万岁！

无产阶級专政万岁！

伟大的中国共产党万岁！

战无不胜的毛澤东思想万岁！

最最伟大的領袖毛主席万岁！万岁！！万万岁！！！

中国人民解放軍八二〇一部队全体指战員　　　一九六七年七月二十日

附件4：

# 最　高　指　示

## 没有一个人民的軍队，便没有人民的一切。

## 关於积极响应八二〇一部队 "特急呼吁" 的严正声明

正当武汉地区党内一小撮走資本主义道路当权派垂死挣扎、向无产阶級革命派进行猖狂反扑的緊急时刻，伟大的中国人民解放軍又一次以英雄气概挺身而出，刹住了歪风，頂住了逆流。八二〇一部队全体指战員今天向全市无产阶級革命派发出了 "特急呼吁"，它給阶級敌人的新反扑以迎头痛击，大灭了資产阶級的威风，大长了无产阶級的志气。我毛澤东思想紅武兵全体战士最积极响应八二〇一部队的 "特急呼吁"，緊急行动起来，现严正声明如下：

1. 八二〇一部队全体指战員发出的 "特急呼吁" 不畏 "权威"，不怕强暴，立场坚定，旗帜鲜明，他們捍卫毛主席革命路线的又一英雄行为，是他們活学活用毛主席著作的結果。我們坚决拥护，积极响应。

在史无前例的无产阶級文化大革命中八二〇一部队全体指战員自始至終高举毛澤东思想伟大紅旗，他們有坚定的无产阶級革命立场，有革命左派的造反精神，有革命左派的思想感情，有革命左派的高尚风格，他們和武汉駐軍一道，並肩作战，为武汉地区的无产阶級文化大革命建立了不朽的功勋。他們不愧为人民軍队的英雄战士，不愧为暴風雨中的雄鷹。我們向他們学习！向他們致敬！坚决支持他們的一切革命行动，坚决和他們团结在一起，战斗在一起，胜利在一起。誰敢污蔑他們，损伤他們的一根毫毛，我們就叫他有去无回。

2. 我們一定更高地举起毛澤东思想伟大紅旗活学活用毛主席著作，緊緊掌握斗爭的大方向，坚决粉粹資本主义复辟的反革命逆流。我們誓用鲜血和生命来保卫毛主席、保卫党中央、捍卫以毛主席为代表的无产阶級革命路线。誰要反对毛主席、反对毛澤东思想、反对毛主席的革命路线，不管他职位多高，資格多老，我們都要和他拼到底，把他打翻在地，叫他永世不得翻身。

3. 我們再次重申：武汉部队在三支两军工作中成績是主流、是本質、支左的大方向完全正确。誰妄圖否定武汉部队的成績、誰妄圖搞垮武汉部队，我們就叫他遺臭万年。

无产阶級革命派战友們，立即行动起来，坚决粉粹資本主义复辟的反革命逆流。

最后讓我們高呼：

踏平工总鎮压反革命！坚决粉粹資本主义复辟的反革命逆流！

打倒刘、邓、陶、王！打倒孟夫唐！

坚决支持八二〇一部队指战员的一切革命行动！

向中国人民解放軍学習！向中国人民解放軍致敬！

伟大的中国人民解放軍万岁！

无产阶級文化大革命万岁！

无产阶級专政万岁！

伟大的中国共产党万岁！

战无不胜的毛澤东思想万岁！

我們最最敬爱的伟大領袖毛主席万岁！万岁！！万万岁！！！

《百万雄师》紅武兵武汉地区革命造反司令部

一九六七年七月廿日

附件5：

# 最 高 指 示

凡是敌人反对的，我們就要擁护；凡是敌人擁护的，我們就要反对。

# 特 急 警 报

全市广大的无产阶級革命派的同志們，革命的战友們，紅卫兵小将們，以王力为首的一小撮混蛋，不顾武汉地区广大革命派的意志，对武汉地区无产阶級文化大革命中的問題，不作任何調查研究，公然擅自作出决定，为黑"工总"平反，並准备发出"平反公告"。革命的同志們能讓这一小撮混蛋扭轉历史車轮，在武汉地区实行資产阶級专政嗎？不能！一千个不能！一万个不能！这是关系到千百万人头落地的大事。

无产阶級革命派的同志們！革命的战友們！紅卫兵小将們！紧急动员起来，坚决不讓敌人的阴谋得逞。踏平黑"工总"，鎮压反革命。头可断，血可流，毛澤东思想不可丢。用鮮血和生命保卫党中央！保卫毛主席！保卫无产阶級专政！我們心中最紅最紅的紅太阳毛主席万岁！万岁！

《专揪王力联合指揮部》　67，7，22　晚11点

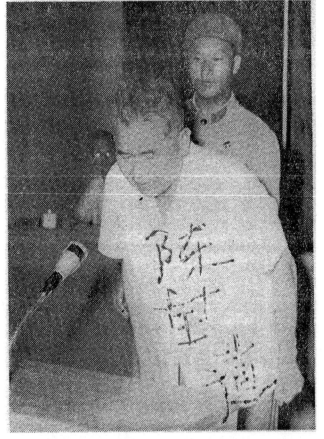

把7.20反革命事件的罪魁禍首

陈垚溅揪出来示众！

打倒反革命修正主义分子陈垚溅！

# 中央首长第九次接见天津代表座谈紀要

时　　間：1967.10.10.晚10：53—11日凌晨4：24
接见地点：人民大会堂安徽厅
接见首长：陈伯达、謝富治、戚本禹，在座的还有郑維山、罗元发等。
被接见的：天津大联筹赴京代表46人，特邀代表24名，解学恭、肖思明、楊銀声、江枫也在座。

**伯　达：**今天专門請大联筹的，可見你們相当偉大嘛！只有你們是大联合的，旁人不是，这是說笑話。你們在座的很多很好嘛，听說你們天津搞了很好的协議，我們听了很高兴，不仅我們高兴，全天津市的老百姓听了都高兴，全河北省的老百姓听了也很高兴，是不是？（众：是！）大联合不是很好嘛，文化大革命已經搞一年多了，具体你們天津……

**郑維山：**筹备小組二月上旬組織，二月十三日宣布正式成立。

**伯　达：**謝富治同志上次将过你們一軍，說天津可能比北京早一点，可是现在北京已早成立了五个多月了，结果你們天津到现在还没有搞成，落后了，本来是解放军接管公安局时是很好的形势，天津的市民、百姓是多么热烈的欢迎解放军，当时军队接管公安局时，放了多少炮竹，炮竹声就是代表了天津人民的希望，我对你們不了解，为什么鬧的这么久，还不能合作起来。天津老百姓是希望你們搞革命大联合，是以毛澤东思想为旗帜的革命的大联合。天津人民是盼望实现大联合，天津不久前９•30协議是代表天津市人民希望的，听說最近又要垮了的样子，我們觉得很担心，这个协議究竟是垮了好，还是不垮好？（众：不垮好！）有沒有贊成垮的？可能有个别的。如果有人要破坏，你們不要上当。不管他用什么名义，用多漂亮的話，或者讲很不漂亮的話，更不要上当。我看在座的都是大联筹的代表，你們合起来就是紅代会的嘛！不要搞大联筹了，不要搞成两个組織，互相打来打去，贊成嗎？（众：贊成）这是一件好事，是天津人民很高兴的一件事，党中央、中央文革高兴的一件事，怎么能让人家破坏呢？不能够。所以今天准备听不同的意見。你們对协議有什么不滿意的可以讲，如果想推翻的也可以站出来讲，不要在幕后搞。有問題可以公开讲，我的話不知对不对，党中央很关心你們，毛主席很关心你們，希望你們走正确的路。这是第几次了？第九次了，恐怕是全国最多的，我們很有耐心的，（戚本禹：不是全国最多的，广西最多）天津問題中央文革很关心。

**郑維山：**特别是伯达同志。

**伯　达：**不是我。天津人不懂我的話怎么行呢？請謝副总理讲讲吧！

**謝富治：**我同意伯达的話。

**伯　达：**請戚本禹同志讲讲。

**戚本禹：**我完全同意伯达同志讲的。

**郑維山：**是不是請大家讲一讲，有問題的提出来。

**伯　达：**赵健敏来了嗎？（赵答：来了）你到前面来讲嘛，听說你有一些意見，站住站不住？大家听一听。

**赵健敏：**我讲几句，我觉得中央首长接見好象在家里一样，有話就要讲，我說的是个人的想法，但也代表了相当多的人，（伯达：不要說代表多少人，就代表你个人好啦！）九•三〇协議，对这个协議的看法我們觉得签定的不民主，协議的签定分两个阶段。第一阶段，九月二十九日下午四点到六点半，确定了最高指示、题目、斗争大方向、抓革命促生产、加强无产阶级专政。經過个别詞句修改，大家都同意，我也同意，当場表决赞成。第二阶段是晚七点至夜两点，討論五代会、革命委員会、拥军爱民这三条，我們事先民主討論过，大联筹代表认为原几个同志起草的草案不深刻，是違背毛主席一分为二的教导的，根据主席指示和第八次接見时中央首长的指示，对天津前一段历史作一个科学的全面的总結，这是对无产阶级文化大革命負責任，我們提出三点主張：（1）要高举毛澤东思想伟大紅旗，斗私批修，大联合要靠斗私去巩固，根据第八次接見时的指示，我們要求写上謝副总理的话。（2）关于五代会問題，我們认为天津五代会是上海一月革命风暴后根据中央指示定的，在这革命形势下联合起来，这个組織形式适应当前的政治任务的需要，但我們还得理論結合实际，天津的实践证明五代会是不完全的，有相当多的造反派没有包括进去，这是天津夺权筹备小組利用一部分造反派对相当多的造反派进行排斥，造成了天津市运动的反复。本来十二月份时是正常的，六、七月是造反派受刘邓资产阶级反动路綫迫害的阶段。八月在十六条的光輝照耀下起来造反，成立了阶级队伍，造反派貢献了自己的力量。九、十月我們杀向社会，批判資产阶级反动路綫。十一月十二日天津的保守組織野战兵团被工矿、大专为代表的工人、学生联合冲击下土崩瓦解，保守势力的許多革命群众反戈一击，回到了毛主席的革命路綫上来，形势很好。十二月有了造反公社，是以工人为主体的，是工农军学联合的。一月份军队介入受到了很大的欢迎，解放军是人民子弟兵，在抗日战争和解放战争中創立了不朽的功勋，革命造反派与解放军是团結战斗在一起的，这样会使文化大革命发展順利。解放军自介入后做了大量有益的工作，在三支两军中做出优良的成績。但是，不能不看到，由于不理解等主客观原因造成了一些缺点錯誤，有的甚至是严重的，支左負責人思想起码是保守的，支持錯了很多。如在塘沽、财貿、冶金系统等，錯誤是严重的，有的甚至是方向路綫的錯誤，大家提了很多意見，可能有的人提的比較硬，但他們的心是赤誠的，群众知道什么是拥军，对驻军的成績必须肯定；对錯誤缺点必须本着惩前毖后的态度来帮助，大专院校造反总部四月份給支左送大字报、小字报，但至今没有答复。

**伯　达：** 你講话要单刀直入，究竟有什么問題，你們不赞成夺权筹备小組搞大联筹，我們都知道，协議你赞成不赞成？

**赵健敏：** 九·三〇协議我认为有很大的問題，其中有五部分我是赞成的。拥军爱民、五代会、革命委員会有問題，我們提出三点主張在会上他們根本置之不理（讀几点意見，見附件一）。

**伯　达：** 不是說要通过协商加强、扩大嗎？

**郑維山：** 他是要改組。

**赵健敏：** 我們的意見被无理否决了。

**謝富治：** 你怎么签的字呢？

**赵健敏：** 我沒签，我认为应当重新修定为准，把我們的意見充实进去，否则，我們是不签字的。

**伯　达：** 你們大部分是签字了嘛！

**赵健敏：** 我們代表意見不一致，我提出意見后，五代会罵我是流氓，我們要发表不同意見，他們不让，并以鼓掌起哄的方式来强行通过。

**謝富治：** 工人意見怎么样？工人签字了嗎？

**赵健敏：** 签字了。

**謝富治：** 学生能运动工人嗎？听說串联会是你回去开的，你是反对联合的。

郑維山：你能代表工人嗎？

赵健敏：我不能，但有的工人和我的观点发生了共鸣，天津就有二〇八个单位发表了声明。（拿出声明給大家看）

樂文奎：我們是不同意簽字的，这个协議没有通过民主討論，压制少数人的意见，既然是双方协議，那必须經过民主协商，我参加了会，驻军找到我，我不同意簽字，就是因为不民主，必须經过双方协商。

伯　达：你們大部分同意嘛！应当少数服从多数嘛！不能几个人不同意就推翻。

于兴富：我认为这个协議是不完全的，是不民主的，我是工人，天津机車車辆厂的。这个协議是不完全的，第一是五代会；第二是拥军爱民，五代会的形式是中央肯定的，但他們犯了很大的錯誤，他的核心就有野战兵团的，我們調查了三〇八个单位，就有八十九个加入了工代会。（伯达：头头和群众总是不一样的）天鋼紅鋼兵，塘沽港巴黎公社就有人是常委，（伯达：这也是少数的几个人嘛！）核心一共才九个，就有这么多，（伯达：只三个，还有六个是不錯的嘛）我认为五代会問題讲的很不完全。我认为五代会之外的都要进去，协議签訂后，二日有人按照协議去报喜，去备案，他們不执行协議，根本不收。至于拥军爱民問題中，天津驻军做了大量有益的工作，尽管他們在支左中犯了严重的錯誤，但还是认識問題，这和走資派不同，只要认眞檢查我們还是欢迎的。有人說写上有損于解放军的威望，我认为当他有錯誤，反而不給指出，其实是对他最有害的。（讀語录）提出是有利于改正，有利于文化大革命，然而在会场上得到了否定。

刘宝善：我是工人，是物資局系統的，管理工。首先我們感謝首长給我們发言的机会，但在会场上却不給我們发言的机会。那天是一部分一部分的簽字，我們有这样的几点意见，加强、扩大五代会就要提出原因，首先应指出五代会的形式是很好的，应把謝副总理的讲話加进去，（伯达：五代会不完全，才要加强、扩大嘛）关于拥军的問題，我同意于兴富同志的意见。

楊宗华：这个协議是不完全的。我們有一个看法，五代会不完全，相当多的造反派没有进去。对天津支左，我們对解放军是热爱的，造反派过去对军队的态度是好的，他們在有些地方犯了錯誤，指出来就是拥军。河大八·一八是保守組織，我們要斗走資本主义道路当权派，他們不让斗。"支左"一直站在八·一八一方。扣发工資，这是普遍现象，对我們进行經济封鎖。我們向中央請示，北京军区让他們解决，他們仍不解决，江枫、楊銀声都在场。我們对錯誤应该指出来，这是普遍的，而不是个别的。

汪瑞起：协議我們簽了字。对拥军这一条，我們是军管单位，受压的典型。军管会三天表态，强行把我們打成反动的，整风七十三天要揪后台。我們給军管小組提了，他們幷不改正。我們认为他們的錯誤应在适当地方加上去。

陈伯达：我看不是在协議文字上的問題，而是有人想壟断。問題是可以商量的。实际上是有少数个别人想壟断天津，有一种野心家想随便玩弄天津的老百姓，要把这个盖子戳穿。对基本原則中央也說了要重新加强、扩大五代会，本来这是没有問題的。老早就讲清了。现在文字上写的再好也不行，就是有个别的野心家想壟断天津，要把这个盖子揭开。我老实說，我是不贊成"大联筹"这个組織的，你們这个跨行业組織混杂了很多坏人。还是按中央指示办事，所有工人按工厂、行业，所有学校按学校班系联合起来。这个問題解决了，将对天津大联合起实际作用。现在"大联筹"是跨行业的組織，要归口。

程国富：这个协議我們是簽了字的。我是工矿总部的，我們认为这个协議基本上符合主席思想的。但有些具体問題没有写上去，这个协議是行的通的，受天津人民拥护的。赵健敏的态度我們是理解的，但不好的是他回去开了很大的串联会，讲个人的观点。使我們受到圍攻，解釋后大家理解了。但造反精神是好的。我們认为他不把工人阶級放在眼里，目中无人。我們在武斗中死了几个人，他说："死了活該！"我认为他不能代表八二五、大联籌。他写了"我們要大吼几声"，他罵我們是工賊、学賊我們不通，在工人阶級內部沒有根本的利益冲突。天津达成几个协議是較稳定的，搞大联合大批判。赵健敏在談判桌上精神我們是理解的。

伯　达：把签字的工人同志說成是工賊、学賊是完全錯誤的，赵健敏的話是完全錯誤的！

赵健敏：报告！我写了傳单。按語中有的語气重了些，死了活該在什么地方說的？"大联籌"中有沒有坏人？

程国富：有，我們工矿有！

赵健敏：有的工人談話不能代表工人阶級。

程国富：我是工人，他学生运动工人。

刘志銀：你不象工人！

謝富治：你学生跟工人斗不好。

刘志銀：他干的不是工人的事情。

伯　达：我劝你們工人不要让学生牵着鼻子走，工人是領导阶級嘛！工人应左右天津嘛！

謝富治：你們是一个代表团的，应在內部斗爭，不要带到天津搞，这样就搞坏了。有意見可以提，但不应带到天津。同意签字是多数还是不签字是多数？

程国富：同意签是多数。

李金城：我是紡織机械厂的。我們是签字的，但我們认为有很多不足的地方。我們认为协議应基本肯定。但会場上有几种不民主的气氛，中央首长讲話对学生今后如何搞好本单位，但不意味着挑撥工人和学生的关系，有人說臭知識分子靠边站，我們认为这不对；第二个，是通过形式应細致討論，要符合广大革命派要求，应叫代表充分討論，这是关键問題，在于天津革命派紧跟中央，能否解决天津市一年来文化大革命的問題。但最后成了鼓掌通过，意見不能充分发表，有的人意見不能发表。如果压制一方就不是民主的。我們认为协議应基本上肯定，但有不足地方应补充，在天津市有几种情况，四日早晨支左就公布了。我們还沒有傳达，就見到了协議。（謝富治：其实这个协議是多余的。）这个协議分了五批签字，中学紅革会提出要給予考虑的时間，但被拒絕。有人提工人阶級联合起来，知識分子靠边站。第二天统一了思想，签了字。

赵子光：有人提天津搞串联会是赵健敏煽动的这是誣蔑！不是赵健敏煽动。因为"支左"把协議貼出来了。（謝富治：你軍管会也不要那么忙着貼嘛！让大家提意見嘛！）关于签字确实是不民主。

張双田：我們是特邀代表团。我参加了协議的起草，我們认为是符合中央精神的。起草是三方起草的，是起草同志同意的。那天会上当晚签字，"大联籌"27个签字的。还有二十三个沒有签字。（謝富治：不是应同等人数嗎？）还有二十一个沒签，轉天又签了。謝富治：最后有几个沒签？赵健敏：最后都签了，但我們还有七个同志坚持沒签）现在同志們有意見，是五代会沒有执行协議，工厂联合起来，五代会不給备案。

謝富治：那个五代会就不对了，关键不在这里，关键在五代会加强扩大，关键是两代会，一个是工代会，一个是大专紅代会，你們先在这个地方搞好，怎么加强、扩大、調整，这个协議不就好了嗎！抓革命促生产，这都是抽象的，这是空的。改組以后，加强以后，領导就好办了。

黃家全：最高指示"世界上只有唯心論和形而上学最省力……。"我是特邀代表。我认为刚才几个同志发言里，說這次协議是不民主的，這是不符合实际的。我們26日到達北京，28日討論了草案，至十二点半，十五名同志組成起草委員會进行了逐条修改。29日下午又逐字逐句討論了。在那个會上发言最多的是大专的同学，爭論是大专学生和工人的。应在充分发表意见后达成协議。如果少數人沒有被采納不能說是不民主。天津市工人阶级不是都反对這个协議，反对是有的，大多数人是同意的，协議中有缺点错誤。五代會不执行协議，這是离开协議的内容。

郭国芬：我們是签字的，我們认为這个协議是符合毛澤东思想的。27日下午內部討論，大联筹统一了意见，委托学生代表发言，沒有被采納，造成了分歧，有人在討論时同意，會上又不同意，我們的意见是把人拉出來。會場气氛混乱。赵健敏坚持了意见但語言有些过激。我們把他拉回來。赵健敏回天津后应把当时會議情况向大家如实交待。赵健敏本身是好的，但起到了不好的作用。赵健敏提出的203个单位的严正声明，"大联筹"已决定不发了。（謝富治：发了沒有？可不要发了。）小将有些过激的标語，"大联筹"决定不搞了。

謝富治：這个对。

伯　达：討論我沒参加，我說一点意见，不知对不对，這个协議有个问题，大联筹某些人为什么會起這么大的反对。我看是不是有這么个问题，第一、关于五代會加强扩大問題，這里有一句話：即按系統实现大联合。大联筹有些人是不能接受的，有些人不同意，象赵健敏因为按系統大联合，大联筹就會分开了，大联筹就沒有存在的必要了，我赞成剛才有个同志写的一封信，胡思信写的這封信，我看他的意见是对的，他說：革命師生按年級、班归口联合起來，就是按系統联合，工厂工人联合，外面工厂也不要干涉，工代會必须是名副其实的工代會，是工人阶级选出的代表，是各系統、工厂派出來的代表。大联筹是一个跨行业的組織，按這个协議，跨行业就不能跨了。我們研究了很多材料，很多地方的情况，所以群众組織如果是跨行业的就不那么适当了，就漁龙混杂了，各种各样加在其中，有這样的問題嗎？（有）大联筹掺杂了許多人，有坏人混进去了。赵健敏讲代表四十万，现在代表一百万人，越大越糟，混进的坏人很多了，如果按系統联合，坏人就不好混进去了，坏人混进去比較容易分清楚，学生按学校、班級联合起來，工厂按工厂为单位联合起來，這是毛主席批的，按系統大联合才能实现革命的大联合，如果按大联筹的联合就不成了，這是大杂燴，我和大联筹沒有冤仇，不會說你們的坏話嘛！你們不是按系統，這个組織什么人都收，不可避免。不以你們的意愿为轉移的必然會变成大杂燴，你們批評五代會是大杂燴，你們自己又是大杂燴，（赵健敏：我們已按28个系統归口）中央要我們來帮助你們解决這个問題，看你們同意不同意学校按班級联合，工人按工厂联合？（同意）這样你們大联筹本身就有改組的必要，对這个組織怎么看法就可以怀疑了。這个組織是跨行业的是一个大杂燴，我不曉得对不对，有些过火了，這个大杂燴幷不等于你們這些同志不好，混进了一些坏人，幷且可能會被人家操纵，有人操纵你們我們是了解的，你們不要上当，上次我不是說你們抱了几块大石头，至少是二、三块，抱了石头就看不清前面的路了，就不好走路了，抱那么块石头干什么，实在，你們是抱了几块石头連你們的代表們也不知道，說穿了，你們背后有人操纵，你們代表同志有很多人不知道，（魏洪全：希望首长提出來）总之有野心家操纵就是了，我得到一些群众來信，不是军队、公安机关告訴的。我告訴天津領導小組同志，他們还莫名其妙，我现在知道至少有三个

117

人，这三个人不要乱搞了，希望他們三个人觉悟。实际问题就是归口还是不归口，这是执行毛主席指示还是不执行。剛才謝付总理跟中学学生談話，他們觉得按班級大联合是可以联合的，什么几派都可以变成一派了，就是毛澤东思想派，我看这是一个实质问题，不曉得对不对，請你們考虑。

**刘志銀：** 关于大杂燴的問題，我們认为是有一些坏人的，但看是不是主流，我們是大杂燴，五代会更是典型。

**伯　达：** 五代会我不很了解，我特别研究你們，你們，我特别了解一些，因为你們特别反对五代会，五代会我是不研究他，我声明，我不能替五代会打保票。

**刘志銀：** 五代会他們在北京委态高，在家坏，利用伯达同志的講話攻击造反派。

**伯　达：** 按系統联合操之过急也是不行的。

**刘志銀：** 大联筹本身就是按系統，有几个組織是跨行业的，这不是主流，根据现在情况，如平等协商，自然就解散。

**伯　达：** 五代会有沒有調查清楚。五代会可能有坏人。要归口大联合还要很好的协商，不能过急高压。

**伯　达：** 我看你們可以再搞一个补充协議，你們搞这个，我是沒参加的。签字比較太快了，可以慢一、两天，同志們还是好意，好好庆祝国庆，但太匆忙了，有些东西可以补充一点，搞几条，不要搞多了。（魏鸿全继續念）

**謝富治：** 你們和他們联合起来一起进很好嘛，为什么他們拉一派进工代会，我們不贊成。

**崔宝山：** 我們紡織一輕局已实现了大联合，报五代会备案，他們就不收。

**王　成：** 他們要在他們的基础上联合。

**謝富治：** 这作法不对，联合了还不要？

**魏鸿全：** 駐軍先搞組織联合。

**謝富治：** 我們說是在大批判中实现大联合。

**孙克昌：** 一机系統五号去备案，他們不要。

**謝富治：** 剛才伯达說的我完全贊成，枝节问题不要搞了，天津筹备时间較长，应联合了，现在已到联合的时候了，成立革委会。最近主席有了新的指示，你們还要学习几天，不要管枝节问题，大家一致努力把工代会、学代会联合起来，把天津革委会搞起来，这是大局，也是方向，不管千条、万条要实行这一条，就是按系統把工代会、农代会、学代会加强起来，应进去的都进去，把不合适的人調整，很快地把天津革委会建立起来，这是大局。偉大的領袖毛主席講，最迟到年底28个省市搞完，天津是最早提出来的，等28、29个去搞那不光荣，伯达批評大联筹就是看你們对大联合不那么积极，赵健敏要积极一点，采取积极态度，不要争名給你赵健敏一个位置，不要以我为核心，要坚持按最高指示办事，要无限忠誠、热爱、信仰、崇拜毛主席，毛主席的話一句頂一万句，要好好学习。伯达同志講的所謂补充协議就是要把工代会如何加强、充实，学代会如何加强、充实的协議搞一个，然后把革命委員会名单排出来，成立革委会，中央批准。先搞工代会、学代会。你們不要去争名額嘛。这个原則协議，你大联筹要争几个名額，最好不要吵，吵一下也不要紧。擁軍爱民沒什么錯誤，我改不改不那么积极，五代会革命委員会是实质的东西，我希望大联筹要紧跟毛主席的偉大战略部署，积极一些，你們做了很多好事，有很大进步，抓了坏人，签了协議，要搞到底嘛。要把工代会、学代会搞起来，关键是工代会、学代会充实和加强。还有革命委員会名单排一排，最好不要争。解放軍有缺点、錯誤可以檢討，不檢討不行，写上这个不太合适。檢討又不要錢，这样說就不太严肃了，多作自我批評有好处，你們不要要求太多了，三相信，三依靠，你們要求低一点，他們要求严一点就行了，你們不要爭論枝节問題。所謂补充协議就是把工代会、学代会調整，革命委員会的名单，赵健敏不能管工代会只能搞个学代会常委，革委会当一个委員，要当主任可以到北京来，不要爭。要看过去、现在，还要看将来，是不是紧跟毛主席、林付主席、党中央、中央文革小組，要看过去现在和将来，现在和将来很重要，不要吃老本錢，我們这些人就吃老本吃了亏了，你們要立新功，大联筹要在主席最新指示基础上，为斗批改作出新的貢献。我还吹过牛的，第八个是天津，现在内蒙已交了名单。天津不能２８、２９个，天津是工人阶級城市。上海的工人就带头的，天津的工人阶級也要带头，大学点过火，当过闖将先鋒，有了丰功偉績，这个功劳不能抹煞，但不能吃这个老本錢，不要吃老本指揮別人，不斗私批修，就要把老本錢吃光，还要犯錯誤，应在大联合中立新功，特別是斗批改立新功，不要吃老本錢，有錯可以批評，我想你們在北京和五代会开会，五代会我也要讲几句，不要"我是老子"，签字就来，不签字就滾蛋，这不行，要大家都照顾。为什么不联合？

**郭国前：** 公安老总不联合。

**謝富治：** 要联合。

**齐炳剛：** 胡昭衡在分裂联合。

**吉新民：** 五代会以中央首长肯定压我們。

**謝富治：** 以誰为核心也不对。

**郭国前：** 我們也不是要以我为核心。

**謝富治：** 那不对。

**王　成：** 以誰为核心，由群众組織定。

**謝富治：** 有一个自下而上，还有一个自上而下，搞一个补充协議，紅代会也要这样，然后考虑革命委員会，但不要爭，也可以爭一点。

**齐炳剛：** 我們不爭，他們爭，他們不跟我們联。

**謝富治：** 那不对。

**李金城：** 紡系我們十个組織联合，紡系联委九个总部盖章，就王代会一个不盖章，工代会就不备案，而必须以他为核心。

**孙克昌：** 我們一机联合了，就是不給备案。

**謝富治：** 为什么？

**孙克昌：** 工代会的人沒去。

**謝富治：** 这不行。

**特約紡織系統代表：** 他下边控制我們組織。

**謝富治：** 不对，軍队軍代表什么态度呢？

**郭国前：** 在北京的三个夺权小組的对我們支持，在家里的四个人不支持，軍代表也不支持。

**謝富治：** 軍代表不搞大联合就要打屁股了。

**石宝玉：** 我們农系要搞联合，他們不联合。

**謝富治：** 他們也有道理，你們要坚持按系統上、下搞联合，軍管会就是要搞大联合的，要专門搞这件事。

**石宝玉：** 他們不跟我們联合，他們在下边一个組織一个組織的拉。

**謝富治：** 你們不要說五代会是大杂燴，他們也不要說你們。毛主席說世界上絕对的純是不存在的，十全十美的事情是不存在的。

**楊中华：** 我們提出要按系、班联合，我們对立面要以他为核心。我們有1500多人，他有2500多人，两边平等。

**謝富治：** 那就对等。

楊中华：他不干。

謝富治：我这个人就可以，多让一个也可以，誰有資格可以来替我。

楊中华：他們现在仍然是全面經济封鎖，支左他們不解决。

謝富治：我看条了，扣工資不对。不能以正統来卡人家，我看你們都有点子，你們沒有成正統，你們力量小，就不想联合，也不行，这两派都有点名堂，大联籌有少数人就因人少不成立革委会，說赵建敏打成反革命也不搞革委会，我就耽心这一点。五代会不要以多数、正統压人，你們也不要拉队伍压人。

崔宝山：我們就是耍大联合，我們要以实际行动去联合，全心全意的，他們要以他們为核心，他們說协議肯定我們反对，我們就是反中央。

謝富治：这不对！

刘志銀：他們要压我們有后台，是大杂燴。

謝富治：艺师呢，（我們学校联合了。）

謝富治：你就管你那个学校就行了。

馮春玉：卫生系統22日已联合了，但参加干代会的23日不承认了，我們要求按系統搞联合，现在联合不起来，我們一直等待他們再进入干代会。

謝富治：总之，搞了一年，多数人搞少数人是有一套办法，少数人对多数人也有一套办法。

馮春玉：干代会也要加区别的。

謝富治：听說你們大联籌前几天还到唐山去造了一次反，有大联籌，保定的。

于兴富：我們去演出被打了，被扣了。

崔宝山：是演出被打了。

謝富治：是扩大影响。

于兴富：是他們邀請的。

馮春玉：天津市干代会是不是市級机关干部，应把区級的机关也参加。

謝富治：我北京就沒有干代会。

郭国前：我們提过意見，要求撤銷。

謝富治：不要撤嘛！我們不能干涉天津的事情。

郭国前：我們是为了更好地与工农相结合。

馮春玉：干代会只要市級的，不吸收区級机关的干部。

謝富治：大家都有山头，我就什么会也不加入了。

赵子光：市級机关沒有区級人多，文艺、卫生区級多，而天津市成立市級机关干部代表会，把大部分区級干部排除在外，我們认为应是天津市干代会把所属干部口的都吸收进来，他們訂了框框，不是市級干部不能进，把70%的排斥在外。

杜广来：我是641厂的，有材料給您，希望您看一下，有秘密数不好讲。

楊文庆：9.30协議我們签字了，也拥护，但执行有問题，我們认为解决不了，是在夺权小組上，要基层一个組織、一个組織的参加，在联合的問题上，武装部說：中央只承认五代会，应反戈一击，否则，不能进五代会。把广大农民造反派打成反动組織，不給宣傳經费，不让搞四大。我是铁路工人下放的。

伯　达：你們不要把矛盾搞到农村，不要强加給农民。

楊文庆：我們貧下中农沒矛盾，农民都是按系統的。

伯　达：我就曉得天津的反复辟，你們反复辟，我們有些怀疑，是反复辟还是搞复辟，你造誰的反。

楊文庆：造一小撮走資本主义道路当权派的反，北郊区委书记，定案的。

伯　达：叫什么？

楊文庆：楊二成，楊杰。

**伯　达：**你們不要破坏农业生产。

**楊文庆：**沒破坏生产。

**刘秀荣：**小站有反复，张、吴又上台，17名上台，四清积极分子被打击，張延喜是班子成員，四清积极分子被四清下台干部打击是武装部呂强打击王风春的。

**刘秀荣：**我是小站四清积极分子，现在有反复，張玉崙集团的人又上台了，不退赔，我們抗議，他們圍攻我們，幷說：要不是你們，我們还沒事呢！南郊武装部長支持他們，叫呂强，我們找不到他，（陈伯達，对小站問題要調查一下）七个鎭办企业现垮了三个，一个奄奄一息。武装部把我們打成牛鬼蛇神，我們是加入大联筹的，我們是坚决反复辟的，我們现在还有一些材料沒有整出来，他們分裂小站鎭的四清，您的黑材料他們給整了，西右营的巴黎公社是反动組織，他們說小站是周扬的点。

**伯　达：**四清翻案这不行，四清下台的干部不能上台，你們夺权筹备小組帮助解决一下这个問題。

**刘秀荣：**他們成立了捍联，加入了五代会，李风之是和王风春搞对立的，李是五代会常委，我們有材料反映不上，原来我們的組織最大，但夺权小組和武装部扶起了他們。

**伯　达：**对夺权小組，你們不能这样搞，这样是犯了錯誤，責成解学恭解决这个問題。

**谢富治：**你們大联筹今天晚上叫这个女同志讲了点，算是你們有些道理了，伯达树起来的积极分子就是不怕斗。

**刘秀荣：**四清下台的吃补助，复原軍人要飯，西右营形势好了，小站又反了，姜德玉夺权了，姜氏族七人夺权了。

**謝富治：**不是翻过来了嘛！

**刘秀荣：**现在又翻过去了，翻了三次了。

**伯　达：**好了，让解学恭去听意見去。

**郭宝书：**我是南郊的，是四清中的积极分子，现在有复辟，为了斗四清下台干部，台上干部把下台干部拉下来，斗时被对立面搶走了，武装部支持他們，把我們打成右派組織，压下去。

**崔宝山：**我要說，市內为什么要反复辟，就由于支持了政法公社，而强迫我們作檢查。

**伯　达：**政法公社就是政法公社，你們是什么組織就是什么組織，不要混在一起。

**崔宝山：**他們就是不要我們加入工代会，他們否定了1.20夺权，也强迫我們交权，他們不要我們而称为反动組織的边緣，我們要调查万张爪牙的問題，軍管会就是不給我們开信，对万之死問題，我們剛发表了一張大字报，就被打成反动組織。公安造总、河老八压我們，到现在我們找上門去联合，他們还不跟我們联合，說我們反对他就是反对毛主席。

**謝富治：**按主席指出的多作自我批評，有的犯錯誤多一点，有的少一点，多作自我批評，在这里讲还是可以的，但見面还是要多作自我批評，毛主席指示要天天讀，你們有这本书嗎？"两派要少讲对方的缺点……"有了这一本最高指示，什么問題都解决了，把我这一分給你們，要按最高指示办事。

**魏鸿全：**我是天津鋼厂的，凡是您跨过点的地方就有资本主义复辟。

**伯　达：**你們今天意見大，不要多說了，你們单方面来，今天是一边倒，请你們来是按照毛主席的民主作风，向你們作工作，你們不要誤会了，以为你們是最正确的了，这样想就錯了，我們现在只想給你們做点政治思想工作。当然，我們的话也不象剛才給你們的毛主席的指示了，要好好学习，按毛主席指示办事，我們现在就你們最关心問題談一談，工代会、筹备小組应該考虑备案問題，但这一个紡織系统就有九个組織，现在准备搞一个天津市紡織系统革命委員会筹备小組，（讀9個組織名称）9个是怎么回事呀？天津紡織系統是很大組織現在有九个系統，大联筹有几个系統，現在搞的是統一名稱，我可以和你們商量，但要了解眞象，所以我說你們还是一个大杂燴。

李金城：这九个系統都是紡系工人。

謝富治：那个工厂的？

李金城：是按系統发展的。

謝富治：工代会有几个？

李金城：一个二万五千人，我們五万多人。

伯　达：筹備小組要和你們协商統一。

李金城：我們統一了，駐軍同志給的是备案材料，不是汇报材料。

伯　达：可以商量嘛！总之我們都是好心的，五代会和大联筹搞革命的大联合不是一个三凑合，不是你們說的大杂燴。

孙克昌：介紹一下一机系統情況，三月份基本上是一派，后来由于反夺权，支左去支持了保守組織。

伯　达：你們这个八大局我也是怀疑的。

王梦虎：九次接见我一次也沒发言，我們认为这个协議应体現自我批評的精神。我們被打成反革命，到現在沒平反，变天帳还在所里，武器也藏了，棉二还再給605制武器。

謝富治：現在还有武器嗎？

刘　軍：紅代会用炸药、雷管炸伤了紅革会的人。

穆牧之：馬路上就揣人。

謝富治：駐軍有錯就檢討。

伯　达：今日一面倒。

楊茂友(特邀代表)：現在爭論的問題是天津駐軍問題，我們来的比較晚，协議是一致通過的，天津市抓軍內一小撮不是从十二期社論以后，而是在去年八月就要搞，張淮三的笔記本上也記过要搞天津駐軍。所以現在还搞这里有阴謀，这是自焚長城，（首長問：你是那儿的）我是房管局的瓦工，最近天津市打解放軍是蓄謀已久的，去年万張把楊銀声、范××打成反革命就是要搞垮66軍，幷把矛头指向林付主席。四月十日的接见我来了，老反复辟的知道当时是为了摧垮五代会轰走66軍而打倒李雪峰的，这样成立了反复辟，在开始时是在电車公司搞的高崇瑞讲了66軍反对反复辟，三十八軍支持反复辟，这是挑撥两軍关系，幷在市里大搞过。最近出現阻力是有大石头的，有坏人，我們最近正在調查。

　　有人說我是修了的，因为我們对五代会是肯定的，观点不一致就是修了嗎？姜卫东是坏人林启予也有問題。你們也說了我們大方向錯了把矛头指向了駐軍，五代会的大方向也錯了把矛头指向了群众，你們說协議不民主，大联合有阻力。

謝富治：对大联合不积极就是犯錯誤。

高崇瑞(大联筹)：我讲几句

郑維山：为什么只有你們說話不让別人說話，你（指楊）继續說。

楊茂友：五·八伯达指示后，反复辟是低潮，有人說伯达受蒙蔽了，电車公司付庆彪让我和他去塘沽找38軍楊軍長，我沒去，我认为八·二五是个造反組織，現在还这样看，六月二十五日来了一个解放軍。帅冠仁說："三軍快到天津来成立支左联絡站了，要和66軍唱对台戏支持反复辟。"后来我也去問了那个解放軍，后来又說他跑了，究竟这个解放軍死活到現在也不知道。

　　反复辟有坏人操纵。是領導干部站出来一律打倒，破坏了天津市的文化大革命，为什么群众对天津駐軍有这样刻骨的仇恨呢？就是有坏人破坏。

解放军以前不支持我們，以后主动找我們，这是对我們的最大支持是最大的爱民。

謝富治：要把联合搞好！非把搞垮，这是不符合大方向的，联合是祖国的要求，人民的要求，毛主席指出的，大联合是人心所向的，誰要違背是不行的，大联合不是目的，是为了大批判，为了斗批改。

楊茂友：9 30协議是有人破坏，听說希望国庆前要献礼，有些人开始就抓住某些问题要破坏。

謝富治：大联合有三种障碍；①走資本主义道路的当权派操縱挑动，②混进的坏人是极少数的，③无政府主义小資产阶級派性。你們不要上当，这是破坏大联合的，只有真正的走資本主义道路的当权派才反对大联合。

楊茂友：他們說协議不民主的，我认为是工人阶級先想通的，工人阶級內部沒有根本的利害冲突，艺师刘同志开始沒談发言是代表大联筹的，赵蹦出来，說我是工人不能代表工人阶級，能拿文化来压我們，（首长問：你有几年工令了）十年了，你們的民主是从刀下产生的，我就是被打的一个，所以有人退出了反复眳，连观点也不敢露。关于一机系統的备案不知又搞的什么鬼。

赵紫光（大联筹）：我要求发言。

伯 达：让他說完，反对赵健敏的意见可以讲讲。

楊茂友：我是摔跤运动员，得过三年全市冠军，单个我誰也不怕，但你們打我們不能否认吧?!任何花言巧語也不能掩盖内心的目的。

9·30协議后沒人說反对五代会就是反对党中央，誰不符合主席思想誰就失败，现在只有搬出石头来，才能联合，你們說支持政法公社是錯誤的，但为什么你們现在还在打倒狗江枫，究竟是誰在伸黑手攪乱天津市的阶級陣綫。

何光临：协議签定后，天津市滿城风雨，提出何光临是工贼，主要煽动者就是赵健敏，还有一个女的，如果离开了广大工人阶級利益去考虑个人私利才是最卑鄙的，这才是最大的工贼，为把无产阶級文化大革命进行到底而說成工贼这是最大的誣蔑，如果一开始群众就反对，这样汇报是不真实的，是經过秘密会議后才反对的，协議是經过反复討論的，我参加了第一稿的起草，一直到三十号，这是几次起稿几次討論，是經过反复討論的，总的看协議是符合主席思想的，是紧跟毛主席的偉大战略布署的，我們立即发表声明，坚决支持这个协議，我們已經在天津市开始宣传两天了，天津市的人要求联合，我們理解——反到底，就是反掉自己的私字，改造自己的主观世界，要求大联合迅速成立革命委員会的呼声是主流，九·三〇协議是天津广大工人拥护的，我也是坚决拥护的，但有一势力在阻止联合，有人从报复主义出发；这还是属于认識问题，他們进行了种种造謠，煽动，他們大喊工贼、叛徒，說什么住鋼絲床，和楊銀声吃、住在一起，赵健敏和我們的領导核心座談时就是这样煽动的。我們的領导核心都向我汇报了，至今赵派还到改组工代会联絡站去煽动，还煽动人来揪我，但这种势力中也有政治问题，（伯达：所有参加大联筹的人都应該想一想）他們企图阻碍革命委員会的誕生，赵健敏就讲过，我宁愿被打成反革命也不让革命委員会誕生，我认为协議签定后，开了四天秘密会，（謝富治：北京不准开秘密会議，天津也可以搞一个这样的协議）而且是打着大联合的旗号开的，有一女的，在天津大肆活动，挑撥我們和改组工代会联絡站的关系。协議有不足的地方我們应給群众作解释，而不应孤立某几个人，天津搞串联会就是煽动，煽动了一些不明真象的群众領导者，这不是人与人之间有什么个人意见问题，大联筹作了三条协議，①不承认这一协議，②开展一个支持赵健敏的运动，③彻换赴京代表。而且重新組織了五十名代表，现在搞支持赵健敏的运动，这叫什么运动？（伯达：我不了解为什么这个协議是出卖造反派的，出卖什么？为什么签字就是工賊？这不是很荒唐的嘛！为了私字不擇手段，什么帽子都給人家戴，这种人是一定要垮台的，是注定要失敗的。）有人就根本不是考虑革命派的利益（伯达：我认为可以补充，但不应該上这个綱。）现在是有些坏人在反对，（伯达：不要上当呀！小站的那个女同志你也要好好想一想呀，可能是以反复辟之名行复辟之实，他这个反复辟我反复了一下是假的，以前我就說过，现在我反复想了，是假的，实际上是在搞复辟，但是大量的群众是受蒙蔽的，是可以諒解的，为什么协議要上这么高的綱，說成是对造反派的出卖，这是恶毒的挑拨，使用了卑鄙的手段，可以达到不可告人的目的，赵健敏你要反对我就可以反对，我想了又想，你这个人是什么玩意，所有詞句，对同志所采取的話就不是一个革命者，我說的很猛烈，赵健敏要是革命的就要猛醒过来，不能再这样了。）

何光临：我們要做亲者快仇者痛的事，做为一个共产党員是要为人民負責，我认为有不足的地方是要在具体协議中表现出来的，如果是同志，就应該以同志的态度来对待。

伯　达：我不是根据赵健敏讲的話，我是根据赵健敏的活动，赵健敏的活动不是簡单的，而是把不同的意見打成反革命，世界上就他一个人革命，其实是相反，不能用这种語言来对待这个协議，对待同志不能这样，他的活动不是簡单的，这是一个阴毒的手段，如果不看清楚，什么大叫一声，认为他革命的很呀，其实是相反呀，要注意呀！同志們！

何光临：为革命我愿意牺牲一切。

魏鴻全：何光临也是很狡猾的，他打赵健敏就是为了自己往上爬。

郑維山：首先他对待协議的态度是正确的。

謝富治：赵健敏从談判到现在对协議不感兴趣，这不对呀！

郭国前：我們昨天对赵健敏批評了一天，但何不来参加会。

馮春玉：我們愿意帮助赵健敏改正錯誤，我們斗爭了一天。

伯　达：不要被赵健敏用虛假的革命詞句所迷惑。

馮春玉：我們大家都給他提出了意見。

謝富治：改正了就可以了。

郑維山：何光临所讲的我們这里的材料都有。

馮春玉：我們拥护这个协議，我們和赵健敏开了一天会，我們要在队伍內部肃清极左的思潮，五代会有一些小动作，（伯达：我不贊成五代会的小动作，这不利于联合）这是人民內部矛盾，但是也有坏人，那天来人揪我們，我們作了解释，家里有人大罵我們修了，（伯达：签定这个协議不修，完全正确。）家里四十三个常委，都表示拥护这个协議，我們大联筹的代表表示坚决支持九三〇协議（鼓掌），如果赵健敏是革命的，一定会改正錯誤，赵健敏也承认了一些錯誤，我們应該真实的反映情况，大联筹的代表98%是愿意跟毛主席走的。（伯达：这是好的）（馮发言中郑維山几次打断发言）

赵子光：郑司令員，請不要打断我們代表的发言，刚才他們发言你不是不让打断吗？

樊文奎：何光临談的情况是不真实的，我和何光临以前是不錯的，他有文化，我当时还认为他是不錯的，他在这方面說了大联筹的坏話，我也說过，我认为这个人有问题，赵健敏有錯誤，我們应該帮助他，他跟我談了一些这个人不好，那个人不好，这是挑撥，在会上搞两面三刀，是不行的，就因为是他起草的，所以不能反对，他在家里也搞了很多活动。

何光临：共产党員应該实事求是。

郭国前：对。

于兴富：这里很多就是不符合事实的。

何光临：这十几天我只去了一次，还是在晚上。

杜克来：对何光临的結論很簡单，用十个字就可以表示，官迷……

楊中华：不能想象赵健敏二十几岁沒有缺点錯誤，他有一定的缺点錯誤。

伯　达：我說赵健敏是很大的錯誤，很可怀疑的錯誤，不是一定的缺点和錯誤，不能縮小。

刘志銀：我們不理解，我們和赵健敏共同战斗了很长时間，我們了解他。

刘宝善：他是知識分子，抓軍內一小撮、武斗是他首先提出来的。

伯　达：如果过去眞是这样，现在轉变过来，应有自我批評精神。

赵子光：我們要謹防那些陶鑄式的人物。

伯　达：何光临不作自我批評是过不了关的。

郭国前：昨天我們对赵健敏斗爭了一天，我們給他改正的机会，而何光临在天津要成立第二个工代会，大联籌是一个民办組織，沒有經費，来了报社記者，他搶着去。他对代表采取挑撥离間，他掌握着大权，大联合分裂是他自己搞的，常委开会他不参加，何光临在协議上客观上是对的，但主观上不对。

伯　达：何光临如果是要两面手腕，应該在群众面前作自我批評，否则不能过关。

何光临：毛主席說："好話、坏話都要听……"我有缺点錯誤，我是大连工学院毕业的，四清运动中入党，提为技术主任，但沒上崗，我今天談的只是我們厂內情况，我讲看法，大家可以批評，我有缺点錯誤，愿意改正，我感到天津出现反对大联合的风是有思想政治斗爭，政治斗爭不提出是不行的，我是大联籌的負責人，犯了很多錯誤，（伯达：应該把大联籌背后的人說一下）这次在反复辟有个李立琴起了很大作用，在他后面还有，不讲是不对的，有些人不了解。

張承明：我认为对何光临这样讲話是不对的，是抱着个人攻击是不行的，不是一个共产党員的态度，对大联籌所做的事我們是参与的，所以不应該推卸責任，想为自己打开后路是不对的，当前主要任务是把大联籌幕后的事情拿出来，要以天津四百万人民利益为重，（伯达：可是你們要保护何光临的安全，不要打他。）当前首长也較忙，回去解决大方向問題。

王德誠：我是拥护协議的，最大优点是沒派性，爭論交点沒原则問題，在这个問題上爭論沒有必要，关键上五代会为基础，而要求把扩大、加强的原因加上去。拥军爱民的問題，是沒有把缺点加上去，整个大分歧沒有，即使有缺点，也不作推翻，目前各系統单位只是形势上联合，要想思想上联合，还需要作艰苦工作，我回去也听到了一些反映，我們坚决签字，但五代会要我們散，这还要筹备小組做工作。（陈伯达：五代会也不要翹尾巴。）

胡忠信：我是八·二五的，我和赵健敏在一起工作，在协議問題上有分歧，有爭論，在家有斗爭，在这个問題上赵健敏有錯誤，問題的产生不在他一个人，我們帮助不够，我在这点上做对了，也是首长第八次接见把我們从派性泥坑中拔了出来，請首长相信我八·二五战士一定会帮赵健敏改正錯誤。

楊中华：我請求：①支左筹备小組經常到我們中間去听意见。（郑維山：我說应当这样做。）②解决經济封鎖問題。③解决他們不让斗走資派問題。

刘　軍：我們是中学生，要求对中学生指示。

陈伯达：紅革会的声明不太好。

王德明：这是家里少数人搞的，我們不知道。

125

鞠卫东：我們回去傳達了一下，家里有不同意見，家里有些人认識不到，协議我們是签定了，（陈伯达：要克服派性。）我們很少发言，在轉折时，一定要跟好队伍，学生派性表現强些，从左的方面接受較快，要防右反左，斗私，批修，向工农学習，搞好三結合。

刘　軍：我們响应中央号召，实現大联合，现在系統和基层的联合还有些矛盾，我們希望首长对中学作指示，（陈伯达：你們中学生不要被大学生牵鼻子走。）我們和赵健敏在一起是有一定战斗友誼的。

任　杰（大联筹）：关于駐軍捕錯人的問題，如基建系統柴闖就以毆打工代会常委而被扣押，工农学野战兵团的二个人，有一个因为她公公有問題她打了紅卫兵也被捕了，并連戶口轉到監獄中去了，而我单位傅宝林被打死，凶手至今沒有处理，好几次向江楓反映，到现在軍管会也沒去人。

程希林（大联筹）：关于天津五一二铁路分局事件我們想中央已經知道了，不多讲了，但我們要报告您一下，至今还沒見中央調查組来，在这事件中被捕的两个人，軍管会也說这两人是人民内部矛盾，被捕已經两个半月了。

伯　达：逮捕的人要注意，該放的就放了。刚才我讲了一些，有些地方你們可以思考一下，考慮对不对，我有几点建議，看是否妥当：

（1）现在这个协議大家已經签了字，应当是有效的。

（2）可以在九·三〇协議还沒有写到的地方，有些原則問題和具体工作，可做补充协議，找五代会继續搞一个补充协議，其目的是为了加强、充实、扩大五代会，最后建立天津市革命委員会，但是不要勉强，不要爭名扠架，能够成立，应該成立了，謝富治同志經常讲天津要比北京早一些，北京成立这么久了，天津还遙遙无期，我觉得为天津不好过，謝富治将了天津軍了，还不做点努力？应做点努力啦！总之要加强、扩大五代会，大家也要互相交心，不要拍桌子打架，要商量問題，五代会不要以老子自居，按中央原来决定加强扩大。

王德成（大联筹）：对口协商的协議（指各口）和补充协議是不是一个？

謝富治：我认为是两个。

齐炳剛（大联筹）：五代会要以自已为核心。

伯　达：不要提以誰为核心嘛！

特邀代表（大专）：他們有！他們以常委名义吸收了八·二五。

伯　达：只要有誠意就可以搞好，沒誠意不行。

謝富治：比如工代会十个常委，有二个不适当，再来十个、八个，多二个沒什么嘛！应該就是搞五代会，然后就是搞革命委員会，那一方都要补充几个，要协商。

伯　达：现在不管是誰都不能抓、揪，特別是大联筹对批評大联筹的人要保护他們安全，不然将来你們听不到批評的声音，就不知道自己內部有什么不好的东西，有人讲了不要打倒。

齐炳剛：我們对何光临要批評帮助。

伯　达：何光临要做自我批評。

刘志膺：原协議我們要分二步走，先原則的后具体的。

伯　达：你們去商議嘛！

刘志膺：关于特邀代表問題是伯达同志提示的第三势力，现在不知怎么搞的可能与郑維山同志有关軍管会通过的有工代会和紅代会，这就不是第三势力了，我們不追究名額。有个不懂的問題，造反派之間联合不起来私字作怪，但有受蒙蔽的群众至今不承认，还在整材料，还要打倒站在我們一边的干部。

伯　达：天津最大的缺点是干部站出来很少，两大派斗爭干部不好站很少，五代会不要搞派了。

刘志膺：他們要对等。

郑維山：是否具体协商。

王俊华：我們联合后，他們五代会从基层中吸收組織再加入五代会。

伯　达：这不好，协商嘛！

郭国前：据我們知道干代会要打倒干部百分之三十八，解放百分之十五，（謝副总理：太少了。）我們支持的干部在九月二十九日被他們打了。

謝富治：你們帮助革命干部站出来是很重要的任务，天津工业生产和这很有关系，厂長、书記站不起来影响工农业生产。

郭国前：胡昭衡讲要办干培班，只要五代会派参加，大联筹的怎么办？

謝富治：要公平合理都参加，站到五代会方面的大联筹不要抓，站到大联筹方面的五代会也不要抓，两边都不互相抓。

杜光来：现在是不是派刘少奇的秘书到天津，他最近到天津做报告，王干还参观六四一的机密单位，五代会派出去的，以刘少奇秘书名义去的。

謝富治：（臉朝門口的人間）有嗎？（答：調走三、四了。）

杜光来：我再汇报一下油田情况，生产被破坏，軍管会沒权威，东风总部不听話。

謝富治：按北京办法，所有的人不发工資。

杜光来：我們联合了，他們不听。控制生产工具不給我們使用。影响原油外运，（首長問：你們双方各有多少人？）各有六千多人，三十八軍軍管会只有軍代表，沒有部队。

謝富治：从停产日起到恢复生产日止，双方一律停发工資。北京西单商場就是这样。这是天經地义的，工厂破坏，工人天天去玩，不劳动，还拿工資，这不行。

伯　达：社会主义基本原則，不劳动不得食嘛！

杜光来：我們要求派部队。有阶級敌人破坏油田。

刘志銀：现在还收集黑材料的保守組織，我們掌权，联合后权交嗎？

伯　达：协商嘛！

刘志銀：还有一个問題，关于代表回家問題，为什么家里有这么多人不理解协議，主要就是定协議时沒和大家商量，我們建議：

謝富治：三方都不要这样，五代会胜利了！大联筹失败了！大联筹胜利了！五代会失败了！都不好听，这是挑动群众斗群众，你們要好好学习我給你們那本最新指示。讀了就要做，十二个小时什么都不干，就是学最高指示，要不要听，你們现在不听就不行。二十年、三十年以后还要听。

王德成：协議定完以后，有时备案还备不上，我提議：由大联筹、五代会、特邀代表（第三势力）共同組成备案小組。

謝富治：可以搞。

郑維山：今天就到这儿啦。

（四点二十四分結束）

天津市无产阶級革命派大联合筹备委員会<br>
赴京代表团秘书組整理（未經本人审閱）<br>
一九六七年十月十一日

天津市<sup>工矿企业</sup><sub>卫生系統</sub>无产阶級革命造反总部革命造反报編輯部翻印

一九六七年十月十四日

这个资料是天津十六中学
革委会整理刻印的。

最高指示

你们要关心国家大事，要把无产阶级文化大
革命进行到底。

解学恭同志在参加中央接见的市、区革命委
员会委员、四代会委员及群众组织负责人贯彻执
行中央首长指示誓师大会上的讲话

一九六八年二月二十五日

同志们

首先让我们共同祝愿世界革命人民的伟大导师、中国人民的伟大
领袖、我们心中最红最红的红太阳毛主席万寿无疆！万寿无疆！！万寿
无疆！！！

敬祝我们伟大领袖毛主席的亲密战友林付统帅身体健康！永远健
康！

周总理、陈伯达、康生、江青、姚文元、谢富治、扬成武、叶群
等中央首长，在百忙中接见我们天津市和各区革命委员会委员、驻军
代表、四代会委员和各方面代表一千一百多人，这是对天津市无产阶
级革命派和广大革命群众、中国人民解放军驻天津陆、海、空三军的
最大支持、最大关怀、最大鼓舞、最大鞭策！

中央首长在接见时对我们所作的指示是非常正确、非常重要、非
常及时。中央首长的指示，深刻地揭露了在天津市无产阶级文化大革
命大好形势下的阴暗面，揭露了刘、邓、陶、周扬死党白桦、万纪
孙振、李超、董刚、扬润身和一小撮坏蛋丧心病狂地反对我们伟大领
袖毛主席、反对以毛主席为首的无产阶级司令部、反对无产阶级专政
的柱石伟大的中国人民解放军、反对新生的革命委员会、进行反革命
夺权、妄图复辟的罪恶阴谋，使我们受到了一次极为深刻的阶级斗争
教育。中央首长的指示，极为尖锐地指出，必须把天津市文化界、会
桥法的阶级斗争盖子彻底揭开。这是以伟大领袖毛主席为首的无产阶
级司令部发的战斗号令，必将迅速地在全市发生深远的不可估量的
影响，把天津市的无产阶级文化大革命推向一个新的更加深入的阶段。

中央首长这次直接接见市、区革命委员会委员和各方面代表一千
一百多人，使以毛主席为首的无产阶级司令部的指示直接和广大群众
见面，是有着伟大战略意义的。在天津召开的文艺黑会和泡制的黑戏
就是垂死的阶级敌人妄图夺取无产阶级的权，实行反革命复辟的典型。
党中央给了我们光荣、重大的战斗任务，这就是在文化战线上，要从
天津打开一个突破口，彻底摧毁刘、邓、陶、陆定一、周扬等在全国
散下的反革命文艺黑网、黑线。我们必须看到，这是一场保卫毛主席、
保卫林付主席、保卫党中央、保卫中央文革的阶级大搏斗，这是一场

捍卫战无不胜的毛泽东思想的阶级大搏斗，这是一场捍卫以毛主席为代表的无产阶级革命路线的阶级大搏斗，这是一场维护伟大的中国人民解放军崇高威望的阶级大搏斗，这是一场巩固天津市新生红色政权的阶级大搏斗。批修核心小组、革命委员会，将以最大的决心和毅力，紧紧依靠伟大的中国人民解放军天津驻军，紧紧依靠天津市的工人阶级和广大革命群众，坚决把天津市的文艺界、公检法的阶级斗争盖子彻底揭开。一定要把刘、邓、陶、陆定一、周扬等反革命修正主义分子在天津的文艺黑网、黑线、其幕后支持者统统揪出来，为在全国彻底摧毁反革命文艺黑线做出贡献。一定要彻底改造公检法。一定要把万张反革命修正主义集团和他们的党羽，正在文化界、公检法和一切阴暗角落的一小撮反革命修正主义分子、叛徒、特务和牛鬼蛇神，统统揪出来，彻底打倒批臭，不达目的誓不罢休！

本来，中央首先在去年十二月二日接见天津市革命委员会委员和群众组织代表时，就严肃地提出了天津市文艺界和公检法的问题，指出了天津市藏了"黑会"的阴谋将。但是我们跟得不紧，执行得很不得力，文化界和公检法的阶级斗争盖子一直没有彻底揭开。批修核心小组和革命委员会的主要负责人，负有重要责任。我在今年二月十日因员会市突现一片红的讲话中，就曾错误地提出文化界的阶级斗争盖子已经揭开了，这是同实际情况不符合的，也是同中央的指示精神相违背的。对疯狂反对毛主席、反对无产阶级专政，反对中国人民解放军的反动透顶的黑站，我长期没有发现。对策划黑会、黑戏的黑手和幕后支持者，对一小撮煽动反对中国人民解放军的黑会，有的我也长期没有发现。我的错误，实际上起了在制广大革命群众彻底揭开文化界的阶级斗争盖子，彻底摧毁周扬的反革命修正主义文艺黑线、彻底砸烂黑会、黑戏的作用，也给了阶级敌人和别有用心的人以喘息和利用的机会。总之，在这些重大问题上，我丧失了高度的警惕性，辜负了中央的信任和委托，我非常痛心。我热诚地欢迎同志们对我进行批评和帮助。我有决心吸取教训，在这场尖锐的阶级斗争中改正自己的错误，同敌人战斗到底！（接下页）

同志们：在伟大领袖毛主席、林付主席、党中央、中央军委和中央文革小组的直接领导和亲切关怀下，天津市的形势同全国一样，空前大好，越来越好。现在，在全市范围内已经掀起了大办特办毛泽东思想学习班，打倒资产阶级、小资产阶级派性和无政府主义，进一步促进思想革命化，促进革命大联合和三结合，实现全市一片红的热潮。全市十三个区已有十个区建立了革命委员会。全市百分之八十七的基层单位建立了革命委员会。全市已办起各种类型的毛泽东思想学习班四万五千多个，参加学习的有一百六十多万人。伟大的毛泽东思想空前普遍地深入人心。毛主席的最新指示的灿烂光辉普照海河两岸。在这个大好的形势下，在党中央的直接领导下，在中国人民解放军天津驻军的大力支持下，我们充满着信心，完全能够战胜在文艺界和公检法中的一小撮坏人，完全能够把他们的后台揪出来示众，彻底摧毁周扬在天津的黑网、黑线，砸烂他们的防空洞。而这一斗争，必将进一步推动革命的大批判和斗、批、改，进一步巩固和发展革命的大联合和革命的三结合，进一步巩固革命委员会，加速实现全市一片红，加速毛主席最新指示的条条落实和全面落实，从政治上、思想上、经济上组织上、夺取无产阶级文化大革命的全面胜利。

现在我代表天津市革命委员会就如何贯彻执行中央首长重要指示的问题，提出以下几点意见。

第一、要认真学习　深刻领会、广泛宣传，大力贯彻中央首长的指示

林付主席指示我们：要吃透两头。首先吃透上头，即首先吃透中央指示的精神，领会中央指示的精神实质。不首先吃透中央的指示精神，我们就不能很好的落实、贯彻中央的指示，就不能端正斗争的方向。所以，我们必须反复地认真地学习中央的指示、深刻领会中央的指示精神、用中央的指示武装我们的头脑，指导我们的行动。吃透下头，就是要带着中央的指示到群众中去，了解清楚客观的情况和群众的实际要求，把中央的指示交给群众，用中央的指示去解决客观存在的实际问题。不吃透下头、不了解情况，我们就不能有效地贯彻执行中央的指示。

这次参加接见的一千一百多位同志、经过了三、四天的学习讨论对中央首长指示有了比较深刻的理解，有了统一的认识。你们是贯彻执行中央首长指示的积极分子和骨干力量。你们要到群众中去广泛地深入地宣传中央首长的指示，用中央首长的指示去发动、去武装广大革命群众，调动广大革命群众的革命积极性。

我们伟大领袖毛主席教导我们说：只有领导骨干的积极性而无广大群众的积极性相结合，便成为少数人的空忙。但如果只有广大群众的积极性而无有力的领导骨干去恰当地组织群众的积极性，则群众的积极性既不能，也不可能走向正确的方向和提到高级的程度。"市、区革命委员会委员、各代表会的委员、革命群众组织的负责人、一定要站在运动前头、深入到群众中去、积极宣传中央的指示、做到家喻户晓、人人皆知，组织和发动群众、把中央的指示变为广大革命群众的自觉行动。这样，我们就能够沿着正确的方向，乘风破浪、冲破阻力、勇往直前、获得全胜。

第二、要放手发动群众，依靠群众、彻底揭开天津市文艺界和公检法的阶级斗争盖子，打一场捍卫毛主席、捍卫毛泽东思想、捍卫毛主席革命路线的"人民战争"。

这场斗争的重点是文艺界和公检法。关键在放手发动群众，依靠群众。

在文艺界，要集中力量打歼灭战。要以黑会、黑戏和砸文联红旗事件，作为突破口，以他们的后台和黑网为主攻目标，猛追深挖，一追到底、挖出根子。把文艺界的黑线、黑手、叛徒、特务和坏人、统统揪出来，把他们的黑后台统统揪出来，扫除一切害人虫，将政治战线和思想战线上的阶级斗争进行到底！

要狠抓革命的大批判。通过大批判，剥掉敌人的画皮、把他们的罪恶暴露在四百万人民面前，彻底肃清其流毒和影响。通过大批判，组织、训练、提高我们的队伍。要紧密结合斗争的发展，召开几次电视批斗大会，把黑会、黑戏的主谋和幕后支持者揪出来示众。要在斗争中、清理坏人，以真查顿文化队伍，搞好斗批改，建设一支无限忠于毛主席、无限忠于毛泽东思想、无限忠于毛主席革命路线的无产阶级的文化大军。

公检法是万张反革命修正主义集团的发源地，万张经营了多年，一定要彻底揭开公检法的阶级斗争盖子，一定要彻底改造公检法。要把公检法中的万张反革命修正主义集团的党羽、叛徒、特务和一切坏人，统统揪出来、斗倒、批臭、彻底肃清万张反革命修正主义集团的影响。

根据中央首长的指示，我们立即派一批中国人民解放军的干卫战士到公检法，彻底改造公检法。

公安局机关的文化大革命，在军管会的领导下，靠公安机关内的广大革命群众自己搞。根据中央一九六七年十二月二日的通知。公安机关一律禁止内外串联。我们应当相信，公安机关的大多数群众是要革命的，坏人只是一小撮。在军管会的领导下，依靠本单位的革命群众，一定能够彻底揭开公安机关的阶级斗争盖子。外部革命群众组织对公安机关的检举、揭发材料，可以报送军管会。

为了彻底搞清文化界、公检法和献县、深泽县两个叛徒集团的问题，采取发动群众与专案调查相结合，以人民解放军干部为骨干队伍结合其他方面必要的力量。组织若干专案小组，进行专案调查。

到外地进行调查、要根据中央关于外出调查的通知办理。

（接下页）

第三，我们要誓死保卫毛主席，誓死保卫以毛主席为首的无产阶级司令部。凡是查了中央负责同志黑材料的群众组织，要把黑材料立即交出来，要把幕后支持者和坏人立即揪出来。隐瞒不交者，要严加惩办。应当指出，坏人只是一小撮，受蒙蔽的群众是没有责任的。

李敦白到天津进行特务活动的事件，要立即进行追查，彻底搞清楚。

第四，当前天津市的阶级斗争是极其尖锐的，极其复杂的，极其激烈的，思会、黑戏所以出现在天津，而又长时间没有揭开，就是这种极其尖锐复杂的阶级斗争的反映，阶级敌人是不会甘心灭亡，不会自动退出历史舞台的，而且越是临近死亡，越要进行垂死挣扎。他们必然采取各种形式，更换不同的策略，来同我们进行殊死斗争。伟大领袖毛主席教导我们说："各种剥削阶级的代表人物，当着他们处在不利情况的时候，为了保护他们现在的生存，以利将来的发展，他们往往采取以攻为守的策略。或者无中生有，当面造谣，或者抓住若干表面现象，攻击事情的本质，或者吹捧一部分人，攻击一部分人，或者借题发挥，'声东击西'，使我们处于困难地位。总之，他们老是在研究对付我们的策略，窥测方向，以求一逞。有时他们会装死躺下，等待时机，反攻过去。他们有长期的阶级斗争经验，他们会作各种形式的斗争——合法的斗争和非法的斗争。我们革命党人必须懂得他们这一套，必须研究他们的策略，以便战胜他们。切不可书生气十足，把复杂的阶级斗争看得太简单了。"我们一定要牢记毛主席的教导，保持高度的阶级斗争观念，用阶级斗争的观点和阶级分析的方法，去洞察一切，判断一切，研究敌人的斗争策略，识别混在我们队伍中的坏人，只有这样，我们才不会上当，才能把那些隐藏很深，伪装很严的敌人挖出来。

要时刻保持高度的革命警惕性，严防敌人混水摸鱼，进行破坏和翻案，严防敌人转移斗争的方向，扰乱我们的阶级阵线。

要大力加强无产阶级专政，坚决镇压阶级敌人的破坏活动。各革命群众组织要全力支持公安局军管会行使无产阶级专政的职权，维护革命的新秩序。绝对不允许削弱无产阶级专政，绝对不允许破坏和防碍公安局军管会行使无产阶级专政的职权，破坏无产阶级专政机关的权威是绝对没有好下场的。无产阶级专政只能加强，不能削弱。

要坚决贯彻执行中央"六·六"通令和"九·五"命令，不能随便揪人，不能私设公堂。对于群众组织里头的坏头头，要遵照毛主席的最新指示"要依靠那个组织自己发动群众去处理。"群众组织之间，不要互相揪人。群众组织已经揪走的人要立即交出来。要把反革命修正主义分子李超交送到公安局军管会。

反动组织天津"政法公社"是万张反革命修正主义集团妄图复辟的御用工具，对其罪恶要继续进行深刻的揭露和批判。我们严正地指出："那些企图借我们彻底揭开公检法阶级斗争盖子之机，为"政法公社"翻案的一小撮人，是绝对没有好下场的。我们也绝对不允许以反对为"政法公社"翻案为名，来破坏和阻碍彻底揭开公检法的阶级斗争盖子。

"大联筹"是反映了社会上反动的资产阶级思潮的流毒，绝对不允许他们乘机重新恢复。要高度警惕几"大联筹"中的一小撮坏人乘机活动和翻案，要及时揭露他们的阴谋，打击他们的复辟活动。对已经被群众揪出来的"大联筹"的坏头头，要发动群众进行批判，肃清其流毒和影响。要在群众中彻底搞臭"大联筹"为代表的反动的资产阶级思想。

我们打击的目标是一小撮反革命修正主义分子，走资派，没有改造好的地、富、反、坏、右、特务和叛徒。对于一些不明真象而跟着做了一些错事的群众，我们的政策是：受蒙蔽无罪，反戈一击有功。

第五、狠抓两条路线斗争，坚决打倒派性，增强党性，斩断黑手，团结一致，共同对敌。在现阶段，公和私、无产阶级党性和资产阶级、小资产阶级派性之间的斗争，就是两条路线斗争。资产阶级、小资产阶级派性，它是一种逆革命潮流而动的反动思潮，是同毛主席的革命路线根本对立的。它是我们条条落实，全面落实毛主席最新指示的最大阻力，也是我们彻底揭开文化界，公检法阶级斗争盖子的最大阻力。不打倒资产阶级、小资产阶级派性，就不能充分地彻底地暴露敌人，就不能发展和巩固革命的大联合和三结合，就不能紧跟毛主席的伟大战略部署，就不能真正地贯彻执行中央指示，就不能彻底揭开文化界，公检法的阶级斗争盖子。彻底摧毁周扬的黑线，黑网，这场斗争是十分艰巨的。我们必须发动群众，坚决打倒资产阶级，小资产阶级派性，要把资产阶级，小资产阶级派性搞成象过街老鼠一样，人人喊打，使其无处逃窜，使广大无产阶级革命派在毛泽东思想的原则上联合起来，把斗争矛头集中到阶级敌人身上。

彻底揭开文化界，公检法阶级斗争盖子这场斗争，要在各级革命委员会的统一领导下进行。要通过这场斗争，进一步促进革命的大联合和三结合，巩固各级革命委员会。绝不许搞派性，拉帮力，分裂革命的大联合和三结合。

为了集中力量，共同对敌，巩固和发展革命的大联合，我们建议各群众组织都不要自行建立联络站。

第六、狠抓根本，大力办好毛泽东思想学习班。进一步实现伟大领袖毛主席抓革命促生产，促工作，促战备的伟大号召，掀起革命生产新高潮。

在彻底揭开文化界，公检法阶级斗争盖子的同时，全市各条战线要紧跟上。必须狠抓根本，带动一切。要高举毛泽东思想伟大红旗，以毛泽东思想，搞好人的思想革命化，这是我们取得一切胜利的根本保证。毛主席最新指示教导我们："办学习班是个好办法，很多问题可以在学习班得到解决。"大力办好毛泽东思想学习班是条条路实，全面落实毛主席最新指示的重要关键。我们要继续大办、特办、办好各种类型的毛泽东思想学习班，以毛主席最新指示为纲，斗私批修、打倒派性，打倒无政府主义，增强党性，提高革命性，科学性和组织纪律性，加速人的思想革命化，促进革命的大联合，迅速把基层革命委员会建立起来，进一步搞好各单位的斗、批、改。市革命委员会和各级革委会，都要加速思想革命化，以斗私批修为纲，除派性，增强党性，无限忠于毛主席，无限忠于毛泽东思想，无限忠于毛主席的无产阶级革命路线，不仅在口头上，而且在实际行动上成为"三个忠于"的模范。要坚决反对阳奉阴违的两面派。要加强各级革命委员会的组织革命化建设，要使各级革命委员会成为非常革命化，非常战斗化，密切联系群众的革命权力机构，不断巩固新生的红色政权。

我们要狠抓革命，猛促生产，猛促战备。在生产战线上，要突出无产阶级政治，用伟大的毛泽东思想来教育、武装工人阶级，整顿工人阶级，整顿工人队伍，大反无政府主义，提高阶级觉悟，整顿劳动纪律，提高劳动效率，迅速掀起生产高潮。以革命、生产的优异成绩，向毛主席的"三、七"批示一周年献礼！（接下页）

同志们，我们正面临着一场非常尖锐、复杂、激烈的阶级斗争，坚决拥护以毛主席为首的无产阶级司令部，坚决拥护伟大的中国人民解放军，维护革命委员会的革命权威，这是我们取得无产阶级文化大革命全面胜利的三个条件。我们要取得当前这场极其尖锐、极其复杂、极其激烈的阶级斗争的胜利，必须高举毛泽东思想伟大红旗，以毛主席的最新指示为纲，坚决执行中央的指示，依靠广大革命群众，依靠伟大的中国人民解放军。谁拥护毛主席，拥护以毛主席为首的无产阶级司令部，我们就同谁来。谁反对毛主席，反对以毛主席为首的无产阶级司令部，反对伟大的中国人民解放军，动摇新生的革命委员会，我们就坚决同谁拼！中国人民解放军驻天津陆海空军，在无产阶级文化大革命中，高举毛泽东思想伟大红旗，坚决执行毛主席、林付主席的指示，无限忠于毛主席，无限忠于毛泽东思想，无限忠于毛主席的革命路线，立下了不朽的功勋。我们一定要紧紧依靠天津驻军，相信天津驻军，在解放军的大力支援下，彻底揭开天津市文化界、公检法的阶级斗争盖子，干净、彻底地摧毁围插在天津的黑线，干净彻底地把混在文化界、公检法里的一小撮反革命修正主义分子、叛徒、特务和一切坏人，把他们的后台支持者统统揪出来。在党中央、中央文革小组的直接领导下，我们这个目的，一定要达到，一定能够达到！

让我们在这场很复杂的阶级诸斗中立新功，为誓死保卫毛主席、林付主席、党中央、中央文革而英勇战斗吧！

打倒刘邓陶！打倒反党反革命修正主义集团！彻底砸烂反革命修正主义分子捕扬在天津的黑据、黑网！

无产阶级文化大革命全面胜利万岁！

毛主席的无产阶级革命路线胜利万岁！

无产阶级专政万岁！

伟大的中国人民解放军万岁！

战无不胜的毛泽东思想万岁！

我们伟大领袖毛主席万岁！万岁！！万万岁！！！

〈 天津十六中革命委员会政宣组印 〉

东江纵队干部概况

中山大学红旗518兵团调查

# 东江纵队干部概况

一九六八·二·七·

中大红旗518

1968 2 7

这是党内组织机密，红工兵想干什么？

# 东江纵队组织情况表（1941.1——1944.10.略号）

军3千

政委：林平
政治部主任 杨康华
付主任 李东明
参谋处主任 周伯明
总队付总队长主任兆兆铜

**主力大队**
大队长 王作尧
政委付大队长 周伯明
政治处主任 陈一民

**惠阳大队**
大队长 彭天
政委付大队长 高健
政治处主任 叶锋 谭天度

**东宝大队**
大队长 曾生
政委付大队长 卫权信
政治处主任 陈明

**宝安大队**
大队长 曾鸣文
政委付大队长 陈海天
政治处主任 陈坤华 陈凤华

**地方大队**

**虎九大队**
大队长 蔡国梁
政委付大队长 陈日明 阳明
政治处主任

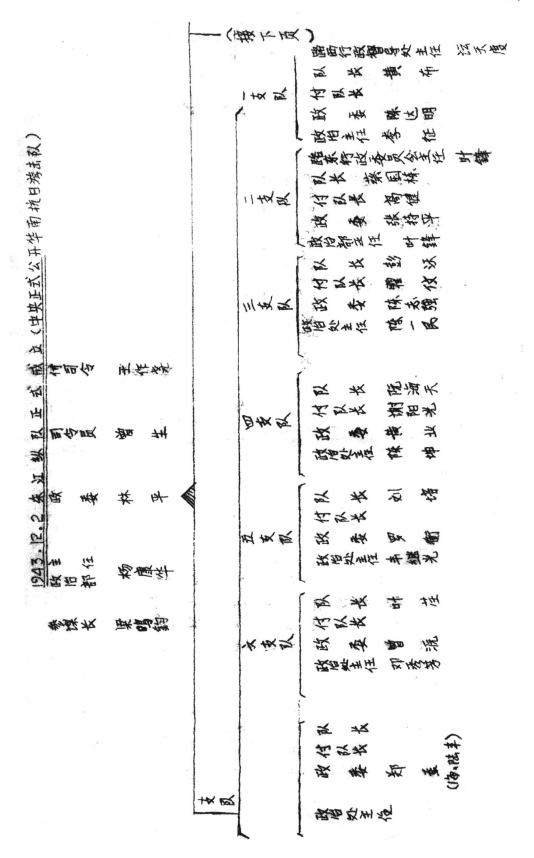

1943.12.2 东江纵队正式成立（中央正式公开华南抗日游击队）

司令 曾生
政治委员 林平
参谋长 梁鸿钧
政治部主任 杨康华

（接下页）

一支队
政委 陈达明
队付队长 黄冠芳
行政路号处主任 江天度

二支队
队长 卢伟良
政付队长 乔健
政治部主任 叶锋

三支队
队长 彭沃
政付队长 张持平
政治部副主任 叶锋

三支队
队长 陈霖
政付队长 陈志强
政治处主任 民强

四支队
队长 谢阳光
政付队长 黄业
政治处主任 陈坤

五支队
政付队长 罗欧锋
政治处主任 李光

文支队
政付队长 叶枝
政治处主任 邓多芳曾源

支队
政付队长 郑重
政治处主任 （海、陆丰）

137

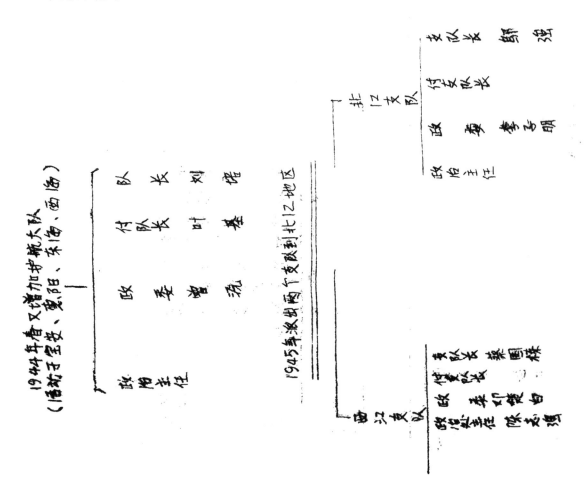

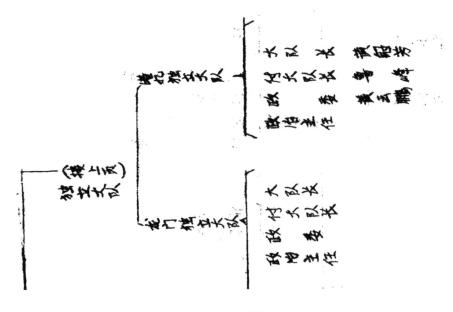

1946年6月事业北转后（1947年继续，情况）  4.

（……）

（苏北地区）

（当时……苏北地区……）

日寇投降后实纵下设四个指挥部（1945.8月）

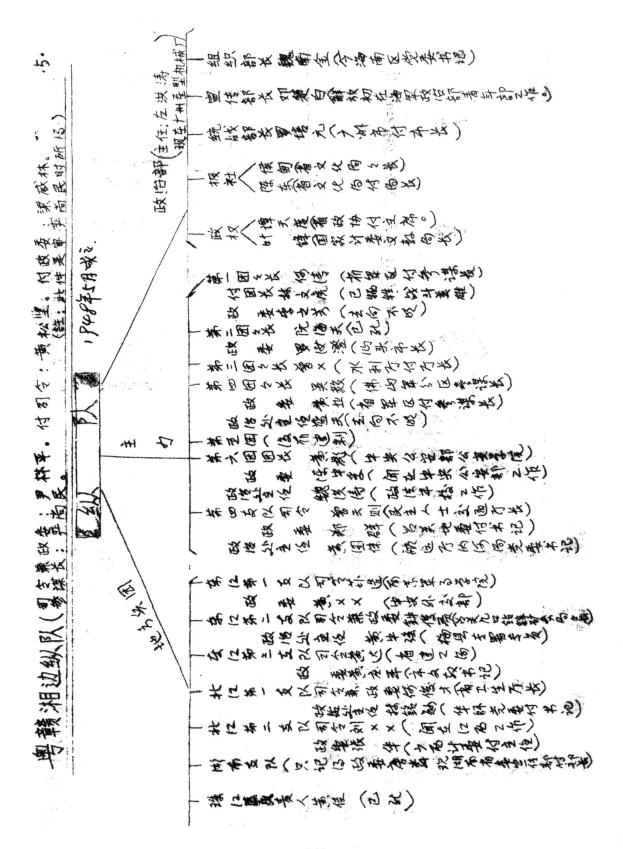

# 广东地下党有关人员名单

| 单位 | 姓名 |
|---|---|
| 书記处 | 林李明　区梦觉　尹林平　刘田夫 |
| 常委 | 曾生　罗天　罗范群 |
| 秘书长 | 杨应彬　李超　张华明 |
| 組织部 | 廖似光　李汉兴　陈能兴 |
| 办公厅 | 吴德中　方骏　麦蘘平 |
| 宣传部 | 黄文俞　黄施民　杜埃　郑达<br>陈越平 |
| 监委 | 曾昌明　黄路 |
| 港澳工委 | 梁威林 |
| 农村部 | 李进阶 |
| 省妇联 | 余慧　黄焱秋　李杰　陈挺 |
| 党校 | 黄宇　張江明　赵学　陈健 |
| 总工会 | 梁广　关云　黎柏松 |
| 南方日报 | 黄文俞　杨繁　许实　何文 |
| 省人委 | 庄田　欧初　郑少康　何文<br>林锵云 |
| 政法战线 | |
| 省外办 | 林西 |
| 人事局 | 叶卧波 |
| 民政厅 | 梁国栋 |
| 公安厅 | 郭曼果　杨步光　蔡诚 |
| 政法干校 | 魏汉涛 |

# 广东地下党有关人员名单

| 单位 | 姓名 |
|---|---|
| 农村战线 | |
| 农业厅 | 王维　张斌 |
| 农林水办公室 | 赖仲元　周明 |
| 水产厅 | 谢永宽　李云 |
| 农垦厅 | 罗耘夫　黄康 |
| 水电厅 | 刘兆倫　魏麟基　曾光 |
| 统战之线 | |
| 省政协 | 冯絜　谭天度　陈景文 |
| 省侨委 | 吴凤 |
| 社会主义教育学院 | 冯扬武 |
| 工交战线 | |
| 省经委 | 叶向荣 |
| 省计委 | 曾定石　云广英 |
| 化工厅 | 王达　左岐洲 |
| 盐务局 | 方维新 |
| 建工局 | 沈斌 |
| 地质局 | 林挺 |
| 轻工厅 | 李健行 |
| 二轻厅 | 王士钊 |
| 物资厅 | 林克平　李诚 |

| 统计局 | 陈增兴　　罗嗍林 |
|---|---|
| 机电成查局 | 萧云鹏 |
| 电业局 | 钟基　　张强 |
| 交通厅 | 刘宣　　周材　　周楠 |
| 航运厅 | 严尚民 |
| 邮电局 | 霍伟征　　扶敬怀 |
| 海运局 | 颜思 |
| 广州民航局 | 高天雄 |
| 财贸战线 | |
| 商业厅 | 何名明 |
| 外贸局 | 阮克明 |
| 粮食厅 | 黄忠 |
| 省人民银行 | 吴慕奇　　李新　　王辉 |
| 省农业银行 | 黄维礼 |
| 省工商管理局 | 劳锐 |
| 物价局 | 谢南石 |
| 文教战线 | |
| 省人委文教办公室 | 何俊才 |
| 省科委 | 何竺 |
| 省体委 | 卢动　　陈远高 |
| 省卫生厅 | 张周久　　李毓晓　　李伯奇 |

广东地下党有关人员名单

| 省文化局 | 李玉光 | 黄达三 | | |
|---|---|---|---|---|
| 高教局 | 李又华 | 袁博之 | | |
| 教育厅 | 梁集祥 | 饶璆湘 | 林川 | |
| 省广播电台 | 林坚文 | 李冲 | | |
| 哲学研究所 | 孙孺 | 彦造祥 | | |
| 省作协 | 陈残云 | | | |
| 省美协 | 黄新波 | | | |
| 省音协 | 周国瑾 | | | |
| 省剧协 | 李门 | | | |
| 广东京剧团 | 陈东 | | | |
| 大专院校 | | | | |
| 中 大 | 冯乃超(南海) | 陈槟(著字) | 黄先(台山) | |
| 中山医 | 柯麟 | 李静阳 | 刘志明 | |
| 华南工学院 | 李独清 | | | |
| 暨南大学 | 杨康华 | 罗戈东 | 方忠远 | 王越 赵元浩 |
| 中南林学院 | 陈翔南 | 沈鹏飞 | | |
| 外语学院 | 饶彰凤 | 阮镜清 | | |
| 华南师院 | 林镜勋 | 庄绥虎 | | |
| 华南农学院 | 赵善欢 | | | |
| 广东工学院 | 郭大闻 | 姜伯珠 | 关练 | |
| 中医学院 | 周伯明 | 李福海 | 刘仕琛 | |
| 广州医学院 | 古楢 | 陈经镇 | | |

| | | |
|---|---|---|
| 广州美术学院 | 王永祥 | |
| 广东教育学院 | 汪博 | 吴伯伸 (38年去陕北，解放后未回来) |
| 人民教育学院 | 张海鳌 | |
| 广州体院 | 万志华 | 董世扬 |
| 省耕读师范 | 何权恒 | |

厂矿企业
新中国造船厂

| | |
|---|---|
| 茂名石油公司 | 方华（和平县）简堃（...山、付经理）刘祭（茂名付经理） |
| 广州水泥厂 | 古关贞（付厂长） |
| 广州市委 | 曾生　梁嘉（开平）杨颖（茂名） |
| 常委秘书长 | 黄笑光 |
| 宣传部长 | 黄志平　华嘉 |
| 文教政治部 | 戎世鹏（主任） |
| 政法委员会 | 苏〝青（付主任） |

乙、妇联会
粤参区委　　　　道勒夫（主席）
　　　　　　　　邓恺（主任）
　　　　　　　　谭莱锋（书记）
广州市人委
　付市长　　　　钟明（惠阳）
　秘书长　　　　徐亮（增城）
　教育局长　　　杨英纬（普宁）
　文化局长　　　陈一民（潮安）
　卫生计生　　　符百坚（海南临高）
经委付主任　　　郑凌（付主任，恩平）
建设局长　　　　钟耻（揭阳）
园林管理局长　　戴机（惠阳）
财委付主任　　　吴新民（台山）
　　　　　　　　等张健女（广州）

布政协
付主席　　饶卫华（大埔）
　　　　　1944.12入伍.虎...
韶关地委　　　郑群
茂名市委　　　曾..　方华
梅县地委　　　黄中强
肇庆地委　　　杨德元

文革時期机密档案

# 北京电力公司天津分公司

除奸组

一、国民党除奸组
　　档案

二、《天津石油站定案
　　处理呈报表》——
关于对现行反革命分子吴杰卿
的处理决定（1969.3.31.）

注：该人贪污850元零1角5分。於
1967年11月16日畏罪服毒自杀。

自　年　月　日起至　年　月　日止

卷内共　　　张　　保管期限：

| 全宗号 | 第 1 号箱 |
| 目录号 | |
| 案卷号 | 第 10 号卷 |

# 卷 內 目 录

| 顺序号 | 文件作者 | 收发文号 | 收发文日期 | 标　　题 | 文件所在张号 | 备注 |
|---|---|---|---|---|---|---|
| | 案件。 | | | | | |
| | | | | 国民党 除奸组 档案 及其交待材料 | | |
| | | | | 内容　目录 | | |
| | | | | 1、除奸小组成员组织名单 | P.1 | |
| | | | | 2、成员叶文耀《坦白材料 | P.2-12 | |
| | | | | 3、参加除奸组成员及人数名单 | P.13 | |
| | | | | 4、中共天津市委四清工作团 调查匪除奸团副组长 桑思亚的介绍信 | 附P.12 页後 | |
| | | | | 5、匪除奸团组织图表 | P.14 | |
| | 另抽图) | | | 6、除奸团成员王金荣交待材料 | P.15 | |
| | | | | 7、吴景连揭发信 | P.16 | |
| | | | | 8、1968年12月15革命委员会定 王金荣为"反革命" | P.17 | |

這本書告訴你甚麼？抓獲
每個工作單位的中共組織
都設有干部個人檔案，
你想知道揭發檢舉的材料
嗎，你想知道如何外調嗎。
請閱這本書。　青帝照

# 国民党除奸小组成员 00001

"鋤奸小组"

1948年11月间由沁南助办公司华经理水桐文领导参加胜势备员会的"潜匪

奸小组人收: 组长: 水桐文

副组长: 桑思坚

组员: 玉金荣

孙汉卿

柳凤鸣

蓝文栩

郭国彬

吴西岩

叶文妖

叶文妖供 1955. 11. 2

沁南助"清匪除奸"卯小组 组织人 水桐文. 桑思坚

组长: 水桐文　　　组员: 玉金荣　柳凤鸣　孙汉清

副组长: 桑思坚　　　　　叶文妖　陈千华

柳凤鸣供 1952. 2. 20.

00002

# 坦白材料　　　　　第1頁

關於法商電力公司內進行組織雇工會的情況：

1946年10月間法商電力公司工人王金榮（電灯匠）發起預備在公司鋼鋁雇工會首先找了劉捷三、朱學曾、韓國彬，來進行組織雇工會後，由劉捷三找我參加行籌備雇工會，当時我和劉捷三說拒絕參加。為什麼他们找我呢，因那時廠內工人多為葉黃成（指我父親）所掌握，故王金榮、劉捷三、韓國彬、朱學曾、纹拿不起來，以後王金榮叫朱學曾找我幇助組織，有一天我去東方前氣的力事去，而朱學曾正在東方前作玩，遇到我就和我說，組織工會之事并和我說成立雇工工會的好子處，一切都是為了大家謀福利，你若不參加，很難組織起來，因廠內工人都說只要葉支援參加我们都參加，当時我自己想，為了自己而影响大家的福利，以後我就和朱學曾說我閒麻煩，但是組織雇工會一切我都不明白，那時朱學曾說只要体同意協助，一切都由王金榮出頭露面（即現在此情况，下我就允許參加了後由王金榮找我一同去北京路籌募電灯金樓的雇天津市職工救濟委員会，我雇傳秀山蘇硯田播恰後強蘇硯田傳秀山三个組申請雇社会局登記成立之会，由王金榮到雇社会局勞動行改科找掃樂用雇科長办理一切。

關於法商電力公司雇工会組織经过情况：

於1945年12月間由雇社会局派屠指導等在東中央電影院，所召開成立大会，法商電灯公司職工參加的，共有一百餘名，当日參加開会的有七十多名，当時票應王金榮為常務幹事劉捷三、韓國彬，第三起屋為董事，以下分為十五个小組，由廠內工人　頭實票屋于式決定的人為組長（人名上次已報足）王金榮自成立工会後掌握雇工会对外全面而股 軠生意，劉捷三頁責雇工会一切帳務核對，韓國彬頁責会內一切福利事項分配發面粉及一切用品，葉冠屋頁責会內一切事務及每日协同王金榮到黃方办事收会費和稅重帳目等事情。

1946年在成立雇工会後一个多月有两个人（我不知姓名）到我刃仿房找工会頁貢人当時我就告訴他们工会頁责人共有四人王金榮韓國彬劉捷三

葉又耀
1946 5月8

葉文耀負責工會一切事項，但王金棠負責內外全面總負責人，我們負責廠內區工會一切，當時我向他們有什麼事，他工人說找你們工會總負責人吧，我就叫公事房雜役（名子不記得了）同他們到廠內工會找王金棠，由王金棠告訴我，他工人說了叫我們工會負責人到河北（地址不記得了）見朱局長，去，當時王金棠感到這事有些蹊蹺，就和冀北電力公司的區工會負責人張俊臣聯系，據張說也有人到我們這裡來過，也不知道是什麼事，當時王金棠我張俊臣商議過幾天一同去河北，叫我去我怕出事，沒敢去，當時去的有該電燈公司王金棠、林同、韓國彬、劉捷三，聽王金棠說冀北電力公司工會去的有張俊臣、劉連錦、簡福全，到裡面去談的有王金棠、張俊臣、其餘的人在外看動靜，以防出事，後聽王金棠回來說，到河北是到一個朱局長，據他說為了社會安全防奸防匪，及不良份子，這個組織是在南京係中央陳立夫、陳果夫、所領導，叫我們參加，過幾天由王金棠就拿來表格集中由區工會先生（姓名不記得）都給我們寫上了，後來假店沒評，以後由王金棠、張俊臣，商議的在悅賓樓會請該朱區參加的有我、劉捷三、韓國彬、王金棠和冀北電燈公司工會的張俊臣、劉連錦、簡福全、吳寶純、韓文奎，當時將所去的人填表和像片（是交在表上）由王金棠親自交給朱局長，後又由王金棠一一介紹，才知道叫朱玉同局長，那時我不知道參加是什麼組織，在席上僅是王金棠、張俊臣、和朱交談看樣子是很親密的，但是沒有和我談話，以後，再也沒有開過會及見過面，但是他們是否開過會或見過面我就不知道了，

1946年三月間由蘇曉田與王金棠介紹我們參加了國民黨，並說詞說執會局先前還是保護工人和替工人謀福利，但後受了資方勾結對於工人不發餉及有壓迫現象，要是我們參加入了黨就有了保障，後由王金棠、劉捷三、韓國彬、葉文耀召集廠內職工在工會開會，開會時由王金棠發表參加匪黨的好處，否者是對我們不利的，當場表決同意參加，後由王金棠親自又找蘇曉田付秀三聯系參加匪黨，後當月由蘇曉田付秀三介

葉文耀

持舉行入黨典礼，當場選出王金榮韓國彬，刘捷三、葉元穫我四人為（名稱忘記了）後發給臨時黨証一張，以後並未舉行任何会，足了半個月苏硯田發付費山又找我金榮商意、法商電力公司内成立區23區黨部後由王金榮對韓國彬刘捷三和我說，為了增加我们工會勢力如遇勞資双方有爭執時就不用找社會局直接找黨部办理、一切都是我们幾人同意後、由王金榮主持、以工会我機蓋章下通知召集正副小組長開会、開会時由王金榮主席發表區黨部成立的意義、後由王金榮之蓋苏硯田聯絡、把民在46年4月間在法商電力公司内區工會内由苏硯田主持通知區黨部來人主持成立23區黨部、填表時均由區委苏硯田王金榮二人介绍、在歷举時當場我被選為23區區黨部執行委員王金榮為書記、刘捷三為組副韓國彬為宣傳委員談23區黨部以下分四個區分部區國民黨區分部分作四個部份、副書記、執行、宣傳、組訓、各一人參加區區分部委員人名、

|  | |  |
|---|---|---|
| 苐一分部 | 电務處 | 朱學寶、周平俊 |
| | 鉄廠 | 张長華 |
| 苐二分部 | 机器部 | 张鶴芝 書記、梁長和、刘履黑 |
| 苐三分部 | 鍋炉房 | 狲希来 書記 |
| 苐四分部 | 仿事房 | 黄天郁、韩发周、李棡揆、吳西恭 |

在成立區黨部後十數日由苏硯田親自送來正式區黨証交與王金榮、分發每人並將臨時黨証収回、以後再也未開什麼会、後苏硯田又找王金榮聯絡選舉備團大代表這次必須選武傅費山為團大代表、後由王金榮時區黨委員及區分部委員、报告此事、後通知工会先生造冊並由王金榮出名、下通知、各電廠黨部選舉武傅費山為備團大、後用王金榮蓋章

葉文穫

把那子親自交給湯硯田、过後我才知道他們所佈的噱套、成立匪區党部是為了增加他們的勢力；汪的好親蒞僑國大代表指說有二千票在選僑國大代表時才有被選權，而王金棠自成立匪工会就脫離了，每日仍在廠內外活動，和匪党聯系我就不知道了、自成立匪党部後，听王金棠說他是匪中央所屬的党員，他的党籍是由匪中央發給的、而劉振云自稱是老党員前在鉄路所屬的匪党部党員但未見过他的証明是否匪中央發給的、以上是我知道的關于匪党部委員在成立時當場選举出來的，而匪區分部委員我記不清了是否選举出來的，以上各匪區分部委員都是王金棠和我說的、關于孫希岳分部書記問題，由王金棠指定為書記、後孫希岳未和韓國彬談他不認識字而拒决担任，当時由韓國彬告訴王金棠後，听王金棠和韓國彬商議由任憲章担任書記，以後是否任憲章担任我就不知道了、關于匪党區分部人數及誰是那一部分的及負什麼責任、據我想起來的就是以上那幾個人其餘的我都忘記了我知道的那幾個人也全都是王金棠和我說的，

於參加匪忠義普濟社經过、

1946年5月間由王金棠介紹我參加忠義普濟社，王金棠說是匪陳仙舟領導的，因為那時看到別的廠子出了事、資方和匪稽查處一联系就抓人、如果是加入這個組織，就有了保障，所以將我們的像片和履歷由王金棠通知匪工会先生（姓名記不清了）寫好、由王金棠親自送去我和王金棠也去过一次是送表去，但未見到陳仙舟廠內參加的共有一百多人但过了兩週王金棠又將我們的像片、和履歷表完全退回說該社因陳仙舟離職已结束了

龔文耀

00006

4. 關於參加偽國民黨幹訓班的往述。

在1946年8月間由王金榮通知我到偽黨部參加偽國民黨幹訓班，由王金榮給了我一個通知單就是叫我參加幹訓學習的通知，那時我向王金榮還有誰，他說有韓國彬，劉捷三、周平俊，牛學賢、陶起山、曹玉功、張鶴芝、劉廣云、趙安周、李村森、吳增才、董二郁等，但是我在幹訓班所見到的有王金榮、劉捷三、韓國彬、葉文耀、周平俊，牛學賢，其餘的陶起山、曹玉功、張鶴芝等我都沒看見，是否他們參加了沒有我就不知道，幹訓班的地點是在萃全區中心小學校受訓三天（每天由下午七時至九時）我只去了兩次，一次是由蘇吉亭講話，一次是邵華講話，說八路軍慘無人道是捕偽國民黨員，用鐵絲穿耳頭活埋他宣傳這些個事情為了使我們害怕，跟人民為敵，以後發給了文憑一張，幹訓章一個，在天津解放時我都燒了。

5. 關於法商電力區工會與冀北電力區工會合併為天津市電力工會的述述。

1947年1月由王金榮與冀北電力工會張俊區聯絡，成立天津市電力總工會，在合併前王金榮與韓國彬、劉捷三，我商議我們為了尤其福利起見，必須與冀北電力區工會合併，否則對我們福利有損失的，因法商電力公司一切職工的福利和獎金都按冀北電力公司的規定，所以關於我工一切福利事宜必須經常找冀北電力公司張俊區詢問有時和他們詢問他們不願意告訴，工作方面感覺不便，使工人的福利發到損失，故此由王金榮和我、劉捷三、韓國彬、商議，召集各組正副組長開會開會時由王金榮發表開會的意義，說明雙冀北電力公司合併的好處，大家一致同意贊成，在1947年1月間在6區亞洲電影院召開成立天津市電力總工會，當場法商電力區工會為第五分會，並選舉王金榮為常務理事，郭樹彬為候補常務理事，葉文耀為

葉文耀

154

常務幹事，吳西宪韓國彬，刘捷三，敦女之為幹事（均是為□の3分会）周平俊
張長樂，為監事，開會時均由厤社会部派人支持自這等後，王鍾榮負責
法商电力厤工會厂以外继負責人，每日早晨到資方交涉，厂内一切福利和
一切事務，後王厂到外及奖名方面联柴，党部，社会局电力会會等莱三
耀負責厂內一切事務考薪金收會費和擴善假員事項及切，同王金
榮去資方交涉，厂內一切福利等事，刘捷三，敦文之，負責工會一切帳
目，及支蓋章校對等事項，韓國彬，吳西宪負社工會合作社，分茶食品
等工作，周平俊，謀長樂，復責監督工會內一切事務。

第6. 我於參加厤統計調查局工筆組的經過

1947年6月間由厤苏硯因通知，王金榮叫我们参加厤統計調查
局而王金榮和我韓國彬，朱學實，周平俊讓我们自继加入厤党
或立了厤党都同样的是为了我们厤工会增加了势力也処理一切
勞資糾分事項，但是至今尚未加处任何事項而資方又不斷和我们
工會找府煩而無法解决，於是王金榮與苏硯因联係，後，取來表
格由王金榮親自支給厤公會先生（忘記他姓名了）填寫表格後由王金榮
差交厤統計調查局，周於参加人數由王金榮掉先，曲子育、韓國彬
朱學實，周平俊，潘金鐸，曹玉晓，吳曹才，陶起山，敦文云，杜工良
吳大云，張桐梾，于長毘，于長荅，華去辉，王金榮，周王林，同時王金
榮將社会局淳國棟的名之寫上但是于長毘，于長荅，首先找過王鍾榮
頼意参加而王金榮未免辞後，他二找我和王金榮說允许他二人
参加，但王金榮是否把他二人的名之报告了局內及填丈表我就不
知道了我也沒有看是丈他二人去統計調查局及宣誓。

在6月間由王金榮頜尊我和周平俊，朱學實，周玉林，陶起山，

吳增才、曹玉明、敦文元、吳女云、崔之良、張桐井、韓國彬、去瀋陽道
虞統府去宣誓、到時由王金榮給我們介紹、領導我們的是湯局
長、後按名次訓話宣誓、在我宣誓時由裡面叫我我的給з抱歉的
是姓李(名з又译)首先問我的名з年歲籍貫、住址、學歷及戰叫我問
我願意參加嗎、有決心來協助公對方革命方解散嗎、我答有決心以後、
就出來按次所到另一個屋又去宣誓、我和周平俊、韓國彬、朱學曾、還有
些北电力局的局稽金在一同宣誓的、農曆的行方是匡宣誓我就不
知道了宣誓的發绘規則本一個、但我帮未看過、就放在家裡了、在解
放時燒了、参加以後王金榮在路上和我及韓國彬、朱學曾、周平俊、
說應用我們大家要多加小心、如是有不良份子要逮捕我或告局
方去电話、府參加绘副局後、王金榮員責敵內外責任、及往常坚歷
虞統局應湯璞池及應市健郡ಷ碩团联像、所由王金榮指定、
業文雄員責公事務、朱學曾、周平俊、員电務員和鉄戲责任、
韓國彬、敦文元員扣斷房識炸房責任、以上是王金榮和我說当
時活動的情况、由王金榮告訴我們各員基責主要的任務就是
防止人跟军混入 廠收有破坏活動其且王金榮就有情况及時告
訴他或告告警统局去电語、当時情况就是這樣、以後、王金榮又對我
說我們工筆组分为兩個、第一组由王金榮員責、我圆第二组的责任、当
時我就拒决了、但他也没有告訴我每组幾人或是誰、在我宣誓隔二
次日在工會听敦文元說往上瀋陽道自去一趟没有宣誓、以後他是否
又去宣誓我就不知道了、听王金榮說他找梁圆棟数次去瀋陽道去
宣誓、但没有去、有一天我去社会局办、裡面彩事怜時王金榮叫我告
訴梁圆棟去宣誓、当我告訴梁圆棟時、他圈着我没有工夫去、那的
事誰叫绘我寫上的名字、以後他不去我就不知道了。

1966 61

00009

八、關於郭樹彤參加統計調查局問題

在隊伍參加歷統計調查局時，王金榮想叫郭樹彤參加，因他是電力線二廠的候補常務理事，我想起有一天王金榮到我的公事房，給了我一張表格，叫我去，搖上我郭樹彤填表參加歷統計調查局，因為王金榮怕他拒決所以他才叫我去的，但我去了也被他拒決填表及參加，在我回來時王金榮已在我辦公的房子裡等我，我就把郭樹彤拒決參加及不填表的經過告訴了他，王金榮當時也很不滿意，以後怎樣解決的我就不知道了。

在參加歷統計調查局十月後，歷湯衡如組長到法商電力歷工會必召集我們開會，由王金榮到丁亇通知你我們的，參加開會去的有韓國彬、朱紫寶、周芊後、崔子良、淘起山、吳文三、丁找巷，當我，當場由王金榮給我們介紹湯衡如組長，在王金榮尚未湯組長未到我們這組未去電的時了我們大家見了面，後由湯衡如講話，我們都是自己人嘛，今後，你們在廠中多加注意，恐有不良份子破壞私醫等事，如果有，現時給我打電話，開知王金榮到局報告派人速捕。又過一個學期後，湯衡如又到法商電力歷工會，找王金榮召集我們開會，當時王金榮打電話告訴我歷湯組長來到工會了，當時我問王金榮是什麼事，他說和上次來的同樣為了想上次見面的歷工面那時我因二作忙歷沒有參加。

李子耀

1947年八九月间由王金荣领导我和韩国彬 张桐林 崔子良 周平俊到滦阳道匪党统局开会见到匪苏砚田 张俊臣 刘连锦等但不知何故並未开会後由王金荣告诉我們說今日我們来到這裡目地为了协助冀北電力及電車公司請求匪中央拒决交还比商 又过十月後在法商电力匪工会内开会 到会的有 田雲甫, 张俊臣, 刘连锦, 安有山 韩火奎, 簡福全 吴宜元 袁澤民, 我們参加的有王金荣 刘捷三 韩国彬 周俊平俊 葉文耀 其餘我記不清了 开会的目地为了請各匪工会 协助 给匪中央寫呈文反对將冀北电力及电車公司交还 与比商

1947年 在竞選匪参議員時由王金荣领我到朱玉田家中一次(往連菜里)匪党统局偽 主要为了给匪朱玉田拉票竞選他为参議員 在進行選舉時我又领于长發(法商电力公司厰厂徒工)在他家中附近又拉票 我和王金荣在法商电力公司内利用職權叫職工選舉他 结果匪朱玉田被選为市参議員 以後 朱匪玉田在鸿賓樓請我和王金荣及其他各匪工会員责人吃飯

1948年 10月由王金荣發表与匪电力工会脱离去匪社会局聯系成立法商电力匪厰工会. 在成立時在匪工会内由匪社会局派員指导开会時由王金荣主席 当場以票選出 王金荣为匪厰工会为理事長(即会長) 邢鳳鳴, 孫漢卿为常務理事 韩国彬
　　　　　　　吴西岩 薛文炳 韩玉林 张长華
　　　　　　　葉文耀 为 理 事
　　　　　　　馬玉林 · 鄞樹彬为監事
自法商电力匪厰工会成立後在我思想感激不好看 未被選为常務理事而心中不滿而未到匪工会内去一次 自成立匪厰工会後 每日早协同吴西岩 协同王金荣到資方办事一切福利等事項 從此就不管匪厰工会一切事務 扵是我請求匪社会局辞退匪工会理事職

扵当月(1948年11月)已由匪社会局批准退職

參加匪清匪鋤奸小組經過

1948年11月由法商电力公司華經理杜用文頒導參加匪警備
司令部清匪鋤奸小組:

杜用文為　　組長
桑思壆為　副組長
王金荣　　邢鳳鳴　　孫漢鄉　　吳西岩
薛文炳　　韓國彬　　葉文耀

以上我知道的為組員

經过是杜用文把我們召集到他的办公室内說接到
匪警備司令部公函令急速在法商电力公司内成立匪清匪鋤
奸小組当時我拒决參加因那時匪工会一切事務及職務
我已經辭退不过向了杜用文說我為了應付差事和你們匪工
会負責人及廠方員責人互相協助唯一目地今後大家在廠内
多注意以防八路軍混入廠内及防奸防碟防火等事自從杜
用文召集我們後並未用过会及未作任何活动以後是否我他們
用过會我就不知道了

1949年1月间在上午10時王金荣到我办公室我說匪苏,硯田現在組織
潛伏工作当時我向王金荣這個組織是幹什麽的他說(王)苏硯
田召集各匪工会員責人在各廠内進行破坏行动当時王金荣又說咱們可
别搞這個我(王金荣)都搞恉了同時王金荣又說已經和他們(指韓國彬周平
後朱鸷覺等)說了周王金荣每日上班在電務處集合由工頭分派工作
並且他(王金荣)又对我說叫我告訴其他人(指張桐林吳火元)因張桐林在
造冰廠前看門吳火元在廠内作活当時我恉出事就拒决他给他(王錦)
傳話以後我没有談此事而王金荣也未找过我

1949年1月间由王金荣通知我和各匪13區党部及區分部委員到公安第一
分局登記在我登記時有一位隊長向我发名住址職業及參加过什麽
組織当我說到我是匪13區党部宣傳委員時那位隊長說什麽宣傳
委員你是執行委員当時我回答是王金荣告訴我的以後我寫坦
白材料時寫宣傳或執行委員在我去一分局回來我找王金荣向

我到底是匪23區党部什麼委員為什麼你告訴我是區傳委員但是一分局隊長說執行委員当時王金榮說.說你什麼你就寫什麼吧.所以以後我寫坦白材料時說執行委員当我向王金榮時听他說上午他(王錬)通知他們到分局登記時雖也不知道他們在匪23區党部所負的職務及公安一分局隊長說对王金榮說你們怎麼搞的所來的人一個都不知道他在匪23區分部所負的職務限你(指王金榮說)限你在下午解決他們登記事如果在下午解決不了我要嚴格處罰你当日未等王金榮我他們而听王金榮說大家我到王金榮问我們就竟是匪23區分部什麼当時王金榮一個一個的告訴他們.在下午又到一分局登記時才办完登記手續後听同與趙央周說在下午到一分局登記時有一位隊長问他為什麼上午你不知道你是匪23區分部負什麼職務.趙央周說上午由一分局回到法商电力公司我王金榮才告訴我的所以才知道. 以上我所知道的去公安第一分局登記經过情况.

55.6
6/1

外调信

中共天津市委　　　　　四清工作团、队調查証明材料介紹信

字 第 001412 号

第二发电厂工作队：

兹介紹 郭守贵 柏作祥 同志，系 中共 正式党员 预备党员 / 共青团员

去 峰东 通过 组织及查档.

了解 桑思堅 改为 問題，請接洽。

1966年十一月 柏党団 工作队

法商電力公司參加匪清匪勵奸小組的人數及職務：

1948年11月间由法商電力公司華經理杜用文領導參加匪

| 警備司令部 | 清匪勵奸小組 | 組長 | 人數 |
| --- | --- | --- | --- |
| | | 副組長 | |
| | | 組員 | |

杜用文　堅　卿　鳴　炳　彬　岩　耀
桑　思　肅
王　金
孫　漢　鳳　文　國　西　文
邢　薛　韓　吳　葉

## 活動情況

在參加匪組織的情況由杜用文將我們召集到他的办公室内杜用文对我們說接到匪警備司令部命令叫我們急速在法商電力公司内成立匪清匪勵奸小組，我当時就拒絕參加。因我已辞退匪工會理事職，当時杜用文說我們為了應付差事，由廠方負責人和匪工會負責人(即理事長(会長)常務理事和理事)共同協助成立，当時杜用文和我們說最要緊的今後我們大家在廠中多主要以防發生事故及防火等，但是自從杜用文召集我們开会後並未闲过第二次会及未有任何活動。但是張長華韓玉林二人也是匪工會理事，当杜用文召集开会時我没有看見他二人參加。

黄子樵
1955.11.7

0001冊　　第　　頁

# 清匪防奸組

1948年成立，在匪井备区領导下．蒐集我軍情况．其體組織材料如下：

匪井备区

↓

組長，付組長

杜用文　　桑思坐

孙汉卿　张长华　邪凤鸣　王金荣　叶文跃

00015

防奸小组：

有次外边不好组禁了，叶文玲就告诉我杜经理告诉了，今天不必出去（这是一天早晨）我们就到杜用文那去了。（经理告）杜就去说了。警备司令部下来通知叫成立防奸小组，组长是杜用文，副组长是栾思堂，我们都是组员我记得还有孙小溪，那时我都起个别名，我就忘记了别名叫吝了，下午栾思堂就到警备司令部去报告了，令后杜用文把我说咱就散行了。

王金荣  1956. 3. 14

反革命组织邮.

关于在国党反动派时期旧法商的反动组织.

1947年成立的防匪除奸组。它们的组长是杜
用文，付组长是日伪汉奸蕾选堂。组员有：
吴少云、孙汗鄉，四类分子刘提三。他们做
的罪恶勾当是调查谁家的人是共产党，谁家
里（撥村）来的人是不是八路军。我有一次下班后到
杜永立的单身宿舍里去玩去，正赶上杜永立的父
亲去老家里来，刘提三就问他去哪里来是不是
八路军。话还很多了我记不清了。

刘景連 1967.8.1.

165

王金荣介绍防奸组 组织情况。

1948年10月—11月间，有一天杜用文找我说：他接到伪天津卫备司令部的电话，成立防奸组，组长杜用文，组员有王金荣、叶文妹、孙汉卿、蒋文炳。

杜用文把四个工会的人招集起来说：对闹事的、来路不明的都登记一下，没有桌男里参加，以后也没开过会。

念给本人听无误　王金荣 1968.10.14

王金荣所说属实，听候材料审查参考

　　　　　　　　　　　　　　　　　1968.10.15

据审讯周平俊记录。周捷侠。经侨调查组（住院）

我们这组七人小组，王说我是七人小组头。以后修祠堂领头的人叫伯福，一直泡大道敦庆隆布铺。开会有我、郭国溪、诸桐林、李。开会内容是小心，使各老乡谁来。

第二次：诸桐书领来年轻人，开会。他说是天津李一站人参加沈桐林，我（周平俊）邵化鸣，郭国溪。我们工作就是注意谁来老乡。

## 最高指示:

要斗私，批修。

---

审干小组成员

负责人:

　　林同文

成员: 张华生 美西若 秦光堃 孙开卿 赵明泰

　　吴为云?

　　以上九人由适与木老以毛泽东思想一孳可以宅化云.

考员: 赵克程 张宝森 杨临传 刘金林 杨立成 邵红生

张玉林 张连厚 分连洋 吴立光 王孝文 孙金库

刘立也 王克印 于礼凤.

　　　　　　　　　　　　　　1968.9.24.

定案处理 ～～～～～～～～ 呈报表

| 性質 | 现行反革命分子 | 姓名 | 吴杰卿 | 曾用名 | 一 | 性別 | 男 |
|---|---|---|---|---|---|---|---|
| 出生 | 1923年 7月 18日 | 家庭出身 | 中农 | | 民族 | | 汉 |
| 籍貫 | 山东省 东光县 | 个人成份 | 学生 | | 宗教信仰 | | 一 |
| 工作單位 及職務 | 天津市石油站 保健站会计 | 家庭住址 | 红桥区自立大街30号 | | | | |
| 是否党团員 | 否 | 入党团时間 | 年 月 日 年 月 日 | 党团内职务 | | | |

| 簡歷 | 一九四八年—一九四九年合资经营织线 当店员 |
|---|---|
| | 一九四九年—一九五0年 失业 |
| | 一九五0年—一九五一年华北区石油公司 办事员 |
| | 一九五一年—至今 天津市石油站·保健站会计 |

| 重大歷史問題 | 解放前经商贩卖·参与其父×收买枪支·银元等违法活动 曾当过国民党军队·特务长（司务长）；<br><br>一九五二年因贪污受过·记过处分。 |
|---|---|

| 文化大革命運動中的主要問題 | 在文化大革命中吴以造反"为名·一手成立"红色战斗队"招纳·猖狂对内反社会上人民进动报·抵制企业众思潮·转移斗敌戈之大批人马至红旗保单·重灭站内·贴出反动标语。<br><br>根据调查·吴组织成立半进0个+丁草狠的群众组织·大搞印刷传单活动·吴前用多事收本·报假账·批纸材料传纹等于约从中贪污850.00元（含火运动贪污累计1061.00元）。<br><br>尤金站歌工紧跟伟大领袖毛主席伟大战略部署·突现大联合时吴一反常态·迎头劈言於六七年十一月十六日在保健站二楼把众宰最累向美。 |
|---|---|

填报：　　年　月

| | |
|---|---|
| 基层革委会意见 | 在文化大革命中，群众揭发，根据调查，转来材料，从本人的问题来看，给他带好帽子。经革委会讨论，将其定为现行反革命分子和历史反革命分子帽子，摘除坏分子帽子，实回原单位交群众监督劳动改造。<br><br>（印章）1969.4.5. 革命委员会 |
| 单位工人毛泽东思想宣传队意见 | 同意革委会意见。<br><br>工　人<br>解放军　毛泽东思想宣传队。（印章） |
| 片驻军意见 | |
| 局革委会意见 | |
| | |
| | |

## 关于对现行反革命分子吴杰卿的处理决定

　　吴杰卿，男，44岁，中农出身，学生成份，原籍山东省东光县人，1950年11月参加工作，原任天津石油站保健站会计、采购等职。

　　该吴在解放前曾经商跑买卖，参与其父贩卖毒品、银元等违法活动，并曾充任国民党军队特务长（司务长）。参加革命工作后，在52年"三五反"运动中，因贪污受过行政处分（贪污1446904元旧币）；在62年反对商品走后门运动中又发现有贪污行为（贪污19．80元）；在四清运动中又查有贪污冒领的错误（贪污冒领46．83元）。

　　在文化大革命中，吴以"造反"为名，一个人成立了"反到底战斗兵"组织，在站内和社会上，上窜下跳，大肆活动，疯狂一时，积极配合社会上资产阶级反动思潮，大反李雪峰同志，转抄和散发了大批攻击"三红"的传单，流毒极广。更为恶毒地是，在站内张贴了"打倒破坏16条的小丑毛主席万岁！"（中间并无示点符号）及"谁反对南大卫东谁就是反对毛主席"的反动标语。

　　根据调查，吴在六七年四至八月，脱离站内的文化大革命运动和工作岗位，在社会上"串联"了天工八二五、机车车辆厂、劳一半、天津造纸厂、一轻部华北办事处、日杂公司以及北京大学等几十个单位的群众组织，大搞印刷传单活动，由上述单位出钱，吴出人力，东奔西跑，到处挂勾筹款、联系材料、纸张、印刷、制版、装訂与分配推銷等。现已查明，由吴經手印刷的主要材料有："狂人日記"（两种版本）"学习文件""彻底清算刘少奇反革命罪行"等，印数多达１０７４５９册，费用共用１０４４４．１８元。吴在印刷过程中以多算成本，报假账、扣留材料轉卖等手法从中貪污肥己，现仅能查到的就达８５０．１５元。

在全站革命羣众緊跟伟大領袖毛主席的战略部署实现革命大联合的时溪，吴却一反常态、沉默寡言，很少参加站內活动。６７年１１月１６日，市工代会批准了我站系统大联合加入工代会。就在当天下午，吴在保健站二楼办公室畏罪服毒自杀。

鉴于吴在解放后历次运动中均犯有貪污冒領錯誤，貪污金額达１０６１．４７元之多，在历史上會販卖毒品，当过伪軍，在文化大革命中又以"造反"为名，大反"三紅"，張貼反动标語，并利用印刷材料之机从中牟利，貪污肥己。根据羣众揭发和調查落实，吴確系大反三紅破坏文化大革命的现行反革命分子，在文化大革命中怕問題暴露而畏罪自杀。經全体革命职工討論革委会研究，工宣队和駐軍批示将其定为现行反革命分子，前發給的丧葬費和家屬救济費应予全部追回，撤銷其子女頂替的待遇。

石油站革委会
６９年３月３１日

封建王朝有抄家和株連。今反革命子女也失去工作的机会。毛主席的株連政策，何时了？

热烈欢呼毛泽东思想的伟大胜利

红色政权万代红

工代会天津市针织厂革命职工委员会五分会

# 毛主席语录

全国的无产阶级文化大革命形势大好，不是小好。整个形势比以往任何时候都好。再有几个月的时间，整个形势将会变得更好。

# 最 高 指 示

## 提高警惕 保卫祖国　要准备打仗

俄汉对照

# 反修斗争用語

★

在文革期间中苏发生了
武装冲突，为了落实毛主席
备战的号召，为解放苏
联，而编成此书。该书为
打字油印本，印发较少，
存世者罕见，古月斋收藏。
今由兰台出版社出版，可
瞭解当时中苏两国的背景。

伊春市师范学校俄語学习班

1970·1

## НАИВЫСШИЕ УКАЗАНИЯ　　　　最高指示

1. ПОВЫШАТЬ БДИТЕЛЬНОСТЬ, ЗА-
ЩИЩАТЬ РОДИНУ.

提高警惕，保卫祖国。

2. ПОДГОТОВКА НА СЛУЧАЙ ВОЙНЫ,
ПОДГОТОВКА НА СЛУЧАЙ СТИХИЙ-
НЫХ БЕДСТВИЙ, ВСЁ ДЛЯ НАРОДА.

备战、备荒、为人民。

ВЕСТИ РЕВОЛЮЦИЮ, СТИМУЛИРО-
ВАТЬ РАЗВИТИЕ ПРОИЗВОДСТВА,
СТИМУЛИРОВАТЬ РАБОТУ, СТИ-
МУЛИРОВАТЬ ПОДГОТОВКУ НА СЛУ-
ЧАЙ ВОЙНЫ.

抓革命，促生产，促工
作，促战备。

ПУСТЬ НАС НЕ ТРОГАЮТ, И МЫ
НЕ ТРОНЕМ, А ЕСЛИ ТРОНУТ ——
МЫ НЕ ОСТАНЕМСЯ В ДОЛГУ.

人不犯我，我不犯人，
人若犯我，我必犯人。

ЕСЛИ ГОВОРИТЬ О НАШЕМ ЖЕЛА-
НИИ, ТО МЫ НЕ ХОТИМ ВОЕВАТЬ
НИ ОДНОГО ДНЯ. ОДНАКО, ЕСЛИ
ОБСТОЯТЕЛЬСТВА ВЫНУДЯТ НАС
ВОЕВАТЬ, МЫ В СОСТОЯНИИ ВЕ-
СТИ ВОЙНУ ДО КОНЦА.

就我们自己的愿望说，
我们连一天也不愿意打
，但是如果形势迫使我
们不得不打的话，我们
是能够一直打到底的。

КОЗНИ, ПОРАЖЕНИЕ, ВНОВЬ КО-
ЗНИ, ВНОВЬ ПОРАЖЕНИЕ И ТАК
ВПЛОТЬ ДО САМОЙ ГИБЕЛИ ——
ТАКОВА ЛОГИКА ИМПЕРИАЛИСТОВ
И ВСЕХ РЕАКЦИОНЕРОВ МИРА ПРИ
ПОДХОДЕ К НАРОДНОМУ ДЕЛУ, И
ОНИ НИКОГДА НЕ ДЕЙСТВУЮТ
ВОПРЕКИ ЭТОЙ ЛОГИКЕ.

搞乱，失败，再搞乱，
再失败，直至灭亡 ——
这就是帝国主义和世界
上一切反动派对待人民
事业的逻辑，他们决不
会违背这个逻辑的。

ЧТО КАСАЕТСЯ ВОПРОСА О МИРО-
ВОЙ ВОЙНЕ, ТО СУЩЕСТВУЕТ ТОЛЬ-
КО ДВЕ ВОЗМОЖНОСТИ: ИЛИ ВОЙНА

关于世界大战问题，无
非是两种可能，一种是
战争引起革命，一种是

НЗОВЕТ РЕВОЛЮЦИЮ, ИЛИ РЕ-
ВОЛЮЦИЯ ПРЕДОТВРАТИТ ВОЙНУ.

8. МАРКСИСТЫ-ЛЕНИНЦЫ ВСЕХ СТРАН,
СПЛАЧИВАЙТЕСЬ, РЕВОЛЮЦИОННЫЕ
НАРОДЫ ВСЕГО МИРА, СПЛАЧИВАЙ-
ТЕСЬ, РАЗГРОМИМ ИМПЕРИАЛИЗМ,
РАЗГРОМИМ СОВРЕМЕННЫЙ РЕВИЗИ-
ОНИЗМ, РАЗГРОМИМ РЕАКЦИОНЕРОВ
ВСЕХ СТРАН. НОВЫЙ МИР БЕЗ ИМ-
ПЕРИАЛИЗМА, БЕЗ КАПИТАЛИЗМА И
БЕЗ ЭКСПЛУАТАЦИИ НЕПРЕМЕННО
БУДЕТ ПОСТРОЕН.

9. НАРОДЫ ВСЕГО МИРА, СПЛАЧИВАЙ-
ТЕСЬ И БОРИТЕСЬ ПРОТИВ АГРЕ-
ССИВНОЙ ВОЙНЫ, БУДЬ ОНА РАЗ-
ВЯЗАНА ТЕМ ИЛИ ИНЫМ ИМПЕРИА-
ЛИЗМОМ ИЛИ СОЦИАЛ-ИМПЕРИАЛИ-
ЗМОМ, И ОСОБЕННО ПРОТИВ АГРЕ-
ССИВНОЙ ВОЙНЫ С ПРИМЕНЕНИЕМ
ТАКОГО ВИДА ОРУЖИЯ, КАК АТОМ-
НАЯ БОМБА! В СЛУЧАЕ ВОЗНИКНО-
ВЕНИЯ ТАКОЙ ВОЙНЫ НАРОДЫ ВСЕ-
ГО МИРА ДОЛЖНЫ РЕВОЛЮЦИОННОЙ
ВОЙНОЙ УНИЧТОЖИТЬ АГРЕССИВНУЮ
ВОЙНУ, И ПОДГОТОВКУ К ЭТОМУ
НУЖНО НАЧАТЬ С СЕГОДНЯШНЕГО
ДНЯ!

10. МЫ ХОТЕЛИ БЫ ПРЕДУПРЕДИТЬ ЛЮ-
БИТЕЛЕЙ ИГРАТЬ С ОГНЁМ, ЧТОБЫ
ОНИ НЕ СЛИШКОМ ЗАРЫВАЛИСЬ. МЫ
ОФИЦИАЛЬНО ПРЕДОСТЕРЕГАЕМ ИХ:
ПООСТОРОЖНЕЕ, С ОГНЁМ ШУТКИ
ПЛОХИ, ПОБЕРЕГИТЕ СОБСТВЕННЫЕ ГОЛОВЫ!

革命制止战争。

全世界 馬克思列宁主义
者团结起来，全世界革
命人民团结起来，打倒
帝国主义，打倒现代修
正主义，打倒各国反动派
。一个没有帝国主义、
没有資本主义、没有剥
削制度的新世界，一定
要建立起来。

全世界人民团结起来，
反对任何帝国主义、社
会帝国主义发动的侵略
战争，特别要反对以原
子弹为武器的侵略战争
！如果这种战争发生，
全世界人民就应以革命
战争消灭侵略战争，从
现在起就要有所准备！

我們还是希望那班玩火的
人，不要过于冲昏头脑。
我們正式警告他們說：
放謹慎一点吧！这种火
是不好玩的，仔細你们
自己的脑袋。

++++++++++++++ НАИВЫСШЕЕ УКАЗАНИЕ ++++++++++++++

КИТАЙСКИЙ НАРОД БУДЕТ ЗАЩИЩАТЬ ТЕРРИТОРИЮ И СУ-
ВЕРЕНИТЕТ КИТАЯ И НИ В КОЕМ СЛУЧАЕ НЕ ДОПУСТИТ ПО-
СЯГАТЕЛЬСТВ СО СТОРОНЫ ИНОСТРАННОГО ПРАВИТЕЛЬСТВА.

## 最 高 指 示

中国的领土主权，中国人民必须保卫，絕对不允許外国政
府来干涉。

---

I. ЗАЩИЩАТЬ ТЕРРИТОРИЮ РОДИНЫ　　　保卫祖国领土

1. Повышать бдительность, защи-
щать Родину! Быть всегда го-
товы уничтожить вторгшегося
врага

　提高警惕，保卫祖国！随时
　准备歼灭入侵之敌！

2. Жизнью /ценой жизни/ защитим
священную территорию нашей
Родины!

　誓死保卫祖国神圣领土！

3. Территория Китая неприкосно-
венна

　中国领土不容侵犯！

4. Постоянно хранить высокую
революционную бдительность
в отношении внезапного на-
падения врага!

　时刻保持高度的革命警惕，
　防止敌人突然袭击！

5. Действовать острием против
острия, бороться за каждую
пядь земли.

　针锋相对，寸土必争。

6. Можно голову сложи́ь, кровь проли́ть, но не отдади́м ни пя́ди свяще́нной земли́ на́шей ...дины.

領土一寸也不能丢。

7. ...утки пло́хи с кита́йским наро́дом.

中国人民是不好惹的。

8. Мы должны́ сто́йко стоя́ть на боево́м посту́.

坚守战斗岗位。

9. У нас ка́ждый челове́к — бое́ц, ка́ждый дом — ...кре́пость, ка́ждое село́ — по́ле бо́я.

我们这里人人是战士，户户是堡垒，村村是战场。

10. Никому́ и ни в ко́ем слу́чае не позво́лим посяга́ть на террито́риальную це́лостность и сувере́нитет Кита́я.

中国的领土主权絶不允許任何人侵犯。

11. Сове́тские самолёты разну́зданно вто́рглись в возду́шное простра́нство Кита́я.

苏联飞机肆意侵犯中国领空。

12. Сове́тские пограни́чные войска́ продвига́ют свою́ дозо́рную ли́нию в глубь кита́йской терри́тории.

苏联边防军向中国境内推进巡逻线。

13. ...стров ...жэньбаодао неизме́нно нахо́дится под юрисди́кцией Кита́я.

珍宝岛一直在中国管辖之下。

14. Мы должны́ развива́ть дух бес... ...стра́шия пе́ред тру́дностями и сме́ртью.

我们要发扬一不怕苦，二不怕死的精神。

15. Реши́тельно сорва́ть вооружён ные провока́ции сове́тских ре- визи́нистов!

坚决粉碎苏修一切武装挑衅。

16. Кита́йский наро́д всегда́ гото́в

中国人民随时准备給敌于来

нанести́ сокруши́тельные уда́ры по врага́м, кото́рые осме́лятся вто́ргнуться в на́шу страну́.

犯的敌人以毁灭性的打击。

17. В обстано́вке, когда́ терпе́ть бо́льше бы́ло невозмо́жно, кита́йские пограни́чники вы́нуждены бы́ли дать отпо́р с це́лью самозащи́ты.

中国边防人员忍无可忍，被迫进行自卫还击。

18. На́ши пограни́чники му́жественно подняли́сь на самозащи́ту и нанесли́ лобово́й уда́р вто́ргшимся провока́торам.

我边防部队在进自卫，给入侵挑衅者以迎头痛击。

19. Е́сли сове́тские ревизиони́сты-ренега́ты осме́лятся вновь напа́сть на нас, то мы их сотрём в порошо́к и им возвра́тной доро́ги не дади́м.

如果苏修叛徒集团胆敢继续来犯，我们就打得他们粉身碎骨，有来无回。

20. Мы при́няли уча́стие в ми́тингах, посвящённых осужде́нию вопию́щих преступле́ний сове́тских ревизиони́стов.

我们参加了声讨苏修滔天罪行的大会。

21. Наро́ды всего́ ми́ра заклейми́ли позо́ром кли́ку сове́тских ревизиони́стов-ренега́тов за посяга́тельство на террито́рию Кита́я — о́стров Чжэньбаода́о.

世界各国人民愤怒痛斥苏修叛徒集团侵犯中国领土—— 珍宝岛。

22. Обраща́я возмуще́ние и не́нависть в огро́мную боеву́ю си́лу, мы практи́ческими де́йствиями даём реши́тельный отпо́р провока́торам.

我们把愤怒和仇恨化为巨大的战斗力，用实际行动给挑衅者以坚决的回击。

23. Кита́й развива́ет я́дерное ору́жие в це́лях оборо́ны, в це́лях

中国发展核武器，是为了防御，为了打破核垄断。

срыва ядерной монополии.

24. Если вы вопреки всему навяжете китайскому народу войну, то мы не оставим вас без компании и будем решительно сражаться до самого конца!

如果你們硬要把战爭强加在中国人民头上，我們就坚决奉陪到底！

25. Если враг осмелится напасть на нас, то мы потопим его в обширном море народной войны.

敌人胆敢来犯，一定把他們淹没在人民战爭的汪洋大海里。

26. Безвозвратно кануло /ушло/ в прошлое то время, когда китайский народ оскорбляли.

中国人民受人欺侮的时代早就一去不复返了。

27. Вы воюете, опираясь на свою "механизацию"; а мы воюем, опираясь на революционизирование своего сознания. Наше революционизирование победило, побеждает и будет побеждать вашу "механизацию".

你們打仗靠机械化，我們打仗靠思想革命化。
我們的革命化能永远战胜你們的机械化。

28. Необходимо дать энергичный отпор вооружённым провокациям клики советских ревизионистов-ренегатов.

必須对苏修叛徒集团武装挑衅給予有力的回击。

29. Если клика советских ревизионистов-ренегатов осмелится вторгнуться в нашу страну, то уничтожим её без остатка.

假如苏修叛徒集团胆敢侵犯我国，就打他个片甲不留。

30. Наши пограничники с победой защитили священную территорию Родины.

我边防部队胜利的保卫了祖国的神圣領土。

:::::::::::::::  НАИВЫ́СШЕЕ УКАЗА́НИЕ  :::::::::::::::

СОВЕ́ТСКИЙ РЕВИЗИОНИ́ЗМ И АМЕРИКА́НСКИЙ ИМПЕРИА-
ЛИ́ЗМ, ДЕ́ЙСТВУЯ В ПРЕСТУ́ПНОМ СГО́ВОРЕ, НАТВОРИ́ЛИ
ТАК МНО́ГО ГНУ́СНЫХ И ПО́ДЛЫХ ДЕЛ, ЧТО РЕВОЛЮЦИО́Н-
НЫЕ НАРО́ДЫ ВСЕГО́ МИ́РА НЕ ПОЛА́ГЯТ ИХ. ПОДНИМА́ЮТ-
СЯ НАРО́ДЫ РАЗЛИ́ЧНЫХ СТРАН МИ́РА. НАЧА́ЛСЯ НО́ВЫЙ
ИСТОРИ́ЧЕСКИЙ ПЕРИ́ОД -- ПЕРИ́ОД БОРЬБЫ́ ПРО́ТИВ АМЕ-
РИКА́НСКОГО ИМПЕРИАЛИ́ЗМА И СОВЕ́ТСКОГО РЕВИЗИОНИ́З-
МА.

## 最 高 指 示

苏修、美帝狼狼为奸，做了这么多的坏事、丑事，全
世界革命人民是不会饶过他们的。世界各国人民正在起来。
一个反对美帝、苏修的历史新时代已经开始。

## II. АНТИКИТА́ЙСКИЕ ЗЛОДЕЯ́НИЯ НО́ВЫХ ЦАРЕ́Й

新沙皇的反华暴行

Долой но́вых царе́й!

打倒新沙皇！

Долой сове́тский ревизиони́зм-со-
циал-империали́зм!

打倒苏修社会帝国主义！

Отруби́ть дья́вольские ла́пы аг-
ре́ссии но́вых царе́й!

斩断新沙皇的侵略魔爪！

Но́вые и ста́рые цари́ -- зве́ри
из одного́ ло́гова.

新沙皇、老沙皇是一丘之
貉。

35. Антикитайские негодяи добром
    не кончат /плохо кончат/.

反华 恶徒绝没有好下场!

36. Клика советских ревизионистов-
    ренегатов лишь роет себе моги-
    лу, ведя неистовую антикитай-
    скую кампанию.

苏修叛徒集团猖狂反华只
能是自掘坟墓。

37. Советские ревизионисты-рене-
    гаты -- лишь горстка новых бур-
    жуев, сидящих на шее у совет-
    ского народа.

苏修叛徒只是代表一小撮骑
在苏联人民头上的新资产
阶级。

38. Клика советских ревизионистов-
    ренегатов --- почтительный пото-
    мок старых царей.

苏修叛徒集团是老沙皇的孝
子贤孙。

39. Новые цари в Кремле раздувают
    чёрные волны антикитайской кам-
    пании.

克里姆林宫的新沙皇掀起反
华恶浪。

40. Поступая так, клика советских
    ревизионистов-ренегатов пытает-
    ся разжечь антикитайские стра-
    сти.

苏修叛徒集团这样做,是企
图煽动反华情绪。

41. Не кто иной, как советское пра-
    вительство, везде и всюду со-
    вершает территориальную экспан-
    сию.

到处扩张领土的是苏联政府。

42. Советское правительство упря-
    мо настаивает на своей вели-
    кодержавно-шовинистической
    позиции.

苏联政府坚持其大国沙文主
义的立场。

43. Китай ни в коем случае не за-
    пугать угрозой войны, в том
    числе и угрозой ядерной войны.
    Советское правительство подни-
    мает военную шумиху и бряцает
    ядерным оружием против Китая.

中国决不会被战争威胁,包
括核战争威胁所吓倒。

苏联政府发出战争叫嚣,向
中国挥舞核武器。

45. Кли́ка сове́тских ревизиони́стов-ренега́тов перебра́сывает войска́ на кита́йско-сове́тскую грани́цу в попы́тках спровоци́ровать воору́жённые конфли́кты ещё бо́льшего масшта́ба.

苏修叛徒集团向中苏边界調兵遣将企图挑起更大规模的武装冲突。

46. Кли́ка сове́тских ревизиони́стов-ренега́тов всегда́ занима́ет вражде́бную пози́цию в отноше́нии кита́йского наро́да.

苏修叛徒集团一貫与中国人民为敌。

47. Кита́йское прави́тельство тре́бует от сове́тского прави́тельства неме́дленного прекраще́ния воору́жённого вторже́ния.

中国政府要求苏联政府立即仃止武装入侵。

48. Сове́тское прави́тельство должно́ неме́дленно прекрати́ть свои́ престу́пные а́кты вторже́ния и провока́ции.

苏联政府必須立即仃止这种入侵挑爭的罪恶行徑。

49. Во́лчья приро́да америка́нского империали́зма и сове́тского ревизиони́зма никогда́ не изме́нится.

美帝苏修的犲狼本性是永远不会改变的。

50. Необходи́мо я́сно распозна́ть по́длинное социа́л-империалисти́ческое обли́чье сове́тского ревизиони́зма.

必須認清苏修社会帝国主义的眞面目。

51. Е́сли вы бу́дете упо́рствовать в свои́х де́йствиях и продолжа́ть свою́ авантю́ру, то подве́ргнетесь ещё бо́лее суро́вому наказа́нию.

如果你們一意孤行，継續冒險，就必将遭到更加严厉的惩罰。

52. Необходи́мо оконча́тельно разобличи́ть престу́пные посяга́тельства но́вых царе́й на террито́рию

必須彻底揭露新沙皇侵犯我国领土的罪行。

． ． ． страны．

53. Советское правительство инс-
пирировало целый ряд погра-
ничных инцидентов.

苏联政府挑起了一系列边境事件。

54. Клика советских ревизионистов-
ренегатов неоднократно стря-
пала кровопролитные инциденты
на китайско-советской границе.

苏修叛徒集团多次在中苏边界制造流血事件。

55. Кремлёвские новые цари пытают-
ся оккупировать китайскую тер-
риторию силой оружия.

克里姆林宫的新沙皇企图用武力占领中国领土。

56. Все антикитайские заговоры
клики советских ревизионистов-
ренегатов обречены на полный
крах.

苏修叛徒集团的一切反华阴谋是注定要彻底破产的。

57. Клика советских ревизионистов-
ренегатов под вывеской "социа-
лизма" творит тёмные дела им-
периализма.

苏修叛徒集团打着社会主义的旗号，干着帝国主义的勾当。

58. Советским ревизионистам не уйти
от расплаты за свои кровавые
преступления.

苏修欠下的血债一定要偿。

59. Бешено выступая против Китая,
клика советских ревизионистов-
ренегатов сама себе готовит
гибель.

苏修叛徒集团猖狂反华是自取灭亡。

60. Кто осмелится напасть на нашу
великую социалистическую Ро-
дину, тот будет разбит наго-
лову, стёрт в порошок!

誰要是胆敢侵犯我们伟大社会主义祖国，誰就必然碰得头破血流，粉身碎骨。

:::::::::::::::: НАИВЫСШЕЕ УКАЗАНИЕ ::::::::::::::::

ВСЕ РЕАКЦИОННЫЕ СИЛЫ, СТОЯЩИЕ НА ГРАНИ ГИБЕЛИ, КАК ПРАВИЛО, ДЕЛАЮТ ОТЧАЯННЫЕ ПОТУГИ, ЧТОБЫ СПАСТИ СЕБЯ, ОНИ НЕИЗБЕЖНО ПРИБЕГАЮТ К ВОЕННЫМ АВАНТЮРАМ И ПОЛИТИЧЕСКОМУ ОБМАНУ.

最 高 指 示

一切反动势力在他们行将灭亡的时候，总是要进行垂死挣扎的。他们必然要采取军事冒险和政治欺骗的种种手段，来挽救自己的灭亡。

## III. БОРЬБА НА ПОГРАНИЧНОЙ ЛИНИИ

边防斗争

61. Эй! Здесь нельзя ходить! — 喂！这不准走！

62. Пароль! — 口令！

63. Покажи документ! — 拿出证件来！

64. Хорошо, ступай! — 好了！你走吧！

65. Стой! — 站住！

66. Вы перешли границу!
Вы нарушили границу! — 你们越境了！

67. Скорее уйдите! /Убирайтесь!/ — 赶快走开！（滚开！）

68. Здесь х х х. Это китайская территория /территория Китая/. — 这里是……！这里是中国的领土！

69. х х х искони является китайской территорией. — ……从来就是中国领土。

70. Остров Чжэньбаодао искони — 珍宝岛从来就是中国的领土。

185

является территорией Китая.

71. Вы говорите, что остров чжэнь-
баодао ваша территория. Это
чистейшая ложь!

你們就珍宝岛是你們的领
土，这純粹是谎言！

72. х х х искони принадлежит
Китаю.

×××从来就属于中国。

73. х х х неизменно находится под
юрисдикцией китайского пра-
вительства.

×××一直在中国政府管
辖之内。

74. Священная китайская террито-
рия неприкосновенна!

中国神圣领土不容侵犯！

75. Никому и ни в коем случае мы
не позволим посягать на ки-
тайскую территорию!

中国领土絕不允許任何人
侵犯！

76. Инцидент в районе х х х был
умышленно спровоцирован совет-
ской стороной.

……地区的事件是苏方蓄
意挑起的。

77. Вы вторглись на китайскую
территорию. Это серьёзная
провокация против Китая! В
связи с этим заявляем вам
/самый/ решительный протест!

你們侵犯了中国领土，这
是严重的反华挑衅对此我
們向你們提出（最）强烈
抗議！

78. Резко протестуем против воо-
ружённых провокаций совет-
ского ревизионизма!

强烈抗議苏修武装挑衅！

79. Решительно протестуем против
вторжения советского ревизио-
низма на территорию нашей
страны -- остров чжэньбаодао!

坚决抗議苏修侵犯我国领
土珍宝岛！

80. Советское правительство нару-
шает существующее положение
границы и провоцирует погранич-
ные конфликты.

苏联政府破坏边界現状，
挑起边境冲突。

81. Вам не уйти от ответственности за эти преступления.

你們逃脫不了对这些罪行应負的責任。

82. Мы решительно требуем, чтобы советское правительство наказало виновников этого инцидента.

我们坚决要求苏联政府懲办肇事兇手。

83. Настоятельно требуем от советского ревизионизма возместить весь ущерб!

坚决要求苏修赔偿一切損失！

84. Китайское правительство сохраняет за собой право выдвинуть дальнейшие требования.

中国政府保留进一步提出要求的权力。

85. Советское правительство должно нести всю ответственность за все вытекающие отсюда серьёзные последствия.

Вся ответственность за ... ляжет на советское правительство.

由此而产生的一切严重后暴，必须由苏联政府承担全部責任。

86. Ответственность за то, что события вокруг вопроса китайско-советской границы достигли в своём развитии нынешнего состояния, полностью лежит на советской стороне.

中苏边界问题发展到今天的地步，責任完全在苏联方面。

87. Мы стоим за разрешение пограничных конфликтов между странами путём переговоров.

我们主張用談判的方法解决国与国之間的边界冲突。

88. Китайское правительство выражает самое искреннее стремление к мирному разрешению вопроса о китайско-советской границе.

中国政府对和平解决中苏边界 問題表現了最大誠意。

89. Позицию китайского правительства нельзя извращать.

中国政府的立場是不容歪曲的。

90. Решительно поддерживаем ноту

坚决支持我国政府对苏联

протеста Китайского правитель-
ства правительству советского
Союза!

91. По общепризнанным нормам меж-
дународного права линией госу-
дарственной границы на погра-
ничных судоходных реках служит
середина главного фарватера и
в соответствии с этим опреде-
ляется государственная принад-
лежность островов.

根据公认的国际法准则，
凡通航界河均以主航道中
心线为界，並以此划分岛
屿归属。

92. Таков затасканный приём совет-
ской стороны.

这是苏方惯用的手法。

93. Мы хотели бы посоветовать совет-
скому правительству: лучше дер-
жать голову потрезвее!

我们奉告苏联政府，还是
把头脑放清醒一点！

94. Выступать в защиту старых царей
значит выступать в защиту агре-
ссии.

为老沙皇辩护，就是为侵
略辩护。

95. Нынешнее советское правительство
пошло ещё дальше старых царей.

现在苏联政府走得比老沙
皇更远。

96. Это является бандитской логикой
социал-империализма советских
ревизионистов.

这是苏修社会帝国主义的
强盗逻辑。

97. Ваша пропаганда -- чистая ложь
и клевета!

你们的宣传纯属造谣诬蔑
！

98. Советские ревизионисты живут за
счёт лжи!

苏修就是靠造谣过日子！

99. Вы обманываете себя и других!

你们是自欺欺人！

100. Мы настоятельно требуем от вас
немедленно прекратить вторжение
и провокацию!

我们坚决要求你们立即停
止入侵和挑衅！

101. Вы должны немедленно покинуть
данное место, а то вся ответ-

你们必须马上撤离此地，

ственность за все вытекающие отсюда серьёзные последствия полностью ложится на вас!

否则由此产生的一切严重后果由你们负完全责任。

Китайский народ не даст себя в обиду!

中国人民是不好惹的。

С китайским народом шутки плохи!
Антикитайские негодяи плохо кончат!

反华恶徒决没有好下场！

Новые цари на устах говорят о марксизме-ленинизме, а на деле творят всякое зло!

新沙皇口头上讲的是马列主义，实际上尽干坏事。

Добром не кончит клика советских ревизионистов-ренегатов, которая бешено выступает против Китая!

苏修叛徒集团疯狂反华没有好下场！

Широкие народные массы Советского Союза — достойные люди и хотят революции.

苏联广大人民是好的，是要革命的。

Рабочие и крестьяне России под руководством Ленина и Сталина давно похоронили старых царей.
Мы уверены в том, что советский народ скоро похоронит и новых царей!

俄国工农在列宁和斯大林领导下埋葬了老沙皇。我们相信：苏联人民不久必将埋葬新沙皇。

8. Никому не подорвать дружбу между народами Китая и Советского Союза!

中苏人民之间的友谊是谁也破坏不了的！

9. Народы Китая и Советского Союза, сплачивайтесь на свержение новых царей!

中苏两国人民团结起来，共同推翻新沙皇！

:::::::::::::::::: НАИВЫСШЕЕ УКАЗАНИЕ :::::::::::::::::

В СЛУЧАЕ НАПАДЕНИЯ ВРАГА́, ЕСЛИ ТО́ЛЬКО УСЛО́ВИЯ ДЛЯ БОЯ ОКА́ЖУТСЯ БЛАГОПРИЯ́ТНЫМИ, НА́ША ПА́РТИЯ, СТА́В НА ПОЗИ́ЦИЮ САМОЗАЩИ́ТЫ, РЕШИ́ТЕЛЬНО, ОКОНЧА́ТЕЛЬНО, НА́ЧИСТО И ПОЛНОСТЬЮ УНИЧТО́ЖИТ ЕГО́ ...

最高指示

有来犯者，只要好打，我党必定
站在自卫立场上坚决彻底干净全部消
灭之………

## IV. ОБРАЩЕ́НИЯ К ВРАГУ́

对敌喊话

110. Вы оказа́лись тепе́рь в соверше́нно безвы́ходном положе́нии.

你们现在已經到了山
穷水尽的地步。

111. У вас нет и не бу́дет подкрепле́ний! Они́ уже́ разби́ты!

你们没有援軍了，他們已
經被消灭了！

112. Вы о́бмануты /одурма́нены/ /введены́ в заблужде́ние/ кли́кой сове́тских ревизиони́стов-ренега́тов.

你们受苏修叛徒集团欺骗
了！

113. Не бу́дьте пу́шечным мя́сом для но́вых царе́й!

不要給新沙星当炮灰了！

114. Не бу́дьте пу́шечным мя́сом для кли́ки сове́тских ревизиони́стов-ренега́тов!

不要給苏修叛徒集团当
炮灰了！

115. Не бу́дьте же́ртвой для но́вых

不要为新沙皇卖命了！

190

царей!

Не жертвуйте жизнью для новых
царей!

Не продавайте жизнь за новых
царей!

Вы не спасётесь под своим чере-
пашьим панцырем. Немедленно сда-
вайтесь!

Черепаший панцырь вас не спасёт!

Мы вас предупреждаем: немедленно
прекратите огонь!

Даём вам три минуты на размы-
шление: капитулировать или нет!

Не мешкайте, скорее сдавай-
тесь!

Предупреждаем в последний раз!
Сдавайтесь, пока не поздно. Не
послушаетесь -- вас уничтожим
дочиста!

Сложить оружие -- это ваш един-
ственный путь к спасению.

Ничто не поможет тебе найти
выхода, как сдача оружия.

Если вам не дорога жизнь и сей-
час не сдадите оружие, мы бросим
гранаты.

Если будете продолжать оказывать
упорное сопротивление, истребим
вас всех до единого.

Посмеете оказать сопротивление,
уничтожим вас всех.

Немедленно прекратите сопротив-
ление, а то вас всех уничтожим.

烏　克不能保住你們的命，
快投降吧！

烏克克、坦克救不了你們
們的命

我們警告你們，必須馬上停火！

投降、否？給你們三分鐘
時間考慮！

別拖延時間了。快投降吧！

這是最后一次警告你們！
如果交槍還不晚。要是再
不聽我們就把你們消滅干
淨！

只有放下武器，才是你們
的唯一生路。

除了放下武器別無出路。

你們不想活？不馬上交槍，
我們就要投彈了！

再繼續頑抗，就全把你們
打死。

你們敢于反抗，就把你們
全部消滅。

立即停止抵抗，否則就把
你們全部消滅。

128. Прекратите сопротивление сразу же! Сдавайтесь немедленно, а то вы будете уничтожены тут же!

立即停止抵抗。馬上投降，否則立刻被消灭。

129. Вы со всех сторон окружены нашим сильным огнём. Подкрепления уже не подоспеют.

你们已被我军大炮火从四面八方包围。增援部队己来不及为你们解围了。你们插翅也难飞出去！快出来投降！

130. Будь у вас крылья, всё равно отсюда не улетите! Выходите и сдавайтесь!

131. Вы должны немедленно сложить оружие и прекратить сопротивление, тогда мы гарантируем жизнь и безопасность вам — всем офицерам и солдатам.

你们应该立即放下武器，停止抵抗。我们可以保证你们全体官兵的生命安全。

132. Великодушно обращаться с пленными — это последовательная политика нашей армии.

优待俘虏是我军的一贯政策。

133. Наша армия /НОАК/ обращается с пленными великодушно!

我军优待俘虏！

134. Если сдадитесь, мы дадим вам пищу и одежду. Раненым окажем медпомощь по принципу революционного гуманизма.

如果你们投降，我们将給你们食品和衣物，伤号我们根据革命人道主义原则給予治疗。

35. Мы не убиваем и не оскорбляем сложивших оружие офицеров и солдат.

我们对于放下武器的官兵一律不杀不侮。

6. Что говорим, то и сделаем.

我们说到做到（说話算数）。投降吧！

7. Сдайся! /Сдайтесь!/
Сдавайся! /Сдавайтесь!/

. Вы уже окружены! /Вы уже в осаде/ Скорее сдавайтесь!

你们被包围了！快投降吧！

139. Прекратите огонь! Скорее сложите оружие!

打止开火，赶快交枪！

140. Сложите оружие, будете живы.

Бросай/те/ оружие, пленных не убиваем!

Бросай/те/ оружие -- сохраним жизнь!

Брось/те/ оружие, стрелять не буду!

Сложи/те/ оружие, стрелять не будем!

交枪不杀！

141. Бросай/те/ оружие! Сдавайся в плен!

交枪投降！

142. Лучше сдавайте оружие, иначе пощады не ждите!

快出来交枪，不然决不轻饶你们！

143. Если не сложите оружие, то взорвём ваше чёртово логово!

你们再不交枪，就炸掉你们的鬼篱？

144. Ни шагу!

Ни с места!

Не шевелись!

Не двигайся!

不許动！

145. Ни с места! Убью!

不許动！动就打死你！

146. Стой! Стрелять буду!

站住！不站住打死你！

147. Стой! Кто сделает хоть один шаг -- сразу убью!

不許动！誰敢动一动，立刻打死他！

148. Сдавайте оружие! Кто побежит -- убью!

交枪不杀！跑一个打死一个！

149. Стой! Ещё шаг -- буду стрелять!

站住！再动就开枪了！

150. Кому ещё охота бежать?

誰还跑？

151. Опять бежать? Посмей только, убью!

再跑打死你！

152. Вы должны капитулировать по-настоящему! Не разыгрывайте ложную капитуляцию!

你们要真投降！不准搞假投降！

:::::::::::::::: НАИВЫ́СШЕЕ УКАЗА́НИЕ ::::::::::::::

Э́ТА А́РМИЯ ПРОВО́ДИТ ПРА́ВИЛЬНУЮ ПОЛИ́ТИКУ ПРИ ЛЕЧЕНИЯ
НА СВОЮ́ СТО́РОНУ ОФИЦЕ́РОВ И СОЛДА́Т ПРОТИ́ВНИКА И СООТВЕ́ТСТВУЮЩЕГО ОБРАЩЕ́НИЯ С ВОЕННОПЛЕ́ННЫМИ. Э́ТА А́РМИЯ
ПРИВЕ́ТСТВУЕТ И ДО́ЛЖНЫМ О́БРАЗОМ ВОСПИ́ТЫВАЕТ ВСЕХ ТЕХ,
КТО ДОБРОВО́ЛЬНО ПЕРЕХО́ДИТ НА НА́ШУ СТО́РОНУ, КТО, ПОДНЯ́В ВОССТА́НИЕ, ПРИХО́ДИТ К НАМ, А ТАК ЖЕ ТЕХ, КТО, СЛОЖИ́В ОРУ́ЖИЕ, ВЫРАЖА́ЕТ ЖЕЛА́НИЕ ПРИНЯ́ТЬ УЧА́СТИЕ В БОРЬБЕ́
ПРО́ТИВ О́БЩЕГО ВРАГА́. УБИ́ЙСТВА ВОЕННОПЛЕ́ННЫХ, ЖЕСТО́КОЕ
ОБРАЩЕ́НИЕ, ИЗДЕВА́ТЕЛЬСТВА НАД КЕМ БЫ ТО НИ БЫЛО ИЗ НИХ,
ВОСПРЕЩА́ЕТСЯ.

最 高 指 示

这个军队有一个正确的争取敌军官兵和处理
俘虏的政策。对于敌方投诚的，反正的，或在放
下武器后愿意参加反对共同敌人的人，一概表示
欢迎，并给以适当的教育。对于一切俘虏，不許
杀害、虐待和侮辱。

| У. КОНВОИ́РОВАНИЕ ПЛЕ́ННЫХ | 押送俘虏 |
|---|---|
| I53. Вылеза́й/те/!<br>Выходи́/те/! | 出来！ |
| I54. Кто ещё? Позови́/те/! | 还有誰？叫出来！ |
| I55. Выходи́/те/ скоре́е! | 快出来！ |
| I56. Ру́ки вве́рх!<br>Подними́/те/ ру́ки! | 举起手来！ |
| I57. Опуска́й/те/ ру́ки! | 把手放下！ |
| I58. Вниз! /Сюда́ вниз!/ | 下去（下来）！ |

159. Сложи́те ору́жие и перейди́те на
    на́шу сто́рону с по́днятыми вверх
    рука́ми /или: подня́в ру́ки/!　　　放下武器，举着手走过来！

160. Не крича́ть!　　　不要喊！

161. Ни зву́ка!　　　不許出声！

162. Не разгова́ривай/те/!　　　不要説話！

163. Молча́ть!
    Молчи́/те/!　　　别出声！

164. Ти́ше!　　　肃静！

165. Встать!
    Вста́нь/те/!　　　站起来！

166. Круго́м!　　　□过来！

167. Не бо́йся! /Не бо́йтесь!/　　　不要怕！

168. Отда́й/те/ /всё/ ору́жие!
    Сда́й/те/ /всё/ ору́жие!　　　把武器全部交出来！

169. У кого́ ещё оста́лось ору́жие?
    Сдай!　　　誰还有武器？拿出来！

170. Тебя́ обы́щем!　　　搜一搜你身上！

171. Мы не отнима́ем у пле́нных
    де́ньги и ве́щи.　　　我们不搜俘虏的财物。

172. Сними́ пальто́ /шине́ль/!　　　把大衣脱下来！

173. Одева́йся! /Одева́йтесь!/　　　把衣服穿上！

174. Иди́/те/ за мно́й! /за ним!/　　　跟我来（跟他去）！

175. Приба́вь/те/ ша́гу!　　　快点儿走！

176. Пошли́, пошли́!　　　走！走！

177. Выходи́! Оди́н за други́м!　　　出来！一个一个走出来！

178. Иди́ сюда́ по́рознь!　　　一个一个的过来！

179. За мной ша́гом марш!
    Иди́те за мной!
    За мной!　　　跟我走！

180. Куда́ ты? Ты куда́?　　　你到那儿去？

181. Иди́ впереди́!　　　在前头走！

| | |
|---|---|
| 182. Иди/те/ туда! | 到那边去！ |
| 183. Ну, нечего притворяться! пошли! | 不要装蒜！跟我们走！ |
| 184. Умирать хочешь или жить? Если хочешь жить, идём со мной! | 你要死还是要活？要活就跟我走。 |
| 185. Идите гуськом, один за другим! | 一个跟着一个走！ |
| 186. Живей! | 跟上！ |
| 187. Ты теперь пленный, понятно тебе это? А ну! | 当了俘虏！你知道不知道？跟我们走！ |
| 188. А ну, ты у нас в плену, понятно тебе это? | 喂！你现在是我们的俘虏，明白吗？ |
| 189. Внимание! | 注意！ |
| 190. Стройся! | 集合！ |
| 191. Смирно! | 立正！ |
| 192. Налево /направо/ равняйся! | 向左（右）看齐！ |
| 193. Расчитайся! | 报数！ |
| 194. Вольно! | 稍息！ |
| 195. Направо!/налево/ кругом! | 向右（左）转！ |
| 196. Мы гарандируем вам жизнь и безопасность. | 我们保证你们生命安全。 |
| 197. Шагом /бегом/ марш! | 齐（跑）步走！ |
| 198. Не отставай/те/! | 不要掉队！ |
| 199. Догоняй/те/! | 跟上去！ |
| 200. Быстрее! Живо! | 快点走！ |
| 201. Медленнее! | 走慢点！ |
| 202. Не кури! Нельзя курить! | 不要抽烟！ |
| 203. Подожди/те/! | 等一等！ |
| 204. Разойдись! | 解散！ |
| 205. Тревога! | 警报！ |
| 206. Укрывайся! /укрывайтесь!/ | 隐蔽！ |
| 207. Ложись! /ложитесь!/ | 卧倒！ |
| 208. Назад! | 后退！ |

209. Вперёд! 　　　　　　　　　　　前進！

210. Отбой! 　　　　　　　　　　　　脫險 警技！

211. Наверх! /Сюда наверх!/ 　　上去（上來）！

212. Слезай! 　　　　　　　　　　　下來！

213. Войди/те/! 　　　　　　　　　進來！

214. Проходи/те/! 　　　　　　　進去！

215. Влезай/те/! 　　　　　　　　上車！

216. Отправим тебя /вас/ в мед- 　送你（們）到急救站去！
　　пункт!

217. Отправим тебя /вас/ в лагерь! 　送你到俘虜營去！

218. Отправим тебя /вас/ в штаб! 　送你到司令部去！

219. Отдохни/те/! 　　　　　　　　休息一下吧！

220. Не зажигай/те/ огонь! 　　不要点火！

221. Садись /Садитесь/! 　　　　坐下！

222. Пей/те/! 　　　　　　　　　　喝水吧！

223. Встать! 　　　　　　　　　　起來（起床）！
　　Вставай/те/!

224. Завтрак! 　　　　　　　　　　开飯！
　　Обед!
　　Ужин!

225. Ну, тебе пищу! Ешь! 　　　給你，吃飯吧！

226. За большой /маленькой/. 　去大（小）便！

227. Здесь /там/ уборная! 　　便所在这儿（那儿）！

228. Туши! /Потуши!/ 　　　　　熄灯！

229. Спи! 　　　　　　　　　　　　睡覺！

　　　x　　x　　x　　x

приёмный пункт военнопленных 　　战俘收容所
сборный пункт военнопленных
пункт сбора военнопленных

197

:::::::::::::::::: НАШЕ УКАЗАНИЕ ::::::::::::::::::

НАШИ ТАКТИЧЕСКИЕ ПРИНЦИПЫ ПО-ПРЕЖНЕМУ ЗАКЛЮЧАЮТСЯ В ТОМ, ЧТОБЫ ИСПОЛЬЗОВАТЬ ПРОТИВОРЕЧИЯ, ЗАВОЁВЫВАТЬ БОЛЬШИНСТВО, БОРОТЬСЯ ПРОТИВ МЕНЬШИНСТВА, РАЗБИВАТЬ ПРОТИВНИКОВ ПООПИНОЧКЕ.

## 最高指示

我们的策略原则，仍然是利用矛盾，
争取多数，反对少数，各个击破。

УІ. ДОПРОС ПЛЕННОГО

审问俘虏

231 ИДИ СЮДА!

过来！

232. ТЫ В ПЛЕНУ У НАС. ПОНЯТНО ТЕБЕ ЭТО?

你现在是俘虏！你知道嗎？

233. ТЫ ВИНОВЕН ПЕРЕД КИТАЙСКИМ НАРОДОМ.

你在中国人民面前是有罪的。

234. ТЫ ДОЛЖЕН СОЗНАТЬСЯ В СВОЕЙ ВИНЕ.

你必须低头认罪。

235. ЗНАЕШЬ ЛИ ТЫ, ЧТО НОАК ХОРОШО ОБРАЩАЕТСЯ С ПЛЕННЫМИ?

你知道中国人民解放军对待俘虏的宽大政策嗎？

236. МЫ ПРОВОДИМ ПОЛИТИКУ ВЕЛИКО-ДУШНОГО ОБРАЩЕНИЯ С ВОЕННОПЛЕН-НЫМИ.

我们执行宽待战俘的政策

237. НОАК НЕ УБИВАЕТ ПЛЕННЫХ, И ТЫ НЕ БОЙСЯ!

中国人民解放军不杀俘虏，你不要怕。

238. МЫ НЕ ОБРАЩАЕМСЯ ЖЕСТОКО С ПЛЕННЫМИ.

我们不虐待俘虏。

198

我們对俘虏不加侮辱。

**Мы не подвергаем пленных ск[...]б-
лению.**

我們对于俘虏是寬大处理的。
坦白从寬抗拒从严。

**Мы придерживаемся великодушного
подхода к пленным.**

**К признавшим свою вину подхо-
дить снисходительно, а к сопро-
тивляющимся -- строго.**

坦白从寬抗拒从严是我們的一貫政策。

**К признавшим свою вину подхо-
дить снисходительно, а к со-
противляющимся -- строго --
это наша последовательная по-
литика.**

我們对于你們採取分別对待的方針。这就是首恶者必办，脇从者不問，立功者受奖。

**Мы придерживаемся курса диффе-
ренцированного подхода к вам:
главных преступников -- на-
казывать, с действовавших по
принуждению -- не спрашивать,
а искупивших вину заслугами --
награждать.**

在这些俘虏中你訒識誰？誰是軍官？

**Кого из этих пленных ты зна-
ешь? Кто офицер?**

不許要花招！

**Не выкидывай трюки!**

不許要花腔！

**Нечего пыль в глаза пускать!**

說实話！不杀你！

**Скажи правду, убивать не будем.**

你（們）听懂了嗎？

**Тебе /вам/ понятно?**

现在問你几个問題；你得清楚、准确、明白地回答。

**Сейчас задам тебе несколько
вопросов, и ты должен ответить
на них ясно, точно и понятно!**

說清楚点！

**Говори яснее!**

說大声点！

**Говори погромче!**

說确切点！

**Говори точнее!**

稍等一会儿！

**Подожди минуточку /немножко/!**

你姓什么？

**Как твоя фамилия?**

你叫什么名字？

**Как тебя зовут?**

173. Откуда /куда/ идут ваши войска? 你們部队从哪儿开来的？
（开到哪儿去的？）

174. Кто у вас командир? 你們的指揮官是誰？

175. Как вооружена ваша часть? 你們的部队装备怎么样？
Какое у вас вооружение?

176. Каким оружием снабжена /распола- 你們部队有什么武器？
гает/ ваша часть?

177. Сколько у вас орудий? 你們有多少炮？

178. Каков калибр орудия? /пулемёта?/ 炮（机槍）的口徑多大？

179. Есть ли радиотелефон/радиотеле- 有无綫电話（电报）嗎？
граф/?

180. На какой волне он работает? 波长多少？

181. Где расположен аэродром? 飞机場在什么地方？

182. Какого типа самолёт? 什么式的飞机？

183. Где находятся базы для управля- 导弹基地在哪儿？
емых снарядов?

184. Покажи на пальцах -- сколько? 用手指比划一下？有几个？

185. Где штаб? 司令部在哪儿？

186. Где расположены ваши главные си- 你們的主力駐在什么地方？
лы?

187. Какие части в центре? 中央是什么部队？

188. Какие части находятся на левом 左翼（右翼）有什么部队？
/правом/ фланге?

189. Где находятся резервы? /посты, 予备队（崗哨、哨探、仓庫
окопы, склады?/ ）在哪儿？

190. Где командный пункт? /наблюда- 指揮所（观察所）在什么地
тельный пункт?/ 方？

191. Где разбиты позиции? 陣地部置在什么地方？

192. Где построены сооружения? 在哪儿构筑工事？
Где произведены фортификацион-
ные работы?

193. Покажи на карте, где позиции 在地图上指出来，炮兵陣地
артиллерии? 在哪里？

194. Нарисуй схему вашей позиции! 把你們的陣地图划出来。

295. Какой пароль у вас нынче ночью?　你們今天夜里的口令是什

296. Где производится сбор?　在什么地方集合？

297. Не лги!　別撒謊！

298. Ты не можешь не знать /видеть, слышать.../.　你不能不知道（看見、听

299. Ты должен был слышать /видеть/!　你当时应当听見（看見）

300. Нечего разыгрывать перед нами простачка!　別在我們面前裝瘋賣傻！

301. На первый раз прощаю. В следующий раз, если это повторится, не будет никаких поблажек!　头一逤，饒了你。下回再这样，可沒有这么便宜！

302. Какие действия будет предпринимать ваша часть в ближайшее время?　你們部队最近有什么行动

303. Где вы намечаете наступление главного удара?　主攻方向是哪儿？

304. На каком участке производится ложная атака?　伴攻在哪个地区？

305. Где намечены отдельные удары?　攻击点在什么地方？

306. Где размещаются ваши огневые точки?　你們的火力点在什么地方

307. В котором часу начнётся наступление?　几点钟开始进攻？

308. Какие части будут участвовать в наступлении?　有那些部队参加进攻？

309. Готовятся ли ваши войска к наступлению?　你們部队准备进攻嗎？

310. Сколько танков будет брошено на наступление?　要出动多少辆坦克进攻？

311. Откуда идут отряды подкрепления?　援军从哪儿来？

312. В каком направлении вы будете отступать?　你們准备向那个方向退却

313. Какова там местность?　那里的地形如何？

314. Когда выступят?　什么时候出发？

201

Что означает этот сигнал? | 这是什么信号？

Что это за сигнал? |

Говори медленнее! | 說慢点！

Что ты говорил? Повтори ещё | 你说什么？再说一遍！
раз!

Ладно! | 行了！

Хватит! | 够了！

Напиши всё, что ты говорил! | 把你说的都写下来！

Напиши на этой бумаге! | 写在这张纸上！

Пиши чётко /чётче/! | 写清楚点！

Поставь подпись! | 签字！

Выйди на минуточку! | 你先出去一会！

Обратно! | 回来！

Идите обратно! | 回去！

Вы можете /ты можешь/ идти. | 你们（你）可以走了！

x   x   x   x

показания пленных | 俘房口供

команда по допросу военноплен- | 战俘审讯组
ных

репатриация /репатриировать/ | 遣返战俘
военнопленных

:::::::::::::::::::: ~~ВЫСШИЕ УКАЗАНИЯ~~ :::::::::::::::::::

НАРОДЫ РАЗЛИЧНЫХ СТРАН, ШИРОКИЕ НАРОДНЫЕ МАССЫ, СОСТАВЛЯЮЩИЕ СВЫШЕ 90 ПРОЦЕНТОВ ОТ ОБЩЕГО ЧИСЛА НАСЕЛЕНИЯ, НЕПРЕМЕННО СТАНУТ НА ПУТЬ РЕВОЛЮЦИИ И ВЫСТУПЯТ ЗА МАРКСИЗМ-ЛЕНИНИЗМ. ОНИ НЕ СОГЛАСЯТСЯ С РЕВИЗИОНИЗМОМ. ХОТЯ НАХОДЯТСЯ ЛЮДИ, КОТОРЫЕ СЕЙЧАС ВРЕМЕННО ПОДДЕРЖИВАЮТ РЕВИЗИОНИЗМ, НО В КОНЕЧНОМ СЧЁТЕ ОНИ ОТ НЕГО ОТКАЖУТСЯ. ОНИ В КОНЦЕ КОНЦОВ ПОСТЕПЕННО ПРОБУДЯТСЯ И ПОДНИМУТСЯ НА БОРЬБУ ПРОТИВ ИМПЕРИАЛИЗМА, ПРОТИВ РЕАКЦИОНЕРОВ РАЗЛИЧНЫХ СТРАН, ПРОТИВ РЕВИЗИОНИЗМА.

## 最高指示

各国的人民，占人口总数的百分之九十以上的人民大众，总是要革命的，总是会拥护马克思列宁主义的。他们不会拥护修正主义，有些人暂时拥护，将来终究会抛弃它。他们总会逐步地觉醒起来，总会反对帝国主义和各国反动派，总会反对修正主义。

:::::::::::::::::::::::::::::::::::::::::::::

## YII. ПРОПАГАНДА МАОЦЗЭДУНЪИДЕЙ СРЕДИ ПЛЕННЫХ

## 对俘虏宣传毛泽东思想

327. Председатель Мао Цзэдун является величайшим марксистом-ленинцем нашего времени.

毛主席是当代最伟大的马克思列宁主义者。

328. Товарищ Мао Цзэдун гениально, творчески и всесторонне унаследовал, отстоял и развил марксизм-ленинизм, поднял его на новую ступень.

毛泽东同志天才地、创造性地全面地继承、捍卫和发展了马克思列宁主义，把马克思列宁主义提高到一个崭新的阶段。

203

В плавании по морям опираются на кормчего, в революции — на маоцзэдунъидеи.

大海航行靠舵手，干革命靠毛澤東思想。

Маоцзэдунъидеи — это никогда не заходящее красное солнце.

毛澤東思想是永远不落的紅太阳。

Великие маоцзэдунъидеи ещё глубже проникли в сознание людей.

偉大的毛澤东思想更加深入人心。

Маоцзэдунъидеи служат руководящим курсом в любой работе.

毛澤东思想是一切工作的指导方針。

В наше время изучение маоцзэдунъидей — это лучший путь изучения марксизма-ленинизма.

在我們的时代，学习毛澤东思想，是学习馬克思列宁主义的捷徑。

Маоцзэдунъидеи есть марксизм-ленинизм эпохи всеобщего крушения империализма и торжества социализма во всём мире.

毛澤东思想是在帝国主义走向全面崩潰，社会主义走向全世界胜利的时代的馬克思列宁主义。

Маоцзэдунъидеи есть мощное идейное оружие в борьбе против империализма, в борьбе против ревизионизма и догматизма.

毛澤东思想是反对帝国主义的强大的思想武器，是反对修正主义和教条主义的强大的思想武器。

Маоцзэдунъидеи — это вершина марксизма-ленинизма в современную эпоху.

毛澤东思想是当代馬克思列宁主义的頂峰。

Маоцзэдунъидеи являются марксизмом-ленинизмом на наивысшем уровне нашего времени.

毛澤东思想是当代最高水平的馬克思列宁主义。

Маоцзэдунъидеи — новая великая веха в истории развития марксизма-ленинизма.

毛澤东思想是馬列主义发展史上的新的偉大里程碑。

Всепобеждающие маоцзэдунъидеи есть наивысший уровень марксизма-ленинизма нашей эпохи. Они концентрированным образом воплотили в себе интересы широчайших

战无不胜的毛澤东思想是当代最高水平的馬列主义，它集中地反映了中国和全世界无产阶级以及劳动人民的利益。

масс пролетариа́та и трудя́щихся
Кита́я и всего́ ми́ра.

340. Маоцзэдунъиде́и есть повсеме́-
стно ве́рная, всеобщая и́стина.

毛泽东思想是放之四海而
皆准的普遍真理。

341. Кита́йский наро́д, вооружённый
маоцзэдунъиде́ями, преврати́л
свою́ страну́ в вели́кую социали-
сти́ческую держа́ву.

用毛泽东思想武装起来的
中国人民把自己的国家变
成了伟大的社会主义强国

342. Под руково́дством Компа́ртии Ки-
та́я и Председа́теля Мао Цзэду́на
кита́йский наро́д осуществля́ет
социалисти́ческую револю́цию.

在中国共产党和毛主席的
领导下，中国人民正在进
行社会主义革命。

343. Наш вели́кий вождь Председа́тель
Мао Цзэду́н преврати́л на́шу ро́-
дину в про́чную опо́ру мирово́й
револю́ции.

我们的伟大领袖毛主席使
我们的祖国变成了世界革
命的坚强柱石。

344. ДА́ННАЯ /НЫ́НЕШНЯЯ/ ВЕЛИ́КАЯ ПРО-
ЛЕТА́РСКАЯ КУЛЬТУ́РНАЯ РЕВОЛЮ́ЦИЯ
ЯВЛЯ́ЕТСЯ СОВЕРШЕ́ННО НЕОБХОДИ́МОЙ
И ВЕСЬМА́ СВОЕВРЕ́МЕННОЙ В ДЕ́ЛЕ
УКРЕПЛЕ́НИЯ ДИКТАТУ́РЫ ПРОЛЕТА-
РИА́ТА, ПРЕДОТВРАЩЕ́НИЯ РЕСТАВ-
РА́ЦИИ КАПИТАЛИ́ЗМА И СТРОИ́ТЕЛЬ-
СТВА СОЦИАЛИ́ЗМА.

这次无产阶级文化大革命，
对于巩固无产阶级专政，
防止资本主义复辟，建设
社会主义，是完全必要的，
是非常及时的。

345. Побе́да Вели́кой пролета́рской
культу́рной револю́ции, по́днятой
и руководи́мой ли́чно Председа́те-
лем Мао Цзэду́ном, развея́ла бре-
до́вые мечты́ империали́зма и ре-
визиони́зма реставри́ровать капи-
тали́зм в Кита́е, откры́ла в исто́-
рии междунаро́дного коммунисти́-
ческого движе́ния све́тлый и ши-
ро́кий путь укрепле́ния диктату́ры

毛主席亲自发动和亲自领
导的无产阶级文化大革命
的胜利，粉碎了帝国主义
和修正主义在中国复辟资
本主义的梦想，在国际共
产主义运动史上，开辟了
一条巩固无产阶级专政、
将社会主义革命进行到底
的光明大道。

пролетариа́та и доведе́ния до
конца́ социалисти́ческой рево-
лю́ции.

Маоцзэдунъиде́ями кома́ндовать
всем, анализи́ровать, критико-
ва́ть и преобразова́ть всё.

用毛澤东思想統帅一切，分析
一切，批判一切，改造一切。

Высоко́ неся́ вели́кое кра́сное
зна́мя маоцзэдунъиде́й, оконча́-
тельно разру́шить ста́рый мир и
постро́ить соверше́нно но́вый мир
пролета́риа́та.

高举毛澤东思想伟大紅旗，彻
底砸坏旧世界，建立崭新的无
产阶级的新世界。

кни́ги-сокро́вища Председа́теля
Мао Цзэду́на — э́то осно́ва
/ко́рень/ жи́зни революцио́нных
наро́дов всего́ ми́ра. Э́то духо́в-
ная а́томная бо́мба.

毛主席的宝书是世界革命人民
的命根子，是精神原子弹。

     x   x   x

и́збранные произведе́ния Мао
Цзэду́на

毛澤东选集

брошю́ра из произведе́ний Мао
Цзэду́на

毛主席著作单行本

три са́мые популя́рные статьи́

老三篇

кни́жка "Вы́держки из произведе́-
ний Председа́теля Мао Цзэду́на

毛主席語录

стихотворе́ния Председа́теля Мао
Цзэду́на

毛主席詩詞

значо́к с изображе́нием /портре́-
том/ Председа́теля Мао Цзэду́на

毛主席象章

доще́чка с цита́тами Председа́теля
Мао Цзэду́на

毛主席語录牌（板）

ги́псовый бюст Председа́теля Мао
Цзэду́на

毛主席石膏象

пе́сня на слова́ Председа́теля
Мао Цзэду́на

毛主席語录歌

Восто́к заале́л

东方紅

x x x x x

349. Брежнев и Косыгин проводят агрессивную политику. Они новые цари.

勃列日涅夫和柯西金推行侵略政策。他们是新沙皇。

350. Новые цари бешено готовят войну.

新沙皇在疯狂备战。

351. Брежнев и ему подобные -- почтительные потомки русских царей.

勃列日涅夫之流是老沙皇的孝子贤孙。

352. Американский империализм и социал-империализм на словах трубят вовсю о мире, а на деле оба они ведут бешеное расширение вооружений и подготовку войны.

美帝国主义和社会帝国主义口头上高喊和平，实际上却在疯狂地扩军备战。

353. Клика советских ревизионистов-ренегатов под вывеской "социализма" творит тёмные дела империализма.

苏修叛徒集团打着社会主义旗号，干着帝国主义勾当。

354. Советский ревизионизм -- социал-империализм усиливает сговор с американским империализмом.

苏修社会帝国主义加紧与美帝国主义勾结。

355. Советский ревизионизм и американский империализм -- одного поля ягода.

苏修美帝是一丘之貉。

356. Новые цари в сговоре с американским империализмом бешено выступают против Китая.

新沙皇勾结美帝疯狂反华。

357. Американский империализм и социал-империализм усиливают сговор друг с другом, пытаясь организовать кольцо антикитайского окружения и угрожать войной нашей стране.

美帝国主义和社会帝国主义正在加紧勾结，企图组织反华包围圈，对我国进行战争威胁。

358. Клика советских ревизионистов-ренегатов всегда враждебно относится к китайскому народу.

苏修叛徒集团一贯与中国人民为敌。

59. Новые цари́ в Кремле́ тще́тно пыта́ются натра́вить сове́тский наро́д на кита́йский наро́д.

克里姆林宫的新沙皇妄图煽动苏联人民反对中国人民。

60. Начина́я с 1964 го́да сове́тское прави́тельство ре́зко увели́чило чи́сленность войск на кита́йско-сове́тской грани́це.

1964年以来，苏联政府大量增兵中苏边境。

61. Сове́тские войска́ наси́льственно уводи́ли кита́йских жи́телей.

苏联军队绑架中国居民。

62. Сове́тские головоре́зы зве́рски избива́ют на́ших жи́телей и толка́ют их в реку́.

苏联暴徒毒打我居民，并把我居民推入江中。

63. Кли́ка сове́тских ревизиони́стов -ренега́тов вле́зла в крова́вые долги́ пе́ред кита́йским наро́дом.

苏修叛徒集团欠下了中国人民的血债。

64. Сове́тским ревизиони́стам не уйти́ от распла́ты за свои́ кро-ва́вые преступле́ния.

苏修欠下的血債一定要偿还

65. Безвозвра́тно ушло́ в про́шлое то вре́мя, когда́ кита́йский наро́д оскорбля́ли.

中国人民受人欺侮的时代早就一去不复返了。

66. Кита́йский наро́д и НОАК, воору-жённые маоцзэду́нъиде́ями, непо-беди́мы!

用毛泽东思想武装起来的中国人民和中国人民解放军是不可战胜的！

67. Пе́ред империалисти́ческим хи́щ-ником революцио́нным наро́дам нельзя́ проявля́ть ни мале́йшей ро́бости.

在帝国主义野兽面前，革命人民不可以有丝毫的怯懦。

8. То́лько при созда́вшемся нетерпи́-мом положе́нии на́ши пограни́чники вы́нуждены бы́ли дать отпо́р в це́-лях самозащи́ты.

只是在忍无可忍的情况下，我边防战士才被迫进行自卫还击。

9. На́ша пози́ция такова́:"ПУСТЬ НАС НЕ ТРО́ГАЮТ, И МЫ НЕ ТРО́НЕМ, А Е́СЛИ ТРО́НУТ -- МЫ НЕ ОСТА́НЕМСЯ

我们的立场是："人不犯我，我不犯人，人若犯我，我必犯人。"

В ДОЛГУ".

370. Е́сли сове́тские ревизиони́сты
осме́лятся вновь напа́сть на
нас, то мы им возвра́тной до-
ро́ги не дади́м!

如果苏修胆敢再来进攻，
我们就叫他有来无回！

371. Э́ти антикита́йские негодя́и от-
ра́вили вас великодержа́вным
шовини́змом для того́, чтобы вы
бы́ли же́ртвой их агресси́вной
поли́тики.

这辈反华恶棍用大国沙文
主义毒害了你们，叫你们
做他们侵略政策的牺牲品。

372. Мы прово́дим разли́чие ме́жду
сове́тским наро́дом и его́ пра-
ви́тельством.

我们把苏联人民和他们的
政府相区别。

373. Мы прово́дим разли́чие ме́жду ря-
довы́ми рабо́тниками и те́ми, кто
в сове́тском прави́тельстве опре-
деля́ет поли́тику.

我们把苏联政府中决定政
策的人们和下面普通工作
人员相区别。

374. Кли́ка сове́тских ревизиони́стов-
ренега́тов есть но́вые цари́, ко-
то́рые сидя́т на ше́е сове́тского
наро́да. Скоре́е встава́йте на
бунт про́тив э́тих но́вых царе́й!

苏修叛徒集团是骑在苏联
人民头上的新沙皇，赶快
起来造他们的反吧！

375. Чем же отлича́ются злодея́ния
сове́тского прави́тельства про́-
тив просты́х кита́йских жи́телей
на река́х Усулицзя́н и Хэйлун-
цзя́н от злодея́ний прави́тель-
ства ца́рской Росси́и?

苏联政府在乌苏里江和黑
龙江上对中国老百姓的暴
行，同沙俄政府的暴行有
什么两样？

376. Агре́ссоры ца́рской Росси́и
си́лой аннекси́ровали огро́мную
пло́щадь кита́йской террито́рии.

沙俄侵略者依靠武力侵吞
了广大中国领土。

377. Агресси́вные вожделе́ния у со-
ве́тских ревизиони́стов — но́-
вых царе́й бо́льше, чем у царя́.
Они счита́ют свои́ми те терри-

苏修新沙皇的侵略野心比
老沙皇还要大。老沙皇已
经侵占的地方，他们说这
是他们的，老沙皇还没有

тории, которые захватил в своё
время царь. Они стремятся при-
своить и те, которые не успел
захватить царь. Аппетит у них
куда больше, чем у царя!

占的地方，他们也要伸手。
他们的胃口比老沙皇还要大。

**378.** Тот факт, что клика советских
ревизионистов-ренегатов непре-
станно совершает вооружённые
вторжения на китайскую террито-
рию и провоцирует пограничные
инциденты, лишний раз со всей
ясностью показывает народам
мира, что эта горстка ренегатов
является кучкой чистейших со-
циал-империалистов, новых ца-
рей в полном смысле слова.

苏修叛徒集团不断武装侵犯
我国领土，制造边境事件，
这个事实又一次使全世界人
民看清，这一小撮叛徒是彻
头彻尾的社会帝国主义者，
是地地道道的新沙皇。

**379.** Клика советских ревизионистов-
ренегатов узурпировала власть,
превратила Советский Союз в
социал-империалистическую стра-
ну.

苏修叛徒集团篡夺了政权，
使苏联变成了社会帝国主义
国家。

**380.** Сегодня в Советском Союзе у вла-
сти не пролетарский класс, а со-
циал-империалисты.

今天在苏联掌权的不是无
产阶级，而是社会帝国主
义者。

**381.** В стране социал-империалисты бе-
шено подавляют революционных ра-
бочих и крестьян.

社会帝国主义者在国内疯
狂镇压革命的工人农民。

**382.** Социал-империалисты интенсивно
осуществляют реставрацию капита-
лизма.

社会帝国主义者加紧实行
资本主义复辟。

**383.** Клика советских ревизионистов-
ренегатов осуществляет в стране
реставрацию капитализма, фашист-
ское господство и жестокое подав-

苏修叛徒集团在国内复辟
资本主义，实行法西斯统
治，残酷地镇压苏联人民。

ляет советский народ.

384. СОВЕТСКИЙ СОЮЗ, ЮГОСЛАВИЯ И ТЕ
СТРАНЫ, ГДЕ У ВЛАСТИ СТОЯТ
ГРУППИРОВКИ СОВРЕМЕННОГО РЕВИ-
ЗИОНИЗМА, ИЗМЕНИЛИ ИЛИ ИЗМЕНЯ-
ЮТ СВОЙ ЦВЕТ, ОСУЩЕСТВИЛИ ИЛИ
ОСУЩЕСТВЛЯЮТ РЕСТАВРАЦИЮ КАПИ-
ТАЛИЗМА, ТАМ ДИКТАТУ́РА ПРОЛЕ-
ТАРИА́ТА ПРЕВРАТИ́ЛАСЬ ИЛИ ПРЕ-
ВРАЩА́ЕТСЯ В ДИКТАТУ́РУ БУРЖУА-
ЗИИ.

在苏联，在南斯拉夫，在那
些现代修正主义集团当权的
国家，已经或者正在改变颜
色，实行资本主义复辟，从
无产阶级专政变成资产阶级
专政。

385. Унасле́довав рега́лии империали-
стической ца́рской Росси́и, кли́ка
сове́тских ревизиони́стов-ренега́-
тов прово́дит агресси́вную поли́-
тику социа́л-империали́зма.

苏修叛徒集团继承沙俄帝国
主义的衣钵，推行社会帝国
主义侵略政策。

386. Но́вые цари́ на междунаро́дной
аре́не в сго́воре с америка́нским
империали́змом бе́шено прово́дят
агресси́вную поли́тику социа́л-
империали́зма.

新沙皇在国外勾结美帝，疯
狂推行社会帝国主义的侵略
政策。

387. Кли́ка сове́тских ревизиони́стов-
ренега́тов, измени́в в ко́рне про-
лета́рскому интернациона́лизму,
везде́ и всю́ду соверша́ет агре́-
ссию и грабёж.

苏修叛徒集团彻底背叛了无
产阶级国际主义，到处进行
侵略和抢劫。

388. Но́вые цари́ сове́тского ревизио-
ни́зма явля́ются стопроце́нтными
пира́тами.

苏修新沙皇是不折不扣的海
盗。

389. Сове́тский ревизиони́зм -- со-
циа́л-империали́зм оккупи́ровал
Чехослова́кию.

苏修社会帝国主义占领了捷
克斯洛伐克。

Кли́ка сове́тских ревизиони́стов-
ренега́тов разну́зданно и жесто́-

苏修叛徒集团无视捷克斯洛伐
克等东欧国家的人民任意摆

ко грабит и угнетает народы
Чехословакии и других восто-
чно-европейских стран, натво-
рив всяких зол.

行残酷的掠夺和压迫，做尽
坏事。

Клика советских ревизионистов-
ренегатов -- злейший враг ре-
волюционных народов всего ми-
ра.

苏修叛徒集团是全世界革命
人民最凶恶的敌人。

Империализм есть война. Соци-
ал-империализм тоже война.

帝国主义就是战争，社会帝
国主义也是战争。

Империалисты и социал-империа-
листы бешено подавляют борьбу
революционных народов всех
стран.

帝国主义者和社会帝国主义
者疯狂镇压各国革命人民的
斗争。

Клика советских ревизионистов-
ренегатов изменила делу вели-
кого Ленина.

苏修叛徒集团背叛了伟大列
宁的事业。

Наличие буржуазного влияния
является внутренним источником
ревизионизма, а капитулянтст-
ва перед давлением со стороны
империализма -- его внешним
источником.

资产阶级影响的存在，是修
正主义的国内根源。屈服于
帝国主义的压力，是修正主
义的国外根源。

Клика советских ревизионистов-
ренегатов -- центр современно-
го ревизионизма ускоренными ша-
гами идёт к окончательному бан-
кротству.

现代修正主义的中心——苏
修叛徒集团加速走向彻底破
产。

Американский империализм и со-
циал-империализм находятся в
тисках внутренних и внешних
трудностей, и им становится всё
хуже и хуже.

美帝国主义和社会帝国主义
内外交困，日子越来越不好
过。

Между народами Китая и Совет-

中苏两国人民有着深厚的革

ского Союза существует глубо-
кая революционная дружба, и
все антикитайские тёмные за-
мыслы клики советских реви-
зионистов-ренегатов обречены
на полный провал.

的友誼，苏修叛徒集团的一
切反华阴谋是注定要彻底破
产的。

89. НЕДАЛЁК ТОТ ДЕНЬ, КОГДА БУДУТ
ПОХОРОНЕНЫ ВСЕ И ВСЯКИЕ АГРЕ-
ССОРЫ И ИХ ПРИСПЕШНИКИ В МИРЕ.
ИМ НИКАК НЕ УСКОЛЬЗНУТЬ.

世界上一切侵略者及其走狗，
通通都要被埋葬掉，为期不
会很远。他们一定逃不掉的。

90. Американский империализм и
советский ревизионизм -- как
они ни будут сговариваться
между собой, бороться друг с
другом за сферы влияния, ско-
лько махинаций и интриг ни
сплетут и какую агрессивную
войну ни развяжут, -- они
обречены на гибель. Их дни
уже сочтены.

不管美帝、苏修怎样互相勾
结、互相争夺势力范围，不
管它们施展多少阴谋诡计，
发动什么样的侵略战争，都
逃脱不了注定灭亡的命运。
它们的日子不会太长了。

91. Революция развивается, народ
шагает вперёд. Занимается за-
ря нового мира, мира без им-
периализма, без капитализма

革命在发展，人民在前进。
一个没有帝国主义、没有资
本主义、没有剥削制度的新
世界的曙光就在前头。

編印后記：为了适应战备需要，我们从黑龙江大学外语系编的《反修斗争用語汇編》和吉林师大外語系编的《军事用語》中借用一部分材料，加上自己搜集的一些，共四百句（从231句起向前移一号）按大致内容分成七部份，編成这本《俄汉对照反修斗争用語》。由于水平有限，时間緊迫，条件簡陋，在內容、編排、印刷等方面，錯誤和缺点一定不少，有些句子前后重复，同志们在使用时如有发现，望及时指出，以便改正。

編　者　　70·1·31·

·供批判用·

斗争的
复杂性

# 党内的斗争

毛主席逝世后通信：

## 迟群给毛远新的信
## 毛远新给宗明兰等人的回信

一九七六年十一月

# 迟群给毛远新的信

远　新：

送你现已出版的李约瑟《中国科学技术史》一卷一、二分册，四卷一、二分册。尽管有些部分尚不确切和完整，但基本是事实。语言比较明快，好看。写书者的目的且不管，看后，长点中国人的志气，从这一点出发，这个英国人比中国的走资派的崇洋媚外要好些吧?！

另，送你看一个反动传单，这是我第一次增加了点知识。

前途是光明的，道路是曲折的。宗明兰同志放的那一炮如果把这句话的辨明关系讲进去，无疑将是划龙点眼。

上次谈话，很受教育，什么是继承主席遗志，这就是。不理解主席思想，讲继承主席遗志，岂不是空话。

望多多保重。

迟　　群

十月五日

# 宗明兰等人一九七六年九月二十日 给 毛 远 新 的 信

远新同志：

我们学习小组忍着极大的悲痛，又坐下来学习了。没有语言能表达我们对毛主席深深怀念的心情。因此，我们小组的每一个人一致决定给你写封信，虽然我们知道不应打搅你，可是不知为什么，我们现在比任何时候都格外想念你，非把我们的心里话告诉你不可！

我们这些人对毛主席比对自己的父母亲百倍，我们就是无限忠于毛主席，砍头坐板房也不背叛毛主席的思想和路线。事情很明显，没有毛主席能有我们的什么呀？一些普普通通的工人，泥腿子，小教员，小干部，谁能拿这些不起眼的小人物当回事呀？然而，就是这帮"坐直升飞机"上来的人，竟然可以在省一级的大机关里出出进进，指指点点，说长论短，毫无卑怯的奴颜！为啥呢？还不是有毛主席给我们掌腰作主吗？如不是毛主席明察秋毫揪住了邓纳吉的尾巴，使其暴露于光天化日之下，我们这些被视为文化大革命"红祸"的"勇敢分子""派头头""反马克思主义的阶级敌人"（简直要把九斤老太似的老爷们的眼都气炸了！）还不是被镇压、打击，迫害于死地吗！细属（数）我们生命的每一个细胞，无不浸透着毛泽东思想的阳光雨露，查查我们前进的每一个足迹，无不印着毛主席路线的培育。我们这些人的命运是那样和毛主席息息相关，血肉相联。怎能想象我们没有毛主席呀！但是事实是不可改变的，眼泪只能表达我们的感情，代替不了战斗。从现在起，我们要把革命视为生命，把学习毛主席著作视为粮食和空气，不管党内资产阶级怎么以势压人，不可触犯，不管前进的风浪多么狂动，我们都要听从党中央的号召——我们信赖党中央，它和我们工农兵是紧密相联的，正象列宁悼念伟大的工人阶级领袖斯维尔德洛夫时指出的，要选一个同等能力的人去代替他，那是不可能找到的，但是从无尽的源泉——工农群众中选拔出大批忠于他们的优秀人材，遵循去世领袖们的方向前进，去完成他们所从事的伟大任务是势不可挡的。毛主席领导的五十年革命实践，是世界上传奇般的特殊政治大学校，它培育出了千千万万世界上最优秀的，英勇善战的，视死如归的，智勇双全的接班人，这是我们的事业不可战胜的最宝贵一笔财富。这些忠于毛主席的人是不容许党内资产阶级掌权的，即使他们靠狡猾欺骗爬进了无产阶级的权力机构，他们也是短命的。我们看到了这个现实，也看到了苍松周围有乱云，我们作了牺牲的准备，准备走曲折的路。别看我们是普通的人，但我们却是被毛泽东思想武装了的人，也不是好惹的，我们横心作资产阶级眼里"刺头"了，何止"刺头"，还要作利剑，直刺他们的狗命！说到这里我们有沉痛的教训，我们有得天独厚的学习条件，你和其他领导给了我们一片热心的帮助，可是我们至今还是蜗牛的脚步，还仍然呆在非马克思主义者的堆里不得解放，以至给邓小平的修正主义纲领当了推销员！我们要吸取这个教训，刻苦学习改造世界观，限制资产阶级法权，永远保持工农兵的本色，努力团结多数（特别是和自己意见不同的）同志一道工作，在各自的岗位上发挥出更大的革命推动作用。

俗话说：路遥知马力，日久见人心，在今后漫长的斗争风雨中请你考察我们吧。

我们大家还有一个共同的心事，就是希望你为了中国的革命事业，加强改善和锻炼你那多病的身体，特别是在电视中看到你，就更加感到需要向你提出这个问题，千万千万注意呀！

我们学习小组的每一个人都紧握你的手，向你致以热切的阶级问候！我们计划自学四卷，集体重学五卷，你对我们有什么要求，请批示。

# 毛远新给宗明兰等人的回信

明兰、吉忠、久祥并学习小组诸同志：

来信收到，谢谢同志们对我的安慰与鼓励　同志们说得好：眼泪代替不了战斗。哭泣之哀，实非英灵之所愿，我自己会注意的。

建议同志们认真学习近年来主席的一系列重要指示，研究斯大林逝世后赫鲁晓夫怎样上台的历史教训，积极响应党中央的号召，化悲痛为力量，继承主席的遗志，把无产阶级革命事业进行到底。

近一年来，主席指定我给他担任联络员的工作，主席逝世后，我这个小传令兵已申请归队，我的岗位在沈阳，估计会得批准的，到沈阳再见。

毛　远　新

一九七六年九月二十二日

胜者王侯 败者贼

1966年—1976年：十年前的風雲人物如今成了階下囚

古月帝女

· 供批判"四人帮"参考 ·

# "四人帮"在上海大量选拔培植亲信
# 阴谋篡夺中央和国务院各部委的领导权

一九七六年十一月

# "四人帮"在上海大量选拔培植亲信
# 阴谋篡夺中央和国务院各部委的领导权

**新华社上海电** 长期以来，"四人帮"为了篡党夺权在上海搞了大量阴谋活动，进行组织上的准备。他们大张旗鼓地培植亲信，公开叫嚣要向国务院各部委派部长，要向全国各省派干部，妄图篡夺党和国家的领导权。

在上海，"四人帮"和市委中某些人，议论中央这个部不行，那个部也不行。他们利用手中的权力，拚命在中央各部门安插亲信，有的已经安插进去了，有的正准备安插。他们内定了许多亲信到中央各部门去掌权，连王洪文的一些"小兄弟"，人还在上海，就传出某某是中央什么部的部长了。

"四人帮"篡党夺权蓄谋已久，早在党的"十大"召开之前，王洪文、张春桥就多次以上海是产业工人集中的地方，要为党多输送干部的名义，准备夺中央的权。一九七二年上半年，张春桥说，"我们也要培养工人大使，现在的外交人员，到联合国去的人都是知识分子。"根据他的黑"指示"，由当时分管组织工作的金祖敏亲自挂帅，选调了八十名工人，送到复旦大学培训，准备两年后分配到外事和外贸单位"熟悉工作"，一旦"四人帮"篡权后，即派往国外担任大使。一九七二年八月，王洪文提出"要准备一百名干部，随时准备抽调出去。"他到北京工作以后，多次通过金祖敏，布置抓紧进行挑选。一九七三年一月，王洪文迫不及待地指示市委召开全市组织工作会议，各区、县、局的第一把手和分管组织工作的副书记都参加了会议。王洪文也急急忙忙从北京赶往上海，亲自到会上作"指示"，要各级领导抓紧这件事。会后，金祖敏、王日初抽调了大批人力，分赴工厂、农村基层单位进行选拔。到一九七三年四月份，物色了二百余名干部，从中选出一百人，集中在工人文化宫办学习班。

这一百人的名单报送给王洪文，王看后大为不满。因为在当时选调干部时，没有完全按照王洪文、张春桥的标准去办，这一百人中，没有多少他们"熟悉"的。他们只选定九人当"十大"代表。此后，王洪文多次密电金祖敏，要他寻找中央委员和候补中央委员人选。他说："现在我睡不着觉，也不能让你金祖敏睡觉，你必须连夜给我找出人来"。于是，金祖敏找到黄涛（市委常委、王洪文的心腹）密谋，指名把连"十大"代表也不是的祝家耀、周宏宝、汪湘君、张国权、陈佩珍五人，塞进上海参加中央委员和候补中央委员的名单。这五人中，除了陈佩珍同志以外，都为王洪文所熟悉，对其有感情。"十大"以后，王洪文、张春桥得知四届人大即将筹备召开，以为时机已到，就在一九七三年九月份，指示王秀珍、金祖敏"选拔一批工人出身的新干部"，准备到中央各部当部长。王洪文强调指出，"十大你们选了一批人，结果没有用"；"你们犯了一个大错误，是方向路线性的"，"要认真总结经验教训"。张春桥也反复叮嘱："要吸取十大的教训"，"不要放过当前的时机"。王秀珍、金祖敏秉承他们的黑旨意，为了选派"真正能起作用"的干部，从一九七三年十月起，专门举办了"市委工农兵干部学习班"，进行考察选拔。

一九七四年三月，王秀珍和王日初秘密赴京，借口汇报批林批孔情况，刺探情报，了解气候。王秀珍在京的七天中，多次与王洪文、张春桥、姚文元密谈。王、张、姚对她作了一系列黑指示。王洪文说："上海要尽快物色二十名年青干部，分别担任全国总工会、团中央、全国妇联、公安部、商业部、建材部、邮电部、中组部、卫生部以及人民日报社的领导工作"。他还具体提出"冯品德可以担任全国海员工会头头"。张春桥生怕错过时机，一再叮嘱："上海市委开个会，抓紧部署"；"还要抓好上层建筑"；姚文元叫嚷"要注意阶级斗争的长期性、复杂性，经过第九、十次路线斗争，有些问题一时解决不了的不要怕，林贼和小林贼，他们是非常关心要害部门的。上海也要抓要害部门，抓好电台、报社、机场、铁路、电厂以及港口等单位。"从这些谈话中可以看出，"四人帮"的野心很大，他们妄图从经济基础到上层建筑，从专政工具到宣传工具，掌握和控制越来越大的权力。他们妄想利用召开四届人大，在中央各部门安插亲信，网罗党羽，为篡党夺权作好组织准备。王秀珍对"四人帮"的黑指示心领神会，三月二十九日回沪后，急急忙忙跑到组织组，大谈特谈"四人帮"的黑指示，强调说："当前最急的问题是干部问题，选择新干部不能再拖了。"她还和组织部门研究了贯彻落实的措施。

一九七四年四月底，市委组织组提出了一个八十八名中央副部长备选名单，报送给在中央学习班的金祖敏。

一九七四年十月，"四人帮"以为篡党夺权时机已经成熟，加紧活动，大打出手。他们一方面背着党中央政治局，私自派王洪文去长沙，向毛主席告周总理的状，妄图搞倒我们敬爱的周总理，篡夺国家最高领导权；一方面加紧在中央各部安插亲信，准备组织他们的"内阁"。这时，王洪文指示王日初："要准备把在上海的中委都调出来"，"上海还要抓紧培养一批人"。市委某些领导人闻风而动，坚决贯彻，先后提金祖敏、周宏宝、张国权、王乐亭、吴玉琴等派送中央有关部门。与此同时，王秀珍、金祖敏、黄涛、王日初等加紧活动，搞出一个二十一名部长备选对象名单，印出材料，供市委选定。一九七四年十二月三十一日，马天水、徐景贤、王秀珍、张敬标、黄涛、王日初等六人，在锦江饭店神秘讨论，逐个研究，正式圈定十六名，连同材料报送北京。

据王日初交代，他们还内定了这十六人要去的中央部门：陈佩珍去商业部，冯品德去全国海员工会工作，万桂红去中组部，杨佩莲去团中央，秦宝芝去建材部，王乐亭去邮电部，沈鸿去文化部，吕广杰、姚福根去六机部，陈杏全去冶金部，张国富去水电部，张秀清去文化部，汤凯臣去轻工部，周宏宝去人民日报社，朱栋去交通部，王桂珍去卫生部。

伟大领袖毛主席痛斥了王洪文诬告周总理，粉碎了"四人帮"组阁的阴谋。"四人帮"气急败坏，暂时收起组阁名单。

批邓和反击右倾翻案风斗争开展后，"四人帮"认为时机又到，"组阁"活动又死灰复燃。王洪文说："要注意发展一些骨干"，"要锻炼一支反潮流的干部队伍"。张春桥说，"形势发展很快，你们（指上海市委）要跟上。"在一阵紧锣密鼓后，王秀珍粉墨登场。她一方面布置收集整理几位副总理的讲话材料，印发给群众，组织批判，妄图搞倒坚持毛主席革命路线的中央领导同志；一方面到处乱窜，煽阴风，点邪火，大造篡党夺权的反革命舆论。在一次组织组的干部会上，她胡说什么"现在中央许多部不行了，七、八、九月，中央各部跟得很紧，只有文化部是顶的"，"邓小平是还乡团头子，下面还有分团长"，

"各部老爷不好好看看，不行。那里有长毒蘑菇的土壤，一下雨就发霉，就长毒蘑菇！"她还说："辽宁过去中央要人不给，现在思想通了，上海也要准备人"，"今后送干部，要多少给多少"。王日初也煽风点火地说："在天安门事件中，中央各机关只有两个半单位（文化部一个，全国总工会筹备组一个，卫生部半个）经得起考验，那里都是上海的人在主持工作。"他们一唱一和，态度极为嚣张。与此同时，王秀珍布置组织组挑选一些干部，再次准备往外"输送"。毛主席和党中央洞察一切，及时揭露和粉碎了"四人帮"的篡党夺权的阴谋，打烂了他们"组阁"的诡计。（总社赴沪记者组）

**·供批判用·**

# 张春桥一九七五年三月一日在全军各大单位政治部主任座谈会上的讲话记录稿（讲学习的部分）

一九七六年十一月

# 张春桥疯狂反对
# 毛主席、篡党夺权的铁证

注：这是张春桥亲笔写的一张搞修正主义、搞分裂、搞阴谋诡计的自供状，是这个野心家、阴谋家疯狂反对伟大领袖毛主席，疯狂反对毛主席亲自安排华国锋同志为国务院代总理，妄图篡党夺权的铁证。

张春桥所说的"又是一个一号文件"，系指一九七六年二月二日的中发〔1976〕1号文件。这个文件，公布了伟大领袖毛主席提议，政治局一致通过，由华国锋同志任国务院代总理，由陈锡联同志负责主持中央军委的工作。张春桥就在中央发出这个文件的同一天，写出了他篡党夺权的狼子野心。

下面是张春桥亲笔写的原件印文和复制件。

又是一个一号文件。

去年发了一个一号文件。

真是得志更猖狂。

来得快，来得凶，垮得也快。

错误路线总是行不通的。可以得意于一时，似乎天下就是他的了，要开始一个什么新"时代"了。他们总是过高地估计自己的力量。

人民是决定性的因素。

代表人民的利益，为大多数人谋利益，在任何情况下，都站在人民群众一边，站在先进分子一边，就是胜利。反之，必然失败。正是：

　　爆竹声中一岁除，东风送暖入屠苏。

　　千门万户瞳瞳日，总把新桃换旧符。

　　　　　　　　　　一九七六年二月三日有感。

又是一个一号文件。

去年发了一个一号文件。

去年没五文好些。

来得快，来得凶。垮得也快。

错误路线总是行不通的。可以得意于一时，似乎天下就是他们了，要开始一个什么"新时代"了。他们总是过高地估计自己的力量。

人民是决定性的因素。

代表人民的利益，为大多数人谋利益，在任何情况下，都站在人民那边一边，站在先进分子一边，就是胜利。反之，必然失败。正是：

爆竹声中一岁除，东风送暖入屠苏。

千门万户曈曈日，总把新桃换旧符。

一九七年一月三日有感。

00202

**·供批判用·**

# 张春桥写的一首反动诗

一九七六年十一月

# 张春桥写的一首反动诗

注：这是张春桥写的一首反动诗《俺们的春天》原载一九三四年十二月十六日出版的《文学季刊》第四期。

**附 件**

俺 们 的 春 天

张 春 桥

大清早：太阳还没睡醒，

朦胧的天上挂着些花，

高楼吻过黑夜还恋着星，

烟筒张开了粗大的喉咙，

把都市底动脉喊得乱动。

先走的便是俺们，半睡的

滑过了柏油路：像

几个尸首般没有力气。

大家刚扔下破席棚，

不住地打开记忆的窗，

上面记着孩子苍白的脸。

和又要鼓肚的妻，

也有昨夜的温存，

也有模糊的悲痛。

还有年青的伙计们：

"猫还叫春呢，咱们

是活灵灵的人！"

接着就是一阵评论：

哪个女工漂亮，

哪个才结了婚。

街上只有俺们一伙，

像一排犯人样走着。

大家有些娇傲：

"咱们是长在大地方的！"

说起这真是笑话.

这地方简直像个戏台:

刚刚下去一群，一群又上来，

像件死了的机械，

就让白天里楼上吐出

个没名的歌调，

落在俺们底心上，

像微风吹过一样，

俺们没见过春天的，

春天只走到楼上。

住在地下层的黑鬼，

只能挥着黑的拳头，

从早晨到明日连成条线，

从一年到没数的年，

眼前是皮带、马达，

手里也是那东西，

也许你有些不信：

"那里能不休息？"

实在不是谎话，

俺们就是这样，

一直死到里面，

像死去只野狗，

埋了春天和秋天

（到底有啥分别呢？）

很久以前的时候。


现在都忘了那些事，

（俺们也见过春天吗？

现在谁也忘了）！

可是还都希望回来，

满树的春花齐开。

# 《文革史料叢刊》第一輯六冊

## 李正中輯編 古月齋叢書3-5

第一輯共六冊，圓背精裝
ISBN：978-986-5633-03-5

第二輯共五冊，圓背精裝
ISBN：978-986-5633-30-1

第三輯共五冊，圓背精裝
ISBN：978-986-5633-48-6

## 文革史料叢刊 內容簡介

　　《文革史料叢刊第一輯》共六冊。文革事件在歷史長河裡，是不會被抹滅的，文革資料是重要的第一手歷史資料。其中主要的兩大類，一是黨的內部文宣品，另一是非黨的文宣品，本套叢書搜集了各種手寫稿，油印品，鉛印文字、照片或繪畫，或傳單、小報等等文革遺物，甚至造反隊的隊旗、臂標也多有收錄，相關整理經過多年努力，台灣蘭臺出版社，目前已出版至第三輯，還在陸續出版中。

# 蘭臺出版社書訊

## 第一輯－第三輯（三輯）目錄

前言：忘記歷史意味著背叛　　李正中

序言：中國歷史界的大幸，也是國家、民族之大幸　張培鋒

第一冊：最高指示及中央首長關於文化大革命講話

第二冊：批判劉少奇與鄧小平罪行大字報選編

第三冊：劉少奇與鄧小平反動言論彙編

第四冊：反黨篡軍野心家罪惡史選編

第五冊：文藝戰線上兩條路線鬥爭大事紀

第六冊：文革紅衛兵報紙選編

前言：忘記歷史意味著背叛　　李正中

序言：中國歷史界的大幸，也是國家、民族之大幸　張培鋒

第一冊：文件類

（一）中共中央文件　11

（二）地方文件　69

第二冊：文論類（一）

第二冊：文論類（二）

第二冊：文論類（三）

第三冊：講話類

前言：忘記歷史意味著背叛　　李正中

序言：中國歷史界的大幸，也是國家、民族之大幸　張培鋒

第一冊：大事記類

第二冊：會議材料類

第三冊：通訊類

第四冊（一）：雜誌、簡報類

第四冊（二）：雜誌、簡報類

### 文革史料叢刊第一輯

| 第一冊 | 頁數：758 |
| --- | --- |
| 第二冊 | 頁數：514 |
| 第三冊 | 頁數：474 |
| 第四冊 | 頁數：542 |
| 第五冊 | 頁數：434 |
| 第六冊 | 頁數：566 |

### 文革史料叢刊第二輯

| 第一冊 | 頁數：188 |
| --- | --- |
| 第二冊（一） | 頁數：416 |
| 第二冊（二） | 頁數：414 |
| 第二冊（三） | 頁數：434 |
| 第三冊 | 頁數：470 |

### 文革史料叢刊第三輯

| 第一冊 | 頁數：239 |
| --- | --- |
| 第二冊 | 頁數：284 |
| 第三冊 | 頁數：372 |
| 第四冊（一） | 頁數：368 |
| 第四冊（二） | 頁數：336 |

9 789865 633035 30000

古月齋叢書 3 定價 30000元(再版)

9 789865 633301 20000

古月齋叢書 4 定價 20000元

9 789865 633486 25000

古月齋叢書 5 定價 25000元

## 書款請匯入以下兩種方式

銀行
戶名：蘭臺網路出版商務有限公司
土地銀行營業部（銀行代號005）
帳號：041-001-173756

劃撥帳號
戶名：蘭臺出版社
帳號：18995335

100 台北市中正區重慶南路1段121號8樓之14
TEL：(8862) 2331-1675 FAX：(8862) 2382-6225
E-mail：books5w@gmail.com
網址：http://bookstv.com.tw/